珍藏本
纪念版

汉译世界学术名著丛书

高卢战记

〔古罗马〕凯撒 著

任炳湘 译

商务印书馆
SINCE 1897 The Commercial Press
2017年·北京

C. Iulius Caesar
BELLUM GALLICUM
Lipsiae in Aedibus B. G. Teubneri
1957
据1957年德国莱比锡托伊布纳尔出版社出版的拉丁文版译出

汉译世界学术名著丛书
(120 年纪念版·珍藏本)
出 版 说 明

2017 年 2 月 11 日,商务印书馆迎来 120 岁的生日。120 年前,商务印书馆前贤怀揣文化救国的理想,抱持"昌明教育,开启民智"的使命,立足本土,放眼寰宇,以出版为津梁,沟通中西,为中国、为世界提供最富智慧的思想文化成果。无论世事白云苍狗,潮流左右激荡,甚至战火硝烟弥漫,始终践行学术报国之志,无改初心。

逐译世界各国学术名著,即其一端。早在 20 世纪初年便出版《原富》《天演论》等影响至今的代表性著作,1950 年代后更致力于外国哲学和社会科学经典的译介,及至 1980 年代,辑为"汉译世界学术名著丛书",汇涓为流,蔚为大观。丛书自 1981 年开始出版,历时三十余年,迄今已推出七百种,是我国现代出版史上规模最大、最为重要的学术翻译工程。

丛书所选之书,立场观点不囿于一派,学科领域不限于一门,皆为文明开启以来,各时代、各国家、各民族的思想与文化精粹,代表着人类已经到达过的精神境界。丛书系统译介世界学术经典,引领时代思想，为本土原创学术的发展提供丰富的文化滋养，为推动中国现代学术和现代化进程做出了突出的贡献。

为纪念商务印书馆成立 120 周年，我们整体推出“汉译世界学术名著丛书”120 年纪念版的珍藏本，寄望既利于文化积累，又便于研读查考，同时向长期支持丛书出版的译者、编者和读者致以敬意。

两甲子后的今天，商务印书馆又站在了一个新的历史时间节点上。我们不仅要铭记先辈的身影和足迹，更须让我们的步伐充满新的时代精神。这是商务人代代相传的事业，更是与国家和民族的命运始终紧密相连的事业。我们责无旁贷，必须做好我们这代人的传承与创造，让我们的努力和成果不仅凝聚成民族文化的记忆，还能成为后来人可以接续的事业。唯此，才能不负前贤，无愧来者。

商务印书馆编辑部

2017 年 10 月

凯撒和他的《高卢战记》

该犹斯·犹理乌斯·凯撒出生于公元前102年[①]，正是罗马共和国发生严重政治危机的时代。这时，罗马的经济基础已经经历了巨大的变化，它已经变成西方古典时代奴隶制度最发达的国家，原来的小农业已完全被大规模使用奴隶劳动的大庄园取代，直接的军事掠夺和以贡赋等方式向被征服地区进行的压榨，使地中海沿岸各地的财富大量涌入意大利，加速了罗马的社会分化。

经济上的巨大变化，自然要影响到罗马的政治生活，被征服土地在日益扩大、由雇佣军组成的常备军在不断扩充，奴隶人口在急剧增加[②]，由失业小农民和释放奴隶构成的游民阶层也在大量涌向首都，这就需要大大加强国家机器才能应付，但这时的罗马国家

① 据蒙森的说法，见《罗马史》卷五第一章注。传统的说法是公元前100年。

② 罗马城内究竟有多少奴隶，当时没统计，后世很多人作过推测，但结果相差很大。试随便举例，奥古斯都时代的奴隶数目，有估计为280,000人的(Beloch)、有估计为200,000人的(Kahrsledt)、有估计为900,000人的(Marquardt)，彼此相差达三倍之多。相对地说，他们对同时的自由人数目的估计，分别为520,000人、710,000人、781,000人，相差就没有这样大，因为后者有政府的种种统计如人口统查、发放口粮的份数等等可作为推算的基础，而前者没有。罗马政府对于国内有多少奴隶讳莫如深，森内加曾说过一件事：有人在元老院建议要奴隶穿一种特别的衣服以资识别，元老院经辩论后驳回了这项建议，认为如果奴隶们一旦看出自己人多势众，就将胡作非为。据此可知罗马政府是存心不统计奴隶数目的。森内加的叙述见《论仁慈》(*De Clementia*)。

体制却基本上还是当年台伯河上那个小公社的那套城邦制度。它那年年重选的文官政府、它那已变得臃肿不灵的公民大会和它那由少数世代掌权的豪门贵族垄断的元老院，根本无法适应这个局面。从公元前二世纪三十年代起，就不断有人从不同的角度出发，提出种种民主改革的方案，但都因为触犯豪门贵族的利益，因而受到盘踞在元老院的一小撮所谓贵族共和派的反对，遭到失败。此后，主张民主改革的人前仆后继、奋斗不息，民主运动从合法的要求改良逐渐发展到采取阴谋暴动甚至内战的方式。公元前 82 年，豪门贵族的保护者苏拉用血腥的大屠杀镇压了反对派，民主运动才一时沉寂下去。但大屠杀并不能消除引起要求改革的根源，苏拉不久死去后，民主运动马上就卷土重来。这时，罗马贵族共和政府的颟顸无能、社会秩序的动荡不安，军人的专横跋扈，已经大大削弱了国家的力量，到公元前一世纪的七十年代，局势终于发展到极为可虑的地步。东方强邻的进攻和西方行省的割据都还在其次，严重的是地中海上的海盗横行和斯巴达克斯所领导的奴隶起义。海盗横行不但使沿海地带民不聊生[①]，连罗马也因海外的粮食运不来而有断炊之虞；奴隶起义使意大利遭到汉尼拔战争以来最沉重的一次兵灾，而且从根子上震撼了罗马的奴隶制度，打击了

① 共和末年，海盗活动已经猖獗到空前未有的程度，他们不但在东方许多行省的沿海城市杀人越货、绑架勒赎以及和罗马政府同样的收取税贡，而且在意大利本土也一样的肆无忌惮，许多大城市如米森纳姆、卡耶泰、布伦第西乌姆等，都曾遭到他们登陆洗劫，政府束手无策，就连罗马城的外港奥斯儿亚也在所不免，停泊在那边的罗马舰队，被全部焚毁。海盗在意大利沿海一带大道上掳人勒赎，连罗马政府的高级官员也往往被掳，先后被他们绑去的司法官就有两个，包括他们的全部执事和仆从在内。这完全是我们所无法想象的事情。

奴隶制经济。奴隶起义迫使奴隶主对剥削奴隶和经营田产的方式作出某些改变，也迫使奴隶主改变控制奴隶的方法。更重要的是迫使他们不得不变换已不能保障奴隶制经济发展的共和政体。正像革命导师恩格斯指出的那样："……当某一个国家内部的国家政权同它的经济发展处于对立地位的时候——直到现在，几乎一切政治权力在一定的发展阶段上都是这样，——斗争每次总是以政治权力被推翻而告终。"[①]凯撒就是在这种情况下登上政治舞台的。

凯撒出身于罗马的一个古老但已中落的贵族家族，由于他和老一辈的民主派领袖马略和钦奈有亲谊，青年时代就受到贵族共和派的排挤，迫使他只能自始就站在民主派一边，逐渐成为反对派的领袖，一面也按部就班地从财务官、工务官升到司法官。但在这时候，他除了在街头的游民阶层中拥有巨大的号召力以外，没有别的政治资本，为此他设法跟当时在军队中有极大势力的克耐犹斯·庞培和代表富豪们即所谓骑士阶层的罗马首富马古斯·克拉苏斯结成"三人同盟"。当然，这三个人代表的是三个不同利益的集团，只是因为同样受到把持元老院的贵族共和派的排挤，才凑合到一起去的。凯撒在这两个人的共同支持下，当选上公元前59年的执政官，但由于元老院的掣肘，并没有什么大的建树。

这时，经过半个多世纪的政局动荡，罗马统治集团中无论哪一派的领袖人物，都从实际经验中体会到，要掌握政权，必须先有一支武装力量，只有利用武力，才能在政治上有所作为。因此，凯撒

① 见《反杜林论》，《马恩选集》卷三，222页。人民出版社，1972年版。

在执政官任期届满之后,竭力设法争取到高卢行省去担任行省长官,目的是趁在高卢的机会训练起一支自己的军队,作为政治上的后盾;同时,在高卢大事开拓疆土,掳掠奴隶,还可以为自己在罗马的奴隶主阶级中取得声誉,又可以乘机积聚起一大笔财富来作为今后政治活动的资本。

凯撒在公元前 58 年前往高卢,到公元前 49 年初方回意大利。他在高卢的九年中,据普鲁塔克说,曾经屠杀了一百万人,俘虏了一百万人[①]。他本人和他部下的将吏都发了大财,使他能在罗马广施贿赂,甚至一直贿赂到要人们的宠奴身上[②]。他还在平民中举办各种演出,发放大宗金钱,并在意大利许多城镇兴建大量工程,既讨好了包工的人,也讨好了因此获得工作机会的平民。这样一来,他在意大利公民中的声望,渐渐超出"三人同盟"中的其他两人,特别是他借高卢作为练兵场所,训练起一支当时共和国最能征惯战的部队,而且是一支只知有凯撒、不知有国家的部队。

凯撒的成功刺激了克拉苏斯,他在公元前 53 年赶到东方去发动对安息的战争,希望在那边取得跟凯撒同样的成功,不料全军覆没,死在那边。这就使得原来鼎足相峙的"三人同盟",只剩下凯撒和庞培两雄并立,彼此日益猜忌,加上元老院中一些人的从中挑拨拉拢,庞培终于和凯撒破裂,正式站到元老院一边去,成为贵族共和派借以对抗凯撒的首领。公元前 49 年,凯撒带着军队,以迅雷不及掩耳之势进入意大利,庞培措手不及,带着全部政府人员和元

① 普鲁塔克:《凯撒传》。

② 随东纽斯:《十二凯撒传》之《犹理乌斯·凯撒》。

老院仓皇逃出罗马，渡海进入希腊，听凭意大利落入凯撒手中。次年冬天，凯撒也赶到希腊，在法萨勒斯一战击败庞培主力。庞培逃往埃及，被埃及人就地杀死。凯撒在肃清了其他各地庞培余党后，重新统一全国。

凯撒一个行省一个行省地肃清庞培余党的过程，也就是扫除罗马贵族共和体制的残余影响，建立新的统治机器的过程。因而，被凯撒重新统一了的这个罗马国家，已不再是过去的那个软弱无力、遇事拖拖沓沓的旧的罗马共和国，它已经是一个全新的中央集权的军事独裁国家，已经能够像身之使臂、臂之使指那样地统一指挥全国了，这对地中海沿岸各地区的经济发展和文化交流肯定是有利的。

凯撒从统一罗马国家到死去，还不到四年，但就在这样短的时期内，他仍能完成了许多值得称道的工作，最堪注意的有两个方面：首先，他摧枯拉朽般地破坏了旧的贵族共和体制，把军政大权集中于一身，基本上完成了向君主独裁制的过渡，把过去几百年发展中随时遇到的问题、随时修修补补、牵强凑合起来的那些重床叠架、支离破碎的旧制度，做了一番整齐划一的工作。他把执政官、统查官、保民官、大祭司长等重要职务兼于一身，他把元老院降为咨询机构、他把公民大会当作可有可无的装饰品，都是为他后来的继承人把罗马变成披了共和制外衣的帝国开创了道路。次之，他企图逐步废除旧罗马作为一个城邦霸国所遗留下来的种种特权，把意大利各城镇的地位提高到和罗马相等，把各行省的地位提高到和意大利相等，并且把公民权陆续给予罗马的各个行省——当然只给奴隶主阶级——使这个大帝国的统治集团基础更加扩大巩

固。但这项工作仅只完成了一部分。过去他在高卢时就已经把公民权给了山内高卢人，后来还让他们的部分首领进入元老院，引起了那些把公民权视为禁脔，不愿别人分享的旧公民的不满，他们讥讽他：

“凯撒在凯旋式里牵着高卢人走，
　　却牵他们进了元老院；
高卢人脱下了长裤子，
　　反穿上了（元老们的）阔边长袍子。”[①]

公元前44年，他制定适用于意大利各市镇的自治法，给它们跟罗马同样的地位；他恢复了意大利一向免除的关税；他还计划废除由商人承包征收行省税赋的办法，改由国家直接派人收取，取消行省人民最痛恨的一项秕政。难怪当时沸沸扬扬地传说他想把首都迁到亚历山大里亚去，把罗马改造成一个东方式的僭主国家，主要就是因为他降低了罗马城在国家中地位的缘故。

凯撒在公元前44年被贵族共和派的残余分子刺杀，结束了他忙碌的一生，他的嗣子、他姊姊的孙子该犹斯·犹理乌斯·凯撒·屋大维安努斯，即奥古斯都，在凯撒奠立的基础上，彻底完成了把奴隶制的罗马共和国改建成帝国的任务。

历来评论凯撒的人很多，大部分人都把他吹捧成不可一世的英雄人物、伟大的政治家、天才的统帅、作家、演说家等等，仿佛他是一个凭空建立了这个大帝国的人。其实，凯撒的一生斗争，只不过是奴隶主阶级中一个统治集团跟另一个统治集团为了该不该改

① 随东纽斯：《十二凯撒传》之《犹理乌斯·凯撒》。

变统治方式而作的斗争，虽然在一段时间内改善了这个奴隶制国家的处境，使奴隶制经济得到了进一步发展，可是受惠的仍然只是奴隶主阶级，根本没影响到当时广大奴隶阶级的命运。其次，他一生的成功，主要应该归之于他的恰巧处在罗马共和国这样一个国家，这样一个历史时代，一时风云际会，机缘凑合，让他不自觉地完成了历史要他完成的事业，这里，他的个人品质像坚毅、机智大胆、圆滑等等，在其中只起了极其有限的作用，因而过分吹捧凯撒是不恰当的。正像革命导师恩格斯说的那样："恰巧拿破仑这个科西嘉岛人做了被战争弄得精疲力竭的法兰西共和国所需要的军事独裁者，——这是个偶然现象。但是，假如不曾有拿破仑这个人，那么他的角色是会由另一个人来扮演的。这点可以由下面的事实来证明，即每当需要有这样一个人的时候，他就会出现：如凯撒、奥古斯都、克伦威尔等等。"①

相反，也有一些人竭力诟责凯撒，说他镇压了民主运动，把他的取消行会组织、恢复意大利关税、减少发给贫民口粮份额等等，说成是背叛平民。这些责难往往是出于对罗马当时的所谓"平民"、"民主运动"等等名词作了过分现代化解释的结果。要对共和末年聚居在罗马的所谓平民、他们的构成、他们的政治作用和经济地位等等作一番分析，是一件比较复杂的工作，而且也不是这里该做的工作，但至少可以肯定说，他们绝不是十八、十九世纪的那种工业无产阶级。马克思在《路易·波拿巴的雾月十八日》第二版的

① 见《致符·博尔吉乌斯(1894 年 1 月 25 日)》，《马恩选集》卷四，507 页。人民出版社，1972 年版。

序言中引用过的西斯蒙第的名言——“罗马的无产阶级依靠社会过活，现代社会则依靠无产阶级过活”——这就是关于他们的最中肯的结论。在公元前一、二世纪中，他们在政治上从来没产生过一位自己的代表，也从来没提出过自己的一套政治纲领，他们一直是形形色色政治活动家手中拨弄的工具。正跟我们不能把他们当做现代无产阶级一样，我们也绝不可以把凯撒看做是路易·拿破仑甚或梯也尔一流人物。凯撒在这里，只是不多不少地做了当时其他活动家做过的事情，可以责备他的至多是他起初利用了他们、后来又离开了他们而已。而离开他们、甚或损害到他们，则是当时不问哪个民主派活动家一旦当权之后，势必难免的事情。特别是凯撒，只要从前面简单地举出来的他所致力的工作来看，就可以知道这是他这些工作的必然结果。首都的游民阶层久已成为国家的沉重负担，要减轻对行省的搜括、减少罗马这个城市的特权，就不得不采取一些对这些游民不利的措施，像发放给公民的免费口粮，被凯撒从三十二万份一下子降到十五万份，把这一过去一向认为是公民应享的特权严加限制，变成真正的社会救济，就是一个例子。而且建立了强有力的个人统治之后，公民大会连作为橡皮图章的作用都失去了，游民阶层在政治上的地位也就宣告结束，用不着再竭尽国库所有去讨好他们，这正是合乎逻辑的发展，也是从共和国向帝国过渡的必然结果。凯撒一生的所作所为可议的地方虽然很多，恰恰不在这一方面。

凯撒所写的《高卢战记》，共七卷，记述他在高卢作战的经过，从公元前 58 年至前 52 年，每年的事迹写成一卷。关于它的写作过程，历来有两种说法，有人认为这是他每年向元老院和人民会议作的书面汇报，因此每年写成一卷；有人认为这是他在公元前52—前51年间的冬天一次写成的。这两种说法，其实并不矛盾，可能他先是每年撰写一卷，作为书面汇报，后来因为需要，又再加工连成一气，成为现在的形式的。

公元前52—前51年间的冬天，正是凯撒镇压了维钦及托列克斯领导的联合大起义，高卢基本上恢复了平静的一年，但他在罗马的地位已经在开始恶化。这时，克拉苏斯已死在安息，他在元老院中的政敌正在用尽心机算计他，庞培虽然还没正式跟他破裂，但当别人攻击凯撒时，却采取旁观态度。在这种情况下，凯撒也不得不采取相应的措施，来保卫自己，《高卢战记》便是在这种情况之下写的，一则为自己辩护，二则供给他自己在罗马的一派人一个宣传提纲。

他谦逊地把这部书叫做Commentarii，即“随记”或“手记”之意，表示不敢自诩为著作，只是直陈事实，供人参考而已。在叙述过程中，他处处用第三人称称呼自己，自首至尾，通篇都用异常平静、简洁的笔调叙说战事的经过，不露丝毫感情，既不怪怨他的政敌，也不吹捧自己，即或在一两处地方提到自己的宽容和仁慈，也都只是转述别人对他的看法。这似乎是一种极为松散的平铺直叙，使不明当时凯撒处境的人读后，不知不觉会以为作者是以极坦率的胸怀，不加雕饰地随手叙写的，这正是凯撒写作时一心要追求的效果，就连当时最著名的文学家西塞罗也禁不住赞扬它的“朴素、直率和雅致”[1]，一般人自然更不会猜疑到这种朴素和直率背后隐藏着什么。

其实，凯撒在戎马倥偬之中，根本没时间舞文弄墨，如果不是为了要答复敌人，绝不会提起笔来写作，只是他没有采用直接的答辩方式，而是委婉地用正面叙述事实经过的形式来为自己辩解的。例如，当时他的政敌攻击他的主要有一点，即他违犯了他自己在担任执政官的那一年提出通过的“犹理亚反贿赂法”(lex Julia repetun darum)，这条法律规定行省长官本人，无论是否带有军队，如未得到人民会议或元老院许可，均不得随意越出行省，也不得对别国发动战争。凯撒在高卢的多次战争，就从来没征得过元老院的同意。因而，他在叙述每一次战事之前，必先详细说明这次战事之所以不得不进行的原因，像在比尔及战争时(卷二之一、二)、文内几战争时(卷三之七、八)以及和门奈比、莫里尼两族作战时(卷三之二七、二八)都是这样，在叙述远征不列颠(卷四之二〇)和进入莱茵河以东时(卷四之一六)，自然更不会忘记。

再举例说，他在卷四之五——一五诸节中，详细叙述了对登克德里和乌西彼得人作战的原因，这正是对元老院中加图一流人的回答(已见该节注)，而且通篇是以第三者口吻，平静地、甚至似乎有些漠不关心地作出来的回答，要不是普鲁塔克等人留下了关于这件事情的记述，我们简直不会看出这里面有文章，从这些地方看来，书中一定有许多叙述看来似乎漫不经心，实际上却是有为而发的。

---

① 西塞罗:《布鲁图斯》。

作为主管三个行省的长官，他的工作一定是头绪万千，数不胜数，但他在书中从来不提征战以外的其他工作，这也说明他想通过自己在罗马的代理人，向罗马人民夸说的是什么。他想表明，尽管他在首都的政敌整天在他背后飞短流长，百般中伤他，他却是意大利北部真正的屏障，正是因为有他像长城般的矗立在北方，才有意大利的繁荣和安宁。他在叙述一次一次的艰苦战斗中，也从不忘记偶尔插进一两句话提一下自己在战斗中所起的巨大的、而且往往是使整个战事转机的作用和自己受到士兵们的爱戴，以便罗马人民了解高卢方面的疆土开拓，以及像维钦及托列克斯这样的强敌的征服，完全是凯撒和他的部下浴血战斗的结果，比起庞培征服那些衰朽无用的东方老大古国来，难易程度不可同日而语，而元老院里的一小撮贵族共和派所要陷害的，却正是这样一位栉风沐雨、一心为国的人。他只在书中一次对话中，借阿里奥维司都斯之口，轻轻点了一下他们的阴谋。这种地方很多，只有同时参看当时的罗马历史，才能看出字里行间隐藏的东西。

《高卢战记》叙事翔实精确，文笔清晰简朴，历来很得爱好罗马历史、拉丁文学和军事史等各方面人物的推崇，特别因为凯撒是罗马共和国时代第一个亲身深入到外高卢西部和北部、到过不列颠和莱茵河以东的日耳曼地区、亲眼目睹过当地的山川形势和风俗人情的人，给我们留下的是当时的第一手直接资料。在他以前，虽也有过一些希腊和罗马作者对这些地方作过一鳞半爪的介绍，但都是些道听途说得来的传闻，因此，《战记》又成为记述这些地区情况的最古老的历史文献，它对高卢和日耳曼各地区的从氏族公社逐渐解体、到萌芽状态国家出现这段时间里的政治、社会、风俗和宗教等记述，成为我们研究原始社会和民族学的重要依据，革命导师恩格斯的伟大著作《家庭、私有制和国家的起源》一书中，就曾经大量引用过它，他的其他一些论著像《马尔克》、《论日耳曼人的古代历史》等，也都把本书当作重要的参考文献。

凯撒的七卷《战记》，最后只写到公元前 52 年为止，但他直到公元前 50 年才离开高卢，因此后面缺了两年的事迹。凯撒死后，他的幕僚奥卢斯·伊尔久斯续写了第八卷，弥补了这段空缺。凯撒另外还有一部著作《内战记》三卷，记述他自己跟庞培作战的经过。除了这两部书以外，记述凯撒战绩的还有伊尔久斯所写的《亚历山大里亚战记》和作者不详的《阿非利加战记》、《西班牙战记》，这些书合起来统称《凯撒战记》。

本书经过长期传抄，形成许多互有出入的版本，翻译时根据 1957 年德国莱比锡出版的托伊布纳尔丛书 (Bibliotheca Scriptorum Graecorum et Romanorum Teubneriana) 中的拉丁文本。这种本子考订精详，但略嫌烦琐，每一页都有好几行注脚，有时比正文还长，都是一字一句参校各种版本的异同的，不符合我们今天读它的目的要求，因此全部略去未译，现在的注释都是译者加上的。译时还参考了几种其他译本，用得较多的，一种是洛布古典丛书 (The Loeb Classical Library) 中的 J. Edwards 英文拉丁对照本；另一种是 W. A. MacDevitte 的英译本，这是英译本中最常见的本子，列入朋氏丛书 (Bohn's Library)、人人丛书 (Everyman's Library) 和哈泼丛书 (Harper's Library) 的，都是这一本子。这两种译本有出入的地方，依托依布纳尔本为定。原书没有地图，本书所附的地图是依据洛布丛书本复制的。

由于译者水平有限，错误的地方一定在所难免，恳祈读者指正。

一九七八年十月

高卢略图

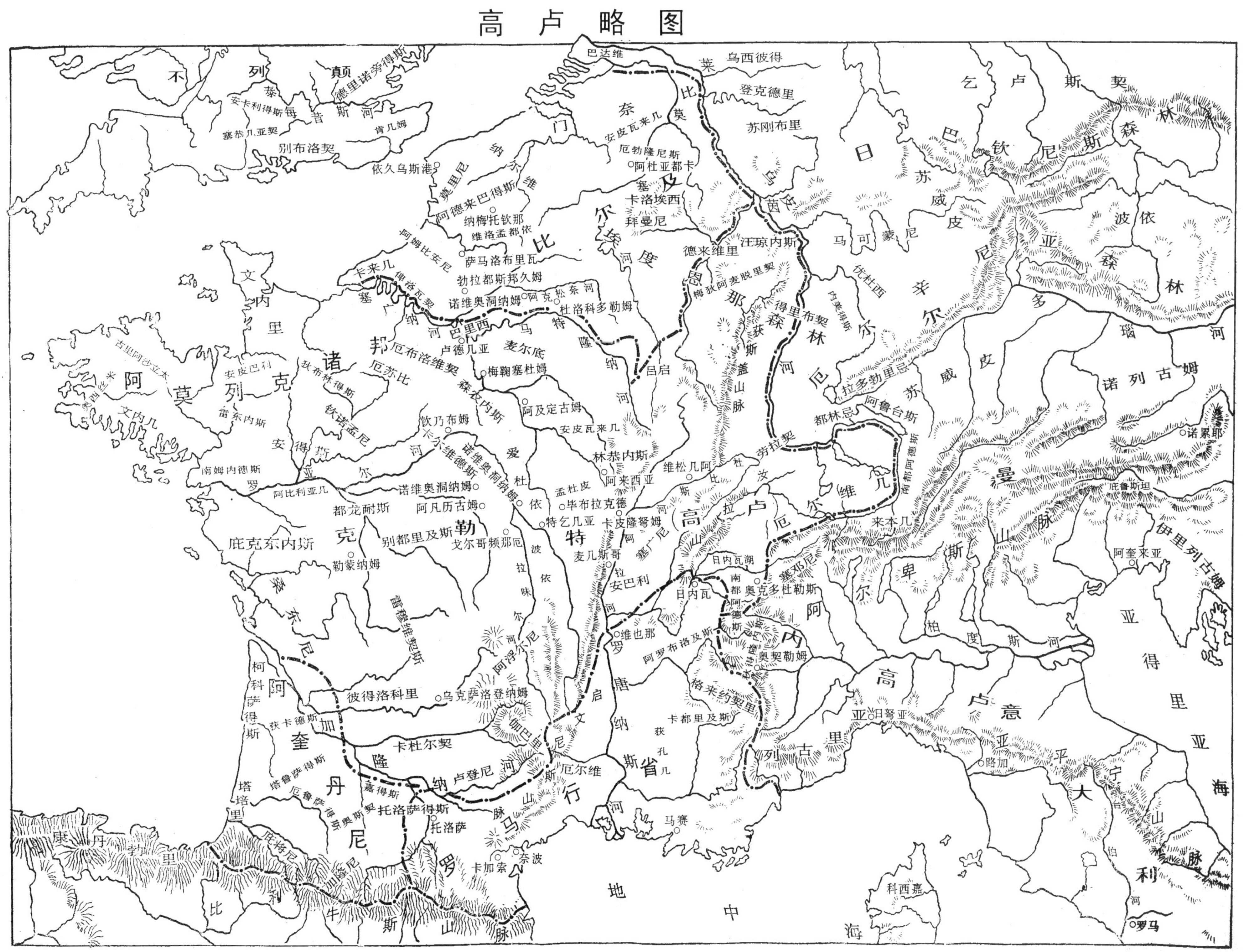

不列颠
泰晤士河
安卡利得斯
每吉斯河
德里诺旁得斯
肯几姆
塞恭几亚契
别布洛契
依久乌斯港
巴达维
莱
乌西彼得
登克德里
苏刚布里
乞卢斯契
日耳曼
巴钦尼斯森林
苏威皮
马可蒙尼
波依
亚森林
辛布里
瑙
瑙河
诺列古姆
诺累耶
马
曼
卢
伊里列古姆
阿奎来亚
亚得里亚海
门奈比
莫里尼
纳尔维
阿德来巴得斯
纳梅托钦那
维洛孟都依
阿姆比安尼
萨马洛布里瓦
勃拉都斯邦久姆
卡来几
维洛瓦契
塞广纳河
诺维奥洞纳姆
阿克
松奈河
杜洛科多勒姆
安皮瓦来几
厄勃隆尼斯
阿杜亚都卡
塞及
卡洛埃西
拜曼尼
尔埃度恩那
德来维里
汪琼内斯
梅狄阿麦脱里契
阿登那森林
得里布契
内麦得斯
优杜西
赫尔维几
劳拉契
都林忌
阿鲁台斯
拉多勃里忌
苏威皮
巴里西
卢德几亚
马特隆纳河
麦尔底
吕启
梅鞠塞杜姆
阿及定古姆
安皮瓦来几
林恭内斯
维松几阿
阿来西亚
孟杜皮
毕布拉克德
特乞几亚
卡皮隆努姆
阿广尼
塞广尼
麦几斯哥
安巴利
日内瓦湖
日内瓦
南都阿德
奥克多杜勒斯
塞邦尼
维也那
阿罗布洛及斯
奥契勒姆
格来约契里
卡都里及斯
阿尔卑斯山脉
柏度斯河
来本几
阿
内
高卢
亚日奴亚
里古列
意大利
亚平宁山脉
路加
台伯河
罗马
科西嘉
文内里
古里阿沙立太
阿莫列克
安皮巴利
狄布林得斯
厄布洛维契
厄苏比
森农内斯
雷东内斯
文内几
钦诺孟尼
钦乃布姆
卡尔努德斯
诺维奥洞纳姆
南姆内德斯
阿比利亚几
都龙耐斯
阿凡历古姆
别都里及斯
勒克
戈尔哥频那
庇克东内斯
勒蒙纳姆
桑东尼
雷穆维契斯
爱杜依
波依
拉味尔河
阿浮来尼
彼得洛科里
乌克萨洛登纳姆
伽巴里
卡杜尔契
罗唐纳河
启文尼
厄尔维
斯省
获孔几
马赛
卢登尼
嘉得斯
托洛萨
托洛萨得斯
阿奎丹尼
加隆纳河
柯科萨得斯
获卡德斯
塔鲁萨得斯
厄鲁萨得斯
塔培里
奥斯契
卡加索
奈波
庇将尼
巴隆尼
康丹达里
比利牛斯山脉
地中海

目　录

《高卢战记》内容提要

卷一（公元前 58 年）

节数

1　　高卢概况——地理和居民

2—29　　厄尔维几人战役

他们的野心　　他们的领袖奥尔及托列克斯；他的死去——凯撒采取措施保卫行省——厄尔维几人进入爱杜依人境内——阿拉河之战——凯撒和列司古斯、杜诺列克斯、狄维契阿古斯谈话——别布拉克德附近的战斗；厄尔维几人撤退和投降——他们的人数

30—53　　阿里奥维司都斯之役

全高卢大会；控诉阿里奥维司都斯——凯撒向他提的建议遭拒绝——罗马军中的一场虚惊被凯撒抚平——和阿里奥维司都斯的谈判——日耳曼人战败

卷二（公元前 57 年）

1—33　　比尔及人之役

卷三(公元前57—前56年)

卷四(公元前55年)

舰——不列颠人的车战——不列颠人的第二次失败——凯撒返回高卢

37—38 叛乱的莫里尼人被击败——征服门奈比人

罗马为凯撒的成就举行二十天谢神祭

卷五(公元前 54 年)

1—23 第二次远征不列颠

准备舰队——(2—8 凯撒调停德来维里人的党争;钦杰多列克斯和英度鞠马勒斯——杜诺列克斯的阴谋)——登陆未遇抵抗——不列颠人被击退——罗马舰队被暴风雨毁坏——不列颠概况——征服卡西维隆努斯——凯撒渡过泰晤昔斯河——回到高卢

26—58 比尔及诸族叛乱

杀害塔司及久斯——安皮奥列克斯和卡都瓦尔克斯——季度留斯·萨宾努斯和科达的争论;他们的失败和阵亡,部队被歼——纳尔维人进攻奎因都斯·西塞罗;凯撒解了他的围——英度鞠马勒斯攻击拉频努斯的营寨,但被击败

卷六(公元前 53 年)

1—6 高卢的叛乱扩大

凯撒对纳尔维人、森农内斯人、卡尔努德斯人和门奈比人的战争——拉频努斯击败德来维里人

卷七(公元前 52 年)

卷八(公元前51—前50年)

1—48(前51年)高卢叛乱结束

别都里及斯人被征服、卡尔弩德斯人溃散、俾洛瓦契人被击败——杜姆奈克斯围攻勒蒙纳姆,但没成功——沿海诸邦被征服——特拉丕斯被擒——凯撒围困和攻下乌克萨洛登纳姆——拉频弩斯战胜德来维里人——康缪斯乞降

49—55(前50年)凯撒和元老院

许多城镇和殖民地像举行凯旋典礼似的欢迎他——他返回在高卢的军队——他在元老院的政敌——他回到意大利

卷　一

一、高卢全境分为三部分，[1]其中一部分住着比尔及人，另一部分住着阿奎丹尼人，而那些用他们自己的话来说叫克勒特人、我们称之为高卢人的，住在第三部分。所有这些人，彼此之间的语言、习俗和法律，各不相同。高卢人跟阿奎丹尼人接界的这一边，由加隆纳河分隔着，跟比尔及人接界的这一边，由马特隆纳河和塞广纳河分隔着。所有这些人中，最勇悍的是比尔及人，因为他们离行省[2]的文明和教化最远，并且也是商贩们往来最少、那些使人萎靡不振的东西输入也最少的地方；再则还因为他们离住在莱茵河对岸的日耳曼人最近，在跟他们不断作战的缘故。也就是为了这原因，高卢人中的厄尔维几族，就勇武而论，远超过高卢的其他各族，因为他们差不多天天在和日耳曼人作战，不是抵抗他们侵入自己的国境，就是自己侵入到他们的领域中去作战。那三部分中，已经说过由高卢人

---

① 凯撒征服以前，罗马人统称作高卢的，指意大利的卢比孔河和比利牛斯山以北、莱茵河以西，直到大西洋的大片莽莽原野。按自然区划分，这一地区又可以阿尔卑斯山为界，分为山内高卢和山外高卢（简称内高卢和外高卢）；内高卢再可以柏度斯河（今波河）为界，分为河南高卢和河北高卢。凯撒这里说的全高卢，是指行省以外的外高卢。——译者

② 行省——是罗马人在外高卢南部建立的奈波高卢行省的简称，以其首府在奈波城得名。公元前121年，罗马人征服了阿罗布洛及斯族之后建立了这个行省，今天法国南部的普罗旺斯（Provence）就是从拉丁文行省（Provincia）这字转来。——译者

住着的那一部分，从罗唐纳斯河起，四周分别为加隆纳河、大洋和比尔及人的疆域所限，另外在塞广尼人和厄尔维几人的这一面，又跟莱茵河相接，方向是朝着北斗星的。比尔及人的领土从高卢的极边开始，一直抵达莱茵河的下游部分，面对着北斗星和日出的一面[①]。阿奎丹尼人住着的那一部分起于加隆纳河，直达比利牛斯山和靠着西班牙的大洋，面向着日落的一方和北斗之间。

二、厄尔维几人中最显赫、最富有的是奥尔及托列克斯。在马古斯·梅萨拉和马古斯·毕索任执政官的那一年[②]，他出于篡夺王位的野心，在贵族中策划了一个阴谋，劝诱自己的本国人带着他们的全部资财，离开自己的领土。他说：因为他们的勇武超过所有一切人，所以要取得全高卢的霸权，是件极为容易的事。要说服他们这样做原本不难，因为厄尔维几人的国土，四周都被大自然限制着，一面是极宽极深的莱茵河，把厄尔维几人的领土与日耳曼人隔开；另一面又是高峻异常的汝拉山，盘亘在塞广尼人和厄尔维几人之间；第三面是勒茫纳斯湖和罗唐纳斯河，把厄尔维几人和我们的行省隔开着。在这种环境中，他们活动起来自然不能太宽敞，就要攻击邻邦也不很容易，因而使他们这种好战成性的人，感到非常苦恼。所以，尽管他们的领土广袤差不多已达二百四十罗里长[③]、一

① 即东北方。——译者

② 古代罗马人纪年，大致采用两种方法：一种以传说中的罗马建城的一年(公元前 753)作为元年，依次后推，如公元一年，即记作“建城后 754 年”简写作“A. U. C. 754”；另一种方法是以当年担任执政官的两个人的姓名作为年号，如此处说的梅萨拉和毕索执政的一年，即公元前 61 年，也就是 A. U. C. 693 年。——译者

③ 罗里(mille passuum)——罗马人以五罗尺(pes)为一罗步(passus)，一千罗步为一罗里。一罗尺合 29.6 公分，一罗步合 149 公分，一罗里合 1490 公尺，即 1.49 公里，合 2.98 华里。——译者

百八十罗里宽，但他们认为对他们这样人口众多、武功煊赫而又勇敢过人的人来说，它还是嫌太狭小了。

三、由于这些因素的刺激，再加上奥尔及托列克斯的势力一煽动，他们就决定预备启程出发所需要的东西，尽可能地收买大量的牲口和车辆，又多多益善地播种了大量谷物，以便旅途中有充裕的粮食供应，还和邻近的各邦建立了和平与友谊。他们认为两年时间就足以完成这些准备，因而用法律规定在第三年出发。奥尔及托列克斯被选出来负责筹备这些事情，他就自己担起了到别国出使的任务。在这次旅途中，他说服了塞广尼人卡泰孟塔罗第斯的儿子卡司几克斯（他的父亲曾经担任塞广尼国王多年，罗马元老院赠给过他“罗马人民之友”的称号），叫他去攫取他父亲以前执掌过的本国王位。同样，他又说服了爱杜依人杜诺列克斯——他是当时执掌他们国家大权、很受百姓爱戴的狄维契阿古斯的弟弟——做同样的事情，还把自己的女儿嫁给他做妻子。他使他们相信，这是极容易做到的事情，因为他本人也将取得自己本国的大权，毫无疑问，厄尔维几人是全高卢最强有力的国家，他保证一定会用他的资财和他的军队，帮他们取得王位。受了这种话的引诱，他们互相表白了诚意，设下了盟誓。他们希望在取得政权后，就能以这最有力、最坚强的三个族的力量，占据全高卢。

四、这事情遭到了告发，被厄尔维几人知道了。依照他们的习惯，该让奥尔及托列克斯戴着镣铐，听受审问，如果他被判有罪，随着便应该受火焚之刑。在预定审讯的那天，奥尔及托列克斯把他所有的家属[①]都从各地召到审判的地方来，数达万人之多，他还把

① 家属（familia）罗马人的所谓家属，除一般家庭成员外，奴隶、仆役、门客等都包括在内。——译者

数目同样很大的全部被保护人和债户都召了来。就依靠这些人，他才逃了过去，没受到审问。当国家被他这种手段所激怒，准备用武力来行使自己的权力，首领们从四乡召集起大批人来时，奥尔及托列克斯却在此时忽然死去，据厄尔维几人猜测，绝不是没有自杀的嫌疑的。

五、他死后，厄尔维几人对离乡它迁的计划，仍旧毫不松懈地作着准备。最后，当他们认为一切准备工作都已就绪时，就烧掉自己所有的十二个市镇，四百个村庄，以及其余的私人建筑物。他们除了随身携带的粮食以外，把其余的也都烧掉，这样，便把所有回家的希望断绝干净，只有拼命冒受一切危险去了。他们又命令各自从家里带足够三个月用的磨好的粮食上路。他们劝诱他们的邻居劳拉契人、都林忌人和拉多比契人采取同样的措施，也烧掉自己的市镇和村落，和他们一起出发。他们还接受一向住在莱茵河以外、后来过河来侵入诺列克、并攻击诺累耶的波依人，作为参加自己这个联盟的人。

六、他们要离开自己的家乡，一共只有两条路可走。一条通过塞广尼人的领域，在汝拉山和罗唐纳斯河之间，是条狭窄而又崎岖的道路，单列的车辆通过都很勉强，还有一座极高的山俯临着它，因此只要很少人就可阻挡他们。另一条路要通过我们的行省，比较平坦和便利，那奔流在厄尔维几人和新被罗马人征服的阿罗布洛及斯人[①]领域之间的罗唐纳斯河，也有几处浅滩可以涉渡。阿罗布洛及

---

① 阿罗布洛及斯——罗马行省中的一个部落，住在今天的多菲内、萨瓦一带。公元前121年被击败后，公元前61年又再次起义，被罗马司法官该犹斯·邦浦提纳斯镇压下去，距凯撒此时只三年。——译者

斯人境内最边远、距厄尔维几人也最近的市镇是日内瓦，这个市镇上有一座伸到厄尔维几人那一边的桥梁。他们认为那些新被罗马人征服的阿罗布洛及斯人，对罗马人还不一定太有好感，也许可以说服他们借一条路给自己通过他们的领土，不然就用武力强迫他们这样做。因此在已经准备好一切出发用的东西之后，他们就约定一日，大家都赶到罗唐纳斯河上会齐。这一天是三月廿八日，正是卢契乌斯·毕索和奥卢斯·盖平纽斯任执政官的那一年。[①]

七、当这事报告给了凯撒，说他们企图取道通过罗马行省时，他迅速离开罗马，以尽可能快的速度赶向外高卢，到达日内瓦。当时外高卢一共只有一个军团[②]兵力，他命令在全省多多益善地征召军队，并命令把通向日内瓦的那座桥拆掉。当厄尔维几人确知他已到来之后，他们把国内最尊贵的人派到他这里来做使者，其中居于领袖地位的是南梅友斯和维卢克洛久斯。他们说：他们的目的只是想借道穿过行省，绝不作任何伤害，因为除了这条路以外，再没别的路可走，求他答应他们的要求。凯撒想起执政官卢契乌斯·卡休斯[③]曾经被厄尔维几人杀死，他的军队也在被击溃以后，

① 即公元前58年。——译者

② 军团(legio)罗马步兵的一个完整的作战单位。在凯撒时代，经过马略的军事改革后，军团已跟共和中叶前完全不同，按财产等级分兵种的制度已取消，全部士兵的装备和武器都已一样，也不再全部是服义务兵役的公民，主要已由职业的雇佣兵组成。每个军团包括十个营(cohors)，每个营包括三个连(manipulus)，一个连再分为两个百人队(centuria)。每个军团的定额为五千人，但因为在战斗中不能及时补充，所以有时远低于这个数目。本书卷八第45节曾提到一次两个军团合起来只有七千人。——译者

③ 卢契乌斯·卡休斯·朗琴纳斯——公元前107年执政官，当这一年厄尔维几人中的几古林尼族南下企图进入行省时，他率领军队赶去阻截，中埋伏而死，他的部下也大都被歼灭，只少许残余在副将该犹斯·朴庇留斯率领下，接受了可耻的条件才离开。——译者

被迫钻了轭门,[①]因此认为绝不可答应他们的要求,也不相信像他们这种心怀恶意的人,如果给了他们通过行省的机会,能不肆意蹂躏和破坏。但为了要取得一段间歇的时间,好让自己新征召的部队集中,他就回答使者说:他要花几天时间考虑一下,如果他们希望得到答复,可以在四月十三日再来。

八、同时,他利用在自己身边的那个军团,以及由行省征集起来的军队,从流入罗唐纳斯河的勒茫纳斯湖开始,至分隔塞广尼和厄尔维几领土的汝拉山为止,造了一条高十六罗尺的城墙和壕堑,长达十九罗里。这工程完成后,他布置了防御部队,给堡垒也设置了守卫,以便在敌人不问他愿意与否强行渡河时,能够方便地阻止他们。当他和使者们约定的那天到来时,使者们回到他这里。他拒绝他们说:按照罗马人的习惯和前例,他不能允许给任何人一条穿过行省的通道。而且表示,如果他们企图蛮干的话,他是要用武力阻止的。厄尔维几人这个打算落空后,有的就用连起来的船只和结扎在一起的大批木筏、有的就在罗唐纳斯河的浅滩水不深的地方,试探着强行涉渡过来,有时就在白天,更多的是在夜间。但由于一系列的防御工事和迅速集中到那边的军队、矢矛,他们被迫放弃了这个企图。

九、此外,还留下一条穿过塞广尼的道路,但因为这条路极狭窄,如果塞广尼人不同意,就无法通过。当他们自己没法说服塞广尼人时,就派使者到爱杜依人杜诺列克斯那边去,企图通过他的居间调停,使塞广尼人同意他们的要求。因为杜诺列克斯由于本身

① 轭门——意大利习俗,军队战胜后,往往强迫战败者列队低头钻过“轭门”(jugum 原义牛轭)作为投降条件之一,这是用两支长矛分开插在地上,顶上再横扎一支,像足球门那样的一个架子,钻轭门常被失败者认为奇耻大辱。——译者

的人望和慷慨，在塞广尼人中有极高的威信，同时又娶了厄尔维几族中的奥尔及托列克斯的女儿为妻，所以对厄尔维几人也很友好；加之他那篡夺王位的野心又在引诱着他，极盼望有什么事故发生，而且很希望能以自己的恩惠笼络住愈多愈好的国家，所以他接受了这件事，说服塞广尼人让厄尔维几人通过他们的领土，并且商定双方交换人质，保证塞广尼人不阻止厄尔维几人的通行，厄尔维几人在路过时也不为非作歹，或者肆行破坏。

一〇、凯撒得到消息说：厄尔维几人想通过塞广尼人和爱杜依人的领域，进入桑东尼人境内去，这是离开行省中的一个叫托洛萨得斯的邦已经不远的地方。他感到这件事将带给行省很大的危险，因为这样一来，就让这些好战成性、而且敌视罗马人民的人，成为一个既没设防、又富有谷物的地区的邻居了。为了这些理由，他留下副将①拉频弩斯坐镇他筑下的防御工事，自己急急赶往意大利，在那里征召起两个军团，又把正在阿奎来耶附近冬令营②里息冬的三个军团带出来，就率领了这五个军团，拣最近便的道路，越过阿尔卑斯山，迅速赶向外高卢。在这个地区，有秋得隆内斯人、格来约契里人和卡都里及斯人占据了几处高地，企图阻止他的军队前进。在几次战斗中击败他们之后，在第七天上，他就离开了内高卢最边境上的

① 副将(legatus)——此字原意是代表或使者，无论罗马元老院派到外国或外国派到罗马的使者，都用这个称呼。共和中叶以后，元老院往往派带着这种头衔的人，到外省处理公务，一位军事统帅或行省长官赴任时，也都配备有几个带这种头衔的人前往，他们是统帅最重要的副手，故译作“副将”。——译者

② 冬令营(hiberna)——罗马古代供军团息冬用的营房。冬令营常常筑在形势险要，易于防御的地方，而且是一种半永久性的建筑物，往往发展成为一个小市镇。——译者

奥契勒姆，进入外高卢的获孔几人领域。就在那边，他向阿罗布洛及斯人的地区前进，然后再从阿罗布洛及斯率领军队进抵塞古西阿维人领域，这是行省境外罗唐纳斯河对岸的第一个部落。

一一、在那时候，厄尔维几人已经带着他们的军队，穿过那条峡谷和塞广尼人的地界，到达爱杜依人的边境，在蹂躏着他们的田野。爱杜依人不能抵挡这些侵入者，为了保全自己的生命财产，就派使者到凯撒这里来求助。他们声称：爱杜依人一向是很对得起罗马人的，绝不应该几乎就当着罗马军队的面，听任他们的土地被人家焚掠，孩子们被驱去做奴隶，市镇被人家攻占去。在这同时，爱杜依人的盟友和近族安巴利人也报告凯撒说：他们的田地已经遭到蹂躏，他们要保住自己的城镇不给敌人强占也很困难。同样，有村庄和田地在罗唐纳斯河对面的阿罗布洛及斯人也逃到凯撒这边来，肯定地对他说：他们已经除了空地之外，什么都不剩了。这些事情促使凯撒下定决心，绝不再坐视厄尔维几人在毁尽罗马所有各盟邦的财富之后，窜进桑东尼人境内去。

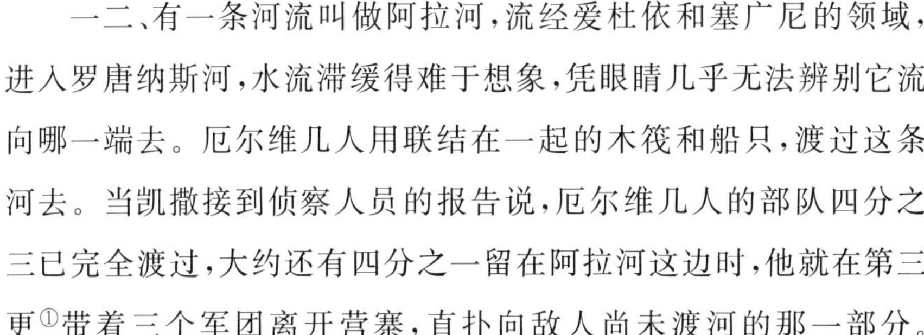

一二、有一条河流叫做阿拉河，流经爱杜依和塞广尼的领域，进入罗唐纳斯河，水流滞缓得难于想象，凭眼睛几乎无法辨别它流向哪一端去。厄尔维几人用联结在一起的木筏和船只，渡过这条河去。当凯撒接到侦察人员的报告说，厄尔维几人的部队四分之三已完全渡过，大约还有四分之一留在阿拉河这边时，他就在第三更[①]带着三个军团离开营寨，直扑向敌人尚未渡河的那一部分。

① 更（vigilia）——罗马军中，为了便于夜间分班守望和巡逻，把一整夜分为四个更次，每一更次的时间，根据一年四季昼夜长短而异。——译者

他在他们都身负重荷、猝不及防之中攻击他们，杀掉他们一大部分，其余的都四散逃走，躲进最近的森林里去。这一部分人叫几古林尼部，因为厄尔维几人全族共分为四个部分或部落，我们的父老犹能记忆，这一部分曾经单独离开过他们的本土，杀死了执政官卢契乌斯·卡休斯，迫使他的军队钻了轭门。这一役，不知是偶然凑巧还是不朽的神灵作的安排，曾经带给罗马人一场奇耻大辱的这个厄尔维几人的部落，首先遭受了惩罚。而且，除了国家的公仇之外，凯撒还一举两得地泄了私恨，因为几古林尼部在攻袭卡休斯的那一役中，还杀死了他的副将卢契乌斯·毕索，他就是凯撒的岳父卢契乌斯·卡尔普林弩斯·毕索的祖父。

一三、这场战斗完毕后，为了追击厄尔维几人的其余部队，他命令在阿拉河上造起一顶桥来，带着自己的军队渡了过去。他的突然到来，使厄尔维几人大为惊异，因为他们看到自己花了二十天时间才困难地渡过来的河流，凯撒却只花一天就过来了。他们就派使者来见他。这批使者的首领是狄维果，就是厄尔维几人攻袭卡休斯时的领袖。他对凯撒这样说：如果罗马人愿意和厄尔维几人讲和，他们愿意到凯撒所指定、并且要他们住下来的地方去。但是如果他坚持要战争，那么，他必须记住罗马人以前的灾难和厄尔维几人原先的勇敢。至于他趁他们冷不防的时候攻击了那个部落，这是因为当时已经过了河的那些人不能来援救他们同胞的缘故，绝不可以因此便把自己的勇敢估计得太高，或者轻视起厄尔维几人来。他们从自己的父老和祖先那里学到的是：战争主要应当依靠勇力，不应该依靠阴谋诡计。所以，他千万不要让他们现在耽搁在这块地方，因为罗马人在这里遭到过灾难，军队受到过歼灭，从此声名远扬，流传到后代去。

一四、对这番话，凯撒的回答是这样的：正因为他牢牢地记住厄尔维几人所提起过的那些事情，所以才没有丝毫的犹豫。特别是那场灾难落到罗马人头上来，完全是飞来的横祸，所以才感到格外的沉痛。如果他们觉得自己做过什么伤害别人的勾当，本来也不难作好防备的，只是，他们却以为自己没做过什么需要戒惧的事情，就也没有要戒惧的理由，这才上了当。就算他愿意忘掉旧的仇怨吧，难道连那些新近的侵扰——他们没经过他同意就用武力强行通过行省、侵犯爱杜依人、安巴利人和阿罗布洛及斯人——也都能置之一旁吗？至于他们把自己的胜利吹嘘得那么神气，因为自己的作恶多端没受报应就感到诧异，这两者其实只说明一件事情：不朽的神灵因一个人的罪孽要给予惩罚时，常常先给他们一时的兴旺和比较长期的安宁，这样，他们才能在命运突然转变时感到格外惨痛。话虽如此，他们如果愿意给他人质，让他知道他们能保证履行自己的诺言，同时，如果他们自己和他们的同盟使爱杜依人和阿罗布洛及斯人受到的损害，都能得到赔偿，他还是愿意和他们讲和的。狄维果回答说：厄尔维几人从祖先起就定下了规矩，一向只接受别人的人质，从不把人质交给别人，罗马人自己就是这件事的证人。作了这样的回答后，就离去了。

一五、次日，他们拔营离开那地方。凯撒也跟着离开，把他从全行省以及从爱杜依人和他们的同盟那里集中来的全部骑兵，约达四千多人，全都派做前锋，观察敌人究竟向哪个方向进军。他们对敌人的后军钉得过分热心了些，竟在地形不利的地方跟厄尔维几人的骑兵交了一次手，我军损失了少数人。这场战斗鼓励了厄

尔维几人，因为他们只用五百骑兵便驱走我军这么多骑兵，他们更放心大胆地在我军面前停留下来，屡次以他们的后军来撩拨我军，以求一战。凯撒约束自己的部下不准应战，他认为目前光只要牵制住敌人，不让他们劫掠、采牧和破坏就够了。就这样继续行军了大约十五天，我军的前锋和敌人的后军，相距始终不超过五六罗里左右。

一六、同时，凯撒每天都在催索爱杜依人以国家名义答应供应的粮食。由于天气寒冷——高卢的位置处在北方，前面已经说过——不仅田里的谷物没成熟，就连草料也没有充分供应；至于用船只溯阿拉河运上来的粮食，由于厄尔维几人所走的路已经离开了阿拉河，他又不愿意放掉他们不追，因此也没法再利用它。爱杜依人却一天一天只管拖延，一会儿说在征收了，一会又说在集中了或就在路上了等等。当凯撒看到自己实在被人家敷衍搪塞得太长久了，而该发粮食给军队的日子又已迫在眉睫时，他就召集起他们的领袖们——这些领袖有很多在他营里——其中有狄维契阿古斯，还有列司古斯，这是他们的最高首领，在人民中间掌握着生杀大权，爱杜依人称之为“执法官”，每年选举一次。凯撒很严厉地斥责他们，因为粮食既买不到，田里也收不起，在这样紧迫的时机，敌人又这样靠近，他们竟不加以援助，特别因为这次战争，主要是由于他们的吁请才进行的，所以他才更加严厉地责备他们袖手旁观。

一七、终于，列司古斯被凯撒的话打动了，把他一直隐瞒着的话都讲了出来。他说：有某些人，他们在平民中有极大的势力，他们虽不担任官职，却比官吏更有力量。他们在用煽动性的、傲慢的话阻止群众，不让他们把应交的粮食集中起来。他们这样说：如果爱杜依人自己不能再掌握高卢的霸权，那么，受高卢人的统治总比罗马人的统治好些；再也不该怀疑，如果罗马人一征服厄尔维几人，就会把爱杜依人和高卢其余各邦的自由，也一起剥夺掉的。也正是这些人，把我们营里的打算和一举一动，都去报告敌人，他自己实在无力阻止他们。他也很清楚，他虽然迫于形势，不得不把这些事情告诉凯撒，但他冒的风险是十分巨大的，就因为这缘故，他才能缄默多久就缄默多久的。

一八、凯撒知道列司古斯的这番话指的是狄维契阿古斯的弟弟杜诺列克斯，但他不愿当着这么多人的面说穿这件事，因此很快就结束了会议，单把列司古斯留了下来。等只有他一个人时，再问他在会上讲的事情，他讲起来就自在得多，也大胆得多了。凯撒又把这件事情秘密地问了另外一些人，发现它完全是真的。这个杜诺列克斯，确是一个勇敢无比、而且因为慷慨施与、在群众中拥有极大势力的人，他很盼望发生一场变故。多年以来，他一直用极低的包价，把爱杜依的关税和其他税收都包了下来，因为只要他一开价，就没别人再敢出较高的标价和他竞争。凭借这种手段，一方面增加了他的家业，另一方面，又为他的广施贿赂开拓了大量财源。他用自己的钱常年豢养了一大批骑兵，护卫着他。不仅在国内，就在邻国，他也有很大的势力。为了更加张大自己的声势起见，他让自己的母亲和别都里及斯邦中最尊贵最有力的人结了婚，自己又娶了一个厄尔维几族的妻子，他的同母姊妹和其他女亲属，也都嫁给了别的邦。不仅这种亲戚关系使他偏袒和寄厚望于厄尔维几人，同时他还有私下的理由要痛恨凯撒和罗马人，就因为他们的到来，他的势力才削弱下去，而他的兄长狄维契阿古斯却恢复了原来

的声望和荣誉。他怀着很大的希望，如果一旦罗马人遭到什么不幸，他就可以借厄尔维几人之助，取得王位。罗马人的统治却不仅使他得不到王位，甚至现在已有的势力都在削弱。凯撒在查询中又发现，几天以前骑兵战斗之所以遭到挫折，也是由于杜诺列克斯和他的骑兵[①]首先败退下来的缘故。因为爱杜依人派来支援凯撒的骑兵是由杜诺列克斯领导的，他们一退，就使其他的骑兵也都惊慌起来。

一九、凯撒弄清楚了这些事实，而且得到许多千真万确的证据，可以证实这些怀疑。引导厄尔维几人穿过塞广尼人领土的是他，他们交换人质也是由他安排的，他做这些事情，不仅没有得到凯撒和他本国的命令，甚至连知道也没让他们知道，因此他受到爱杜依首领们的诟责。凯撒认为这些已足够作为处罚杜诺列克斯的理由，无论由他自己来处理也好，由他命令本国去处理也好。但却有一件事情使他不能放手去做这一切，因为他知道，他的兄长狄维契阿古斯是一位最热忱拥护罗马人民、最爱他自己、出奇地忠诚、正直和谦和的人，深恐处罚杜诺列克斯，会伤了狄维契阿古斯的心。因此，在还没采取任何行动之前，他先命令把狄维契阿古斯召到自己面前来，在遣走了日常用的译员之后，通过高卢行省的一个领袖、他自己的挚友该犹斯·瓦雷留斯·普洛契勒斯——凯撒在任何事情上都很信任这个人——和他谈话。同时向他指出了他本

① 骑兵——罗马骑兵，本来也跟军团中的步兵一样，全由罗马公民组成，但后来在征服了意大利之后，逐渐由意大利的同盟组成(称为 socii，以别于由外族组成的 auxilia)，到凯撒时代，意大利人也都成为公民，骑兵索性全部由意大利以外的民族充任，如本书中就经常提到西班牙的、日耳曼的和高卢的骑兵。骑兵独立编制，不包括在军团之内，也不作为作战的主力，主要担任巡逻、斥候、侧翼包抄等等工作。——译者

人也在场的那次高卢领袖们的会议上关于杜诺列克斯的谈话，还告诉他后来个人和他分别谈话时，谈到杜诺列克斯时说的话。他要求并鼓励他，希望无论由他自己审问后定罪也好，或者由他下令交给他本邦去定罪也好，狄维契阿古斯不要因此心里不快。

二〇、狄维契阿古斯泪汪汪地拥抱着凯撒，恳求他不要给他兄弟什么严厉的处罚。他说：他知道这些控诉都是真的，没有人再比他更为这个难受了。因为，当他本人在自己本国和高卢的其他部分势力很大时，他弟弟却因为年纪还轻，默默无闻，全靠他的帮助才得势起来，但他却不仅利用这种势力来削弱他的声望，甚至还利用它来毁灭他。虽则如此，他还不能不顾及手足之情和群众的意见，如果凯撒真的给了杜诺列克斯什么严厉的处罚，由于他处在和凯撒如此亲密的地位，绝没有人会相信这是没有经过他的同意就做的，这种情况会使得全高卢人都从此唾弃他。当他一面哭，一面说着这许多话向凯撒恳求时，凯撒握着他的右手安慰他，叫他不要再说下去，说：他对凯撒的情谊这样深厚，无论是国家的公仇还是私人的嫌怨，都会按照他的愿望和要求，给予谅解。凯撒把杜诺列克斯召到自己面前来，当着他兄长的面，把自己要责怪他的那些事情都告诉了他，无论是他自己知道的还是他本国所控告的，都向他说了，同时还警告他：以后任何时候都必须避开一切嫌疑。特别向他指出：过去的一切是看在他的兄长狄维契阿古斯面上，才原谅他的。他又派人监视着杜诺列克斯，以便能了解他在做些什么，和哪些人谈话。

二一、同一天，侦察人员报告说，敌人在离他自己的营寨八罗里的一座山下安了营。他派出人去探察那山的地势和四面上山的

道路如何。回报说很容易上去。他命令副将代理司令官季度斯·拉频努斯①在第三更时率领两个军团和那些认识路的向导攀登到那座山的山顶上,同时把自己的打算告诉了他。他本人在第四更时急急从敌人经过的那条路,向他们赶去,派全部骑兵走在自己前面,另外又派布勃留斯·孔西第乌斯率领侦察人员在前面先走。孔西第乌斯是一个号称富有军事经验的人,曾先后在卢契乌斯·苏拉②和马古斯·克拉苏斯③的军队中服务过。

二二、黎明时,山顶已被拉频努斯占领,他自己离敌人的营寨也已不到一罗里半路。据后来从俘虏口中得知,无论他自己或拉频努斯的到达,都没被敌人发觉。但在那时候,孔西第乌斯忽然骑着马匆匆赶来,告诉他说:他要拉频努斯去占领的那座山顶,敌人已经占领着,他是从高卢人的武器和旗帜上辨认出来的。于是,凯撒把他的军队撤到最近的一座山上,在那边布下战阵。拉频努斯事先接到凯撒的指示,叫他不要径自和敌人作战,要等看到凯撒的军队靠近敌营时,才同时四面向敌军进攻,这时虽占据了山顶,却仍停在那边等候我军,不和敌人交锋。直到后来天色已很晚时,凯撒才从侦察人员那里得知山顶在我军手中,厄尔维几人这时已移

① 副将代理司令官——拉频努斯是凯撒部下十个副将中最重要的一个,凯撒在自己离开时,往往把指挥全军和处理行省事务的大权交给他代理,所以他不和其他副将那样单称 Legatus,而有一个专用的"副将代理司令官"头衔(legatus pro praetore),表示比凯撒的代行执政官头衔(pro consul)只差一级。——译者

② 卢契乌斯·高乃留斯·苏拉(公元前 138—前 78)——即以"大抄斩令"(Proscritio)大规模屠杀民主派的独裁者苏拉,元老院贵族共和派复辟政权的支柱。——译者

③ 马古斯·李钦纽斯·克拉苏斯(公元前 115—前 53),和凯撒、庞培组成三人同盟的伙伴之一,罗马最富有的奴隶主,此时他的两个儿子均在凯撒军中服役。——译者

营前进，而孔西第乌斯则是因为害怕，才把根本没有看到过的东西当做看到了的向他作了谎报。那一天，他仍保持一向的距离，跟随敌人前进，离他们的营寨三罗里安下营。

二三、次日，离开例应发放口粮给士兵的日子只剩两天了。当时他离开爱杜依邦最大、积储最充裕的市镇毕布拉克德已经不到十八罗里。他考虑到粮食问题必须解决，就转过头来撇开厄尔维几人，直向毕布拉克德赶去。这件事被高卢籍骑兵的一个什长卢契乌斯·爱米留斯部下的逃兵们报告了敌人。厄尔维几人不是误以为罗马人离开他们是由于害怕——特别因为前一天罗马人已经占有了山头仍不作战，更使他们深信这点——就是认为自己可以把罗马军队的粮食切断，于是改变原来的计划，掉过头来，紧盯着我军的后队，开始攻击。

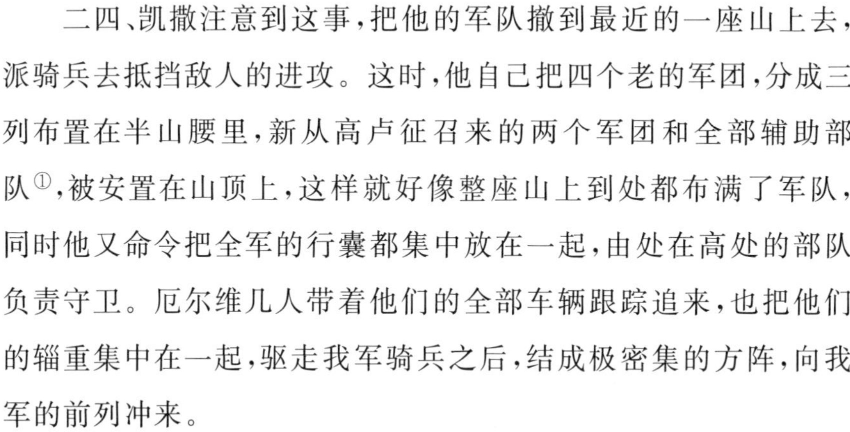

二四、凯撒注意到这事，把他的军队撤到最近的一座山上去，派骑兵去抵挡敌人的进攻。这时，他自己把四个老的军团，分成三列布置在半山腰里，新从高卢征召来的两个军团和全部辅助部队[①]，被安置在山顶上，这样就好像整座山上到处都布满了军队，同时他又命令把全军的行囊都集中放在一起，由处在高处的部队负责守卫。厄尔维几人带着他们的全部车辆跟踪追来，也把他们的辎重集中在一起，驱走我军骑兵之后，结成极密集的方阵，向我军的前列冲来。

① 辅助部队（auxilia）——罗马从第二次布匿战争时起就往往雇佣或通过条约摊派的方式，从意大利以外的同盟和被征服国家召来大批军队，协同作战，这些辅助部队大抵都是用来加强罗马人自己军事上的薄弱环节的，如骑兵、轻装步兵等，最高指挥权属于罗马军事将领，中、低级指挥人员则由他们本国人来充任。——译者

二五、凯撒首先把自己的坐骑一直送到老远看不见的地方，后来又命令把所有别人的马也都这样送走，让大家都面对着同样的危险，不存逃脱的希望，然后对士兵们鼓励了一番之后，遣他们投入战斗。兵士们居高临下，掷下轻矛，很容易地驱散了敌人的方阵。敌人散乱之后，士兵们拔出剑来，朝他们冲杀过去。高卢人的盾，大部分被轻矛一击中就穿透了，而且因为铁的矛头弯了过来，紧箝在盾里，拔既拔不出来，左手累累赘赘地拖着它作战又不方便，一时很受阻碍，于是，许多人在把手臂摇摆了很久仍没法摆脱它之后，就宁愿抛掉盾，露着身体作战。最后，他们因为受伤累累、支持不住，开始撤退，向离当地约一罗里的一座小山逃去。等他们占有那座小山时，我军已紧紧跟在他们背后。作为后军掩护着敌人后方的一万五千波依人和都林忌人，掉过头来攻击罗马军队敞开着的侧翼，包围住他们。已经退上山的厄尔维几人看到这事，重新立定下来，开始作战。罗马人回转身来，两面分开应战，第一列和第二列抵抗已被击败和逐走的敌人，第三列抵抗新来的敌人。

二六、战斗就这样分为两面，长期地激烈进行着，直到他们再也挡不住我军的攻击时，一部分开始退到山上去，一部分集中到他们的辎重和车辆那边。尽管这场战斗从第七刻时①一直延长到傍晚，但在整个战斗过程中，却谁也没有看到任何敌人转过身去逃走的。辎重附近，直到深夜还在进行战斗，他们把车辆排列起来当作

① 刻时(hora)——罗马人计算时间的单位，约略和我们现在的小时相当，一天也分为二十四刻时，昼夜各十二刻时。但不同的是罗马的每一刻时四季长短各不相同，白昼的十二刻时从日出算起，到日落为止，夏天昼长的时候，一刻时达现在的 75.5 分钟，冬天昼短，每刻时只合现在的 44.5 分钟。夜间的刻时则与此相反。——译者

堡垒，站在高处向我军进攻的人投射矢石，另有些人则躲在战车和四轮车之间，朝上发出梭镖和投枪，杀伤我军。战斗持续很久，辎重和营寨终于为我军占领。奥尔及托列克斯的女儿和一个儿子，都在那边被我军俘获。约有一万三千人从这场战斗中逃出性命，他们通宵赶路，整夜一刻不停，第四天到达林恭内斯人境内。我军因为有的士兵受了伤，还有些阵亡者要掩埋，停留了三天，没追赶他们。凯撒派使者送信到林恭内斯人那边去，命令不准把粮食和其他物资接济他们，如果接济他们，他就要以对付厄尔维几人同样的方式对付他们。他自己在隔了三天之后，带着全军追赶他们。

二七、厄尔维几人因为一切给养都感到缺乏，不得不派使者来见他求降。他们在路上遇到凯撒，投身在他脚下，含着眼泪低声下气地恳求讲和。他吩咐他们留在现在所在的地方等他到来，他们听从了。后来凯撒到了那地方，向他们索取人质、武器以及逃亡到他们那里去的奴隶。当这些正在搜索和集中时，约有六千人，属于称做维尔华琴纳斯的那个部落，不知是恐怕交出武器后将受到惩罚，还是妄想保全自己，认为反正投降的人多，自己乘机溜走可以瞒混过去，别人不会注意。天一黑时就从厄尔维几人的营中逃出来，向莱茵河上日耳曼人的地界奔去。

二八、凯撒一知道这事，就向他们经过的地区的居民下令：如果他们想要洗清自己，就得把这些逃亡的人搜索出来，送回他这里。送回来的人都被当作敌人处理了[①]。所有其余的人，在把人质、武器和逃亡者交出之后，都接受了他们的投降。他命令厄尔维

① 这里，凯撒故意用了比较隐晦的说法，意思是把他们全杀了。——译者

几人、都林忌人、拉多比契人，都回到原来出发的地方去。又因为他们家乡的一切庄稼都已经毁掉，没有可以恃之度日的东西，他命令阿罗布洛及斯人把足够的粮食供应他们，并命令他们把已经烧掉的市镇和村庄重建起来。他所以这样做，主要理由是因为他不愿意让厄尔维几人迁走后那块地方空出来，深恐住在莱茵河对岸的日耳曼人看到这里土地肥沃，会迁出自己的领土，住到厄尔维几人的土地上来，成为高卢行省和阿罗布洛及斯的邻居。爱杜依人因为波依人以勇敢闻名，愿意把他们安插在自己的土地上，凯撒也答应了他们的要求。他们给了波依人土地，后来又让他们跟自己享有同样的权利和自由。

二九、在厄尔维几人的营帐中，发现有用希腊文写的字板，被拿来交给了凯撒，这上面是编好的名册，逐个记载着他们从故乡出来的能持武器作战的人的数目，同样也逐一地记载着儿童、老人和妇女。在这些记载中，厄尔维几人总数是二十六万三千、都林忌人是三万六千、拉多比契人是一万四千、劳拉契人两万三千、波依人三万两千，这些人中，能拿起武器来作战的约有九万两千人，合起来总数为三十六万八千人。其中能够返回故乡的，依照凯撒的命令作的统计是十一万人。

三〇、厄尔维几之役结束后，差不多全高卢的使者——都是各国的首领——统统赶来向凯撒道贺。他们说：他们虽然知道凯撒之所以和厄尔维几人作这次战争，是为了报复以前他们对罗马人的侵害，但这件事情的后果，使高卢地方蒙受的利益却不下于罗马人，因为厄尔维几人在他们正盛极一时的时候离开故乡，目的在于向全高卢发动战争，争取统治权，在全高卢的广大土地上，选取他们认为是最便利、最富饶的地方，作为自己的住家，把其余的各国作为纳贡的臣属。代表们要求凯撒允许他们约定一天，宣布召开一个全高卢的大会，因为他们有一个请求，希望在取得一致同意之后，向凯撒提出来。这要求被答应了，随即为这个会议定下了一个日期，他们之间还起了誓，保证除了会议上大家同意授权的人之外，任何人不得擅自把讨论的内容泄露出去。

三一、散会后，仍旧是上次那些国家的首领们，回到凯撒这边来，请求允许他们和他秘密商谈一下有关他们本身和全体安全的问题。这个要求得到了允许，他们全都投身在他脚下，哭泣着向他恳求说：他们热切而又焦急地希望将和他谈的事情不至泄露出去，其热切和焦急的程度绝不亚于他们就要提出来的那个要求本身。因为他们知道，假如泄露出去之后，他们就要遭到最最残酷的处罚。替他们发言的是爱杜依人狄维契阿古斯，他说：全高卢各邦，分为两个集团，一个集团的领导权由爱杜依人掌握，另一个由阿浮尔尼人掌握。多年以来，他们之间一直在激烈地争夺霸权，以致阿浮尔尼人和塞广尼人竟花钱雇来日耳曼人。他们第一次渡过莱茵河来的大约有一万五千人，后来这些粗鲁而又野蛮的人爱上了高卢的土地、文化和富庶，又带过来更多的人，至今在高卢的日耳曼人已达十二万左右。爱杜依人和他们的属邦一再和日耳曼人刀兵相见，在吃了败仗之后，遭到极大的灾难，全部贵族、全部元老和全部骑士都损失干净。因为战争和灾难的打击，这些本来由于自己的勇敢、由于罗马人的恩情和友谊，过去一直在高卢享有霸权的人，被迫不得不把自己国内最尊贵的人交给塞广尼人做人质，还要用誓言束缚自己的国家：不得索回人质、不得向罗马人求救、不得拒绝永远服从他们的权力和统治。在爱杜依全国，只他狄维契阿古斯一个人没有被弄去宣誓，也没把自己的孩子交出去做人质，就为这缘故，他自己才逃出本国赶到罗马去向元老院求救[①]，因为就只他一个人不受誓言和人质的拘束。可是，获得了胜利的塞广尼人，比起被征服的爱杜依人来，处境却只有更坏些。因为日耳曼人的国王阿里奥维司都斯就住在他们境内，占据了塞广尼人的三分之一领土，这是全高卢最富饶的土地，而现在，他却又要塞广尼人另外再让出三分之一来，因为几个月以前，二万四千阿鲁得斯人又来到他这边，要让出地方来给他们住。再息不多几年，全部日耳曼人都将跑到莱茵河这边来，这里的人都要被赶出高卢的领土，因为高卢的土地和日耳曼的土地，简直无法相比，他们那边的生活也跟这边的生活不可同日而语。阿里奥维司都斯在马其多勃里加地方一战击败高卢军队之后，就极傲慢、极残酷地进行着统治，把最尊贵的贵族们的孩子索去作为人质，这些人质略微做了一些未经他点头同意的事情，就得遭到各种各样的惨刑。他是一个粗野、任性、残暴的人，对他的统治谁也没法忍受下去。要不是凯撒和罗马人民出来设法给一些帮助，全高卢都得像过去的厄尔维几人那样离乡背井，远远避开日耳曼人，另外去寻找别的家乡、别的安身之处，去碰运气，无论什么样的事情在等待他们，也只得去试探一下。这些话要是被阿里奥维司都斯知道，毫无疑问，他要把最残酷的刑罚加到在他那边的全部人质身上。只有凯撒，可以利用他自己本

① 狄维契阿古斯到元老院求救的事情，发生在公元前 61 年，当时元老院仅通过一个空洞的决议，责成高卢行省长官注意爱杜依人的安全。——译者

人或他的军队的威望、利用新近取得的胜利或者利用罗马人民的名义，阻止他再把更多的日耳曼人带到莱茵河这边来，保障全高卢不再受阿里奥维司都斯的蹂躏。

三二、狄维契阿古斯说完这番话时，所有在场的人开始大声号哭着恳求凯撒帮助。凯撒注意到所有人中，就只塞广尼人没跟别人那样哭泣，只管凄惶地低头注视着地面。他不知道这是什么缘故，就询问他们。塞广尼人不回答，仍旧默默地保持着原来的凄惶神情。当他一再询问，得不到答复时，还是那位爱杜依人狄维契阿古斯作了回答：塞广尼人的命运，比起别的部落来更为惨痛、更为伤心，因此只有他们，哪怕在背后，仍旧不敢诉苦，也不敢乞援，即使阿里奥维司都斯不在这里，对于他的残忍，也和他亲自在这里一样的惴惴畏惧。因为其余的人，无论如何，逃走的机会总还是有的，独有塞广尼人，因为他们把阿里奥维司都斯邀进自己境内，所有的市镇都在他的势力范围之内，不得不受尽各种苦难。

三三、凯撒知道了这些事，就对高卢人说了一番鼓励的话，答应说：他要亲自关心这件事情。他说：他希望阿里奥维司都斯能够看在他的恩惠和威望面上，不再做伤害人的事情。说过这番话，就遣散了会议。其实，除了这原因以外，还有许多别的缘故，促使他不得不考虑这件事，并且采取行动。首先，他知道屡次被元老院称作“兄弟”、“亲人”的爱杜依人，正在受日耳曼人的奴役和统治，甚至他们还有人质落在阿里奥维司都斯和塞广尼人手里，这对罗马这样一个堂堂大国说来，不免是他本人和国家的一种耻辱。再说，在他看来，如果日耳曼人逐渐把渡过莱茵河看作一件习以为常的事情，大批大批地涌入高卢来，对罗马人民来说，将是一件危险不

过的事，何况像他们这样粗野蛮横的人，绝不肯安分守己，一旦占有全高卢，就会像过去的钦布里人和条顿人[1]那样，冲进我们的行省，再从那里蜂拥奔向意大利，特别因为塞广尼和我们的行省之间，只隔了一条罗唐纳斯河。根据这种种情况，他认为非迅速采取行动不可，而阿里奥维司都斯表现出来的那种自高自大、不可一世的态度，也是件难以忍受的事。

三四、因之，他决定派使者到阿里奥维司都斯那边去，要求他选择一个和双方距离相仿的会面地点，他有公务和跟彼此都有重要关系的事情要和他商谈。阿里奥维司都斯回答使者说：如果他本人对凯撒有什么要求，他自会到凯撒这里来；如果凯撒有什么事情要求于他，凯撒也应该自己跑到他那边去。特别因为他不带军队，便不敢到凯撒所占有的这部分高卢来，如果要把军队集中起来带到某个地方去，又不可能不多带粮秣，大费周折。并且他还奇怪，在他用武力所征服的那一部分高卢中，有什么事情用得着凯撒和罗马人来费心。

三五、这番回答带给凯撒后，凯撒又差使者再次带去如下的话：尽管凯撒和罗马人对他那样的恩德备至——就在凯撒任执政官的那一年[2]，元老院给了他“国王”和“友人”的称号——但他给罗马人民的竟是这样的回答，连会面的邀请都不愿接受，对于双方都有关的事情，也不屑商谈和了解。凯撒要求他的事情是这样一

① 钦布里人和条顿人——波罗的海沿岸的两支日耳曼部落，公元前二世纪末，全族南迁，进抵阿尔卑斯山，企图侵入意大利，连续歼灭三支罗马大军，引起意大利的极大震动，到公元前102—前101年，条顿人和钦布里人才先后为凯撒的姑丈马略所击溃，几乎全族被歼。——译者

② 即公元前59年。

些：首先，不要再带更多的人渡过莱茵河进入高卢；其次，归还从爱杜依人那边取来的人质，同时也允许塞广尼人把他们手中握有的人质还给爱杜依人；不再侵犯爱杜依人，也不再对爱杜依人和他们的同盟发动战争。如果他做到这些，凯撒和罗马人民将永远对他保持友谊和好感。反之，如果他不答应这些要求，那么，根据马古斯·梅萨拉和马古斯·毕索两人任执政官那年元老院的决议：负责高卢行省的人，应当从共和国的利益出发，对爱杜依人和罗马人民的其余友邦加以保护。因而，他不能坐视爱杜依人受到伤害。

三六、对于这番话，阿里奥维司都斯回答说：根据战争的权利，战胜者可以随心所欲地支配他所战败的人。同样，罗马人统治被征服者，也只是凭自己高兴，从来不听别人的意见。既然他从来不干涉罗马人行使自己的这种权利，他本人在行使这种权利时，就也不该受罗马人的阻碍。至于爱杜依人，他们曾经在战争中试过运气，刀兵相见之后，吃了败仗，才开始向他纳贡的。凯撒已经给他造成了很大的损失，凯撒的到来，已经使他的贡赋收入减少了。他绝不会把爱杜依人的人质还给他们，如果他们能够履行先前的诺言，每年交付贡赋，他也不会无缘无故对他们和他们的盟邦作战；反之，他们如果胆敢违背这些约定，罗马人的“兄弟”头衔，绝帮不了他们的忙。至于凯撒对他的警告，说他不会坐视爱杜依人受到的伤害，那么，他的回答是：没有谁和他作战不是自取灭亡的。凯撒只要愿意，尽可一试，领教一下战无不胜的日耳曼人——武艺娴熟，十四年没在屋子里住过的日耳曼人，凭他们的勇敢，能干出点什么样的事业来。

三七、在这个消息带给凯撒的同时，爱杜依人和德来维里人派来了使者，爱杜依人申诉说：新近进入高卢的阿鲁得斯人正在蹂躏他们的领土，他们即使再加给阿里奥维司都斯人质，也不能换取和平。德来维里人申诉的是：苏威皮人住在莱茵河沿岸的一百个部[①]，正在试图渡河过来，领导他们的是奈苏亚和钦百里乌斯兄弟两人。这些事情使凯撒大为不安，他决定自己必须迅速采取行动，否则，一旦新来的这股苏威皮人和阿里奥维司都斯原有的部队一联合起来，就将更难抵御。于是，尽可能迅速地准备起粮秣以后，就急急地向阿里奥维司都斯赶去。

三八、当他赶了三天之后，接到报告说：阿里奥维司都斯已经带着全军赶去占领塞广尼人最大的市镇维松几阿，离开他的领域已有三天路程。凯撒认为自己应当竭尽全力防止这桩事情的实现。因为这个镇上储藏着大量的战备物资，而且地势险要，有很好的天然屏障，特别利于战守，杜比斯河差不多像圆规画的那样绕整个市镇一周，只留下一个缺口没有包合，长度不到一千六百罗尺，恰巧有一座极高峻的山封闭着这个缺口，这座山的两面山脚，都一直伸到河边。有一道城墙包围着这座山，使它变成一个堡垒，跟市镇连成一片。凯撒夜以继日的向那边赶去，占据了这个市镇后，就在那里安下守卫部队。

三九、当他为了准备粮食和其他给养，在维松几阿作几天耽搁

① 部(pagus)——原文指当时意大利一种按地区划分的小自治单位，无论城市中或乡村里都划成许多这种 pagus，它有自己的一些地方性公益事业和祭祀。尚处在部落时代的苏威皮人未必也有这种组织，凯撒不过是随便用一个现成字来称呼他们而已，这里勉强译之为“部”。——译者

时，我军的士卒向高卢人和客商探询情况，这些人的答复马上在全军引起很大的恐慌，大大扰乱了所有人的心绪。这些高卢人和客商夸称日耳曼人的身材魁伟、勇敢非凡、武艺也十分精熟，平时他们自己遇到日耳曼人时，简直不敢正视对方的面容，也不敢接触他们锐利的目光。恐怖最初发生在军团指挥官[①]、骑兵指挥官和其他一些本来没有多少军事经验，只是因为友谊，才跟凯撒离开罗马前来的人身上。他们提出各式各样理由来说明自己有不得不离开的必要，请求凯撒同意他们离去。还有一些人只是为了顾全面子，想避免人家说他害怕，才勉强留下来。但他们既掩饰不住愁容，也抑制不住眼泪，只是躲在营帐中，抱怨自己的命运，或者和他们的熟人在一起，为共同的危险而悲叹。全营的人都在签署遗嘱。不久，就连军事上颇有经验的人，像兵士们、百夫长们，以及带领骑兵的人，也都因这些人的传说和恐惧而感到惶惶然了。其中那些想把自己打扮成并不胆怯的人则诿称他们不怕敌人，他们担心的是路途险狭，横亘在他们和阿里奥维司都斯之间的森林又很辽阔，怕军粮供应不上。甚至还有些人告诉凯撒说，如果他下令移营拔帜前进，士兵们不会听从命令，因为他们害怕，不敢前进。

四〇、他注意到这些情况，就召集了一个会议，把所有各个百

① 军团指挥官(tribuni militares)——共和中叶以前，他们本来是真正的指挥官，每个军团六人，每人两个月轮流指挥全军团，由公民大会选出。后来军团逐渐增多时，只前面的四个军团还是由选举产生，其余军团都改由执政官任命。到凯撒这时候，他们已经只担任军团中的行政工作，很少指挥作战，即使指挥，也只是统帅交给他们的一个或几个营，甚至只一条船了。他们都是出身于元老或骑士家庭的青年，来军中是为了镀金，好作为往上爬的晋身之阶，实际上没有什么作战经验，因此在战斗上的作用，已被首列百夫长们代替，在指挥上的作用，也已被统帅临时指派来的副将代替。——译者

人队的百夫长都召来。他激烈斥责他们，特别责怪他们竟然把军队要开到哪里去和开去做什么，认为是应该由他们来过问和考虑的事情。在他担任执政官的那一年，阿里奥维司都斯曾经竭力求取过罗马人民的友谊，为什么现在谁都肯定他必然会粗暴得完全不顾情面了呢？至于他自己，他相信：如果对方一旦了解他的要求，知道他的条件是多么公平合理，就绝不会拒绝他和罗马人民的好意。即使说，由于愤怒和疯狂的冲动，他终于发动了战争，他们又怕什么呢？为什么他们要对自己的勇气、对他本人的领导毫无信心呢？在我们上一辈人的记忆中，就是这些敌人，曾经威胁过我们，但在钦布里人和条顿人被该犹斯·马略击败的那一役中，军士们的值得赞扬，也绝不稍逊于那位统帅本人。就拿最近意大利发生的奴隶暴动[①]来说，也是一样，他们学去的我们的经验和纪律，确实帮了他们不少忙。从这件事情来看，我们就可以判断，坚定能带来多大的好处，因为还没武装起来时我们就莫名其妙地畏惧的人，后来武装起来了，还得到了胜利，正当不可一世时，反被我们击败了[②]。最后，就是这些日耳曼人，连厄尔维几人也常常跟他们交战，不仅在厄尔维几人自己的领土上作战，甚至还跑到对方的领土中去，一再击败他们，而厄尔维几人则早就被证明不是我军的敌手了。如果还有人被高卢人的失败和逃窜吓怕了的话，那么，这些人

① 指发生于公元前73—前71年间的斯巴达克斯所领导的大起义。——译者

② 原文比较费解，凯撒这里的意思是：那些蛮族在没得到罗马的军事技术和武器装备以前，蛮族军队曾经莫名其妙地（sine causa timuissent）被罗马军队畏惧过，后来这些蛮族军队接受了罗马人的技术和武装，反被罗马人击败了，于此可见坚定能带来多大好处。相传斯巴达克斯本人以及他的部下有许多人都在罗马的军队中服过役，能按罗马人的方式组织和训练自己的军队。——译者

只要一调查就可以发现，在高卢人被漫长的战争拖得十分厌倦时，阿里奥维司都斯却一连好几个月躲在沼泽中的营寨里不出来，不给他们战斗的机会，等高卢人认为作战已经无望，纷乱四散时，他才突然加以攻击，他所以取得胜利，主要依靠的不是勇敢、而是计谋。这种计谋，捉弄一下没有经验的蛮族或许还行，如果想用它来对付我们的军队，就连他们自己也不敢梦想。还有那些把自己的恐惧诿称是因为担心军粮不继、道路险阻的人，他们却未免太放肆了，他们不是根本不相信统帅的战略部署，就是认为非得由他们自己来指点指点他（凯撒）不可，其实这些事情应当是由他来考虑的。粮食有塞广尼人、吕契人和林恭内斯人在供应，田里的庄稼也已经成熟。说到道路，短期之内他们就能自己判断了。至于有人报告说：兵士们会拒绝听从命令，不再拔帜前进，他绝不因为这件事情动摇，他知道。凡是被兵士拒绝听从命令的人，不是因为措置失当，为命运所弃，就是因为被发现了某些罪行，贪污有据。而他凯撒的清白却可以从一生的行事中看出来，他的命运之好，也可以从厄尔维几之役中看出来。因而，他要把本来想过一些日子再做的事情，提到现在来做，次日夜间第四更就要移营前进，以便尽可能早一些知道，在他们中间，究竟是自尊心和责任感占上风呢，还是恐怖占上风。即令真的再没别人肯跟他走，只剩第十军团跟着，他还是照样继续前进。毫无疑问，第十军团一定能够这样做，他们正可以做他的卫队。凯撒最宠爱这个军团，也最信任这个军团，因为他们很勇敢。

四一、这番话一说，全军的情绪都极奇妙地发生了变化，产生了要求马上投入战斗的巨大热情和渴望。第十军团因为得到他的好评，首先通过他们的军团指挥官们来向他道谢，并向他保证，他们已经作好一切战斗准备。其他各军团也通过他们的指挥官和首列百夫长[①]，向凯撒作了解释，说：他们既不怀疑、恐惧，也不想妄自干预作战机宜，认识到这是应由统帅绝对掌握的事情。接受了这些解释，同时通过狄维契阿古斯——这是所有高卢人中最得他信任的一个——询明了道路，知道他可以绕道五十多罗里，领着军队从一条开阔平坦的路前进。他就照上面所说，在第四更起程。经过不断的行军，在第七天，侦察人员向他报告说：阿里奥维司都斯的军队，离我军已经只有二十四罗里了。

四二、阿里奥维司都斯知道凯撒到来，就派使者来到他这里，说：凯撒过去所要求的会谈，现在他可以同意了，因为凯撒现在离他近了些，他认为这样做已经毫无危险。凯撒没有拒绝这个建议，认为他终于恢复了理智，所以才能把过去拒绝过的要求，又主动答应下来。因而凯撒怀着很大的希望，认为阿里奥维司都斯可能看在自己和罗马人民对他的极大恩惠面上、在了解了他的要求之后，会改变自己的倔强态度的，就指定在这一天之后的第五天，举行会谈。在这段时间中，他们之间常常有信使往返。阿里奥维司都斯要求凯撒不要带步兵到会谈的地方去，他深恐中了暗算，被包围起

① 首列百夫长(centuriones primorum ordinum)——罗马军团中没有专职的军团长，也没专设的营、连长，除作战时由统帅临时派副将去指挥全军团外，实际上领导战斗、负责安营、构筑工事和维持纪律的全是每个百人队的百夫长(centurio)。全军团六十个百夫长中，第一营的六个百夫长称为首列百夫长，直接指挥全军团的其余百夫长。首列百夫长中，又数第一营第一连的第一个百夫长责任最为重大，称作首席百夫长(primipilus)，实际上是全军团的总指挥。百夫长都是身经百战的老兵，从最后一个百夫长一级一级地逐连逐营地升上去的，首席百夫长是一个普通士兵所能升到的最高职位。——译者

来，双方可只带骑兵到场，否则他就不参加会谈。凯撒既不愿意有任何枝节横插进来，可以给他们作为破坏会谈的借口，又不敢冒险把自己的安全托付给高卢骑兵，就决定一个最万全的办法，他把所有高卢骑兵的马都抽出来，让给最得他信任的第十军团的兵士们骑上，以便在万一发生什么变故时，他可以有一支最亲信的卫队。当这事在安排时，第十军团的某一个士兵开玩笑的说：凯撒现在做的事情，已经远远超过他的诺言，他原来只答应过第十军团担任卫队，现在却让他们当上骑士[①]了。

四三、那边有一片大平原，平原上有一个很大的土墩，这地方离开阿里奥维司都斯和凯撒的营寨恰好差不多远。他们就按上文所说，到那地方会谈。凯撒把他放在马上带去的军团士兵安顿在距土墩二百步之外，阿里奥维司都斯的骑兵也停驻在同样距离的地方。阿里奥维司都斯要求会谈在马背上进行，并且除本人之外，每人各带十名骑兵参加。当他们到达那地点后，凯撒在开始谈话时，首先提起他本人和元老院对阿里奥维司都斯的恩德——例如元老院给他“国王”和“友人”的称号、赠送给他大批礼物等等——并且指出，这种殊恩是很少有的，一向只在一个人有了极大的功劳

① 骑士(eques)——罗马古代，公民都参加义务兵役，最富有的人被编成十八个骑兵的百人队，据说这是塞维乌斯·图里乌斯立法时规定的。征服意大利之后，骑兵改由意大利同盟提供，公民骑兵逐渐消失，但在每五年一次的财产统查时，还保留着这一称号，拥有财富在一定数额以上的就被划为骑兵，其中也包括元老。该犹斯·格拉古斯开始把元老排除出去，从此他们就明确地成为奴隶主阶级中的一个单独的等级——最富有、除元老等级以外最有势力的等级。以后的民主派政治活动家就都利用他们来对抗元老等级，他们从此成为普通罗马人心目中敬畏的对象，骑兵这个字也就变成一种特殊头衔，一般都改译为骑士了。这里这个士兵的意思是说，凯撒原只说让他们当卫队，现在却把他们提拔为骑士(ad equum rescribere)了。——译者

时才授予,阿里奥维司都斯却既没有可以作为晋身之阶的借口,也没有要求它的正当理由,只是由于他凯撒本人和元老院的仁爱和慷慨,才得到了这种殊荣。同时他又指出:罗马人和爱杜依人之间存在着多么古老、多么正当密切的关系,元老院怎样一而再、再而三、而且关怀备至地为他们作出过决议。爱杜依人差不多自古以来就掌握着高卢的霸权,甚至在他们谋求罗马人的友谊前就是如此。罗马人的习惯是向来不肯让同盟和友邦蒙受损失,而是只希望他们在声誉、尊严和光荣上有所增长的,怎么能听任他们早先带来和罗马人结交的东西被夺走呢?后来,凯撒又提出曾经委托使者提出过的要求,要阿里奥维司都斯既不对爱杜依人、也不对他们的同盟交战,并且交还人质。如果不能把一部分日耳曼人遣返回到原地去,至少不再让别的日耳曼人渡莱茵河过来。

四四、阿里奥维司都斯对凯撒的要求回答得很少,却对自己的勇敢大加吹嘘。他说:他之所以渡过莱茵河,不是出于自愿,而是高卢人要求和邀请来的。没有很大的希望和很大的酬报,他们不会轻易离开家乡。在高卢取得的安身之处,是他们自己让出来的,人质也是他们自愿给的,取得贡赋是战争的权利,这是战胜者惯常加给被征服者的。他没有把战争硬加给高卢人,而是高卢人对他作战,全高卢各邦都起来攻击他,在他对面旗鼓森严地扎下了营寨,但他们却被他一战便击败并且征服了。如果他们愿意重新再试一下,他也准备再作一次决战;要是他们愿意和平,按道理说,就得缴纳贡赋,他们不是到今天还自愿缴纳吗?对他来说,罗马人民的友谊应该是一种装饰、一种保障,而不是一种障碍,他原来就是按照这种想法去谋求友谊的。假如因为罗马人出来说话,他就要

厄尔维几战役图

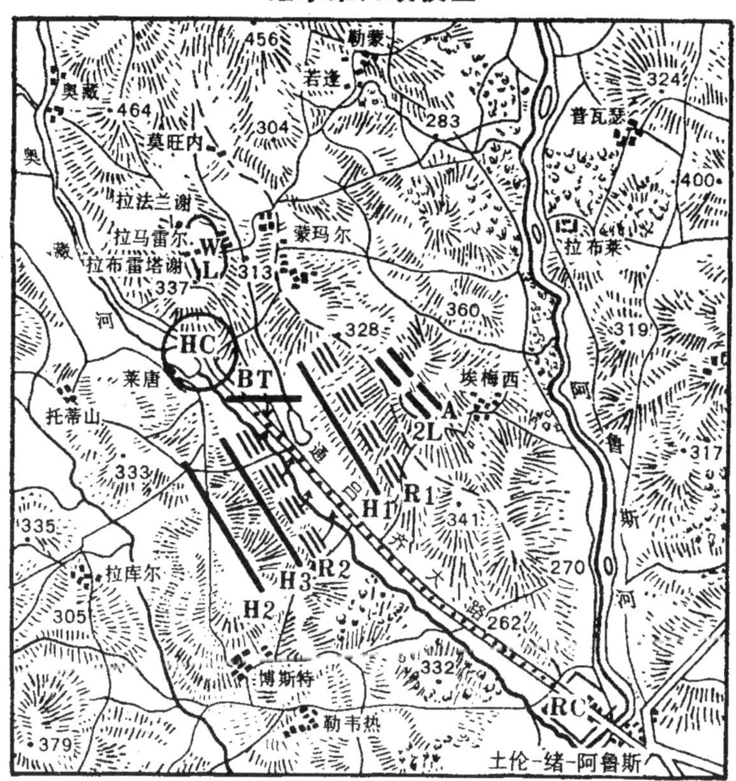

本图系根据洛布丛书复制，图中高地上标明的数字是海拔公尺数。

0　1　2　3　4罗里

说　明

RC	罗马军营	HI	厄尔维几军最初的阵地(前进时)
— — —	罗马军北上路线	H2	厄尔维几军第二次阵地(撤退后)
┼┼┼┼	厄尔维几人北上路线	H3	厄尔维几军第三次阵地(前进时)
HC	当天早晨厄尔维几军营	BT	波依人和都林忌人进攻R2暴露的侧翼
WL	战斗前刚排成的车阵	R2	四个老军团的第二次阵地，其第三列转身迎击BT
2L	两个新军团 } 布满整个山头部分人在筑壕沟E		
A	辅助部队 } 布满整个山头部分人在筑壕沟E		
E	掩护行李的壕沟		
RI	四个老军团最初的阵地		

取消贡赋、放过投降者，那他就宁愿把罗马人的友谊抛掉，抛的时候也会跟谋求它的时候同样轻松愉快。至于他之所以把大批日耳曼人带到高卢来，目的是保卫自己而不是攻击高卢人。譬如说，他没接到邀请自己不过来、也不主动发动战争而只是自卫，这些都是很好的证明。他进入高卢比罗马人早，在这个时间以前，罗马人的军队从来没越出过高卢行省的边界。他凯撒究竟要怎样？为什么要到他占有的地方来？这里是他领有的高卢，跟那边是罗马人领有的一样。如果是他侵犯罗马人领有的疆界，自然不该原谅，罗马人去干扰他的统治，也同样是不合理的事情。至于说到元老院把爱杜依人称做“兄弟”，他也不是那么野蛮不懂事，竟然不知道新近爱杜依人在阿罗布洛及斯一役中没给罗马人帮助，而爱杜依人在自己跟塞广尼人所作的斗争中，也没受到罗马人的帮助。他不得不怀疑凯撒虽然表面上装做友好，但在高卢保留一支军队，却是为了打击他的。除非凯撒离开并且把军队带出这个地区，否则他就不认为他是友人而是个仇敌了。如果他杀死了凯撒，就可以讨好许多罗马的显贵和要人——他是直接从他们自己的使者们口中得知的——凯撒的死可以替他换来所有这些人的感激和友谊。要是凯撒肯离开，把高卢让给他自由自在地占领下去，他会重重酬报他，而且可以奉陪他作一次他爱怎样打就怎样打的战争，一点不用费心血、担风险。

四五、凯撒说了很多话来表明他为什么不能把这件事置之度外。无论他本人还是罗马人民，从来都没忍心抛弃过真诚不渝的朋友不管，他也不承认阿里奥维司都斯比罗马人更有权占据高卢。阿浮尔尼人和卢登尼人都曾被奎因都斯·费庇乌斯·马克西姆斯

在战争中打败过，罗马人民却宽恕了他们，既未把他们的国家改做行省，也没征收他们的贡赋。因而，如果以时间先后作为标准，罗马人统治高卢就应该是最合理的事情。再说，如果元老院的决议应该遵守，那么，既然元老院在高卢人被征服之后仍旧给了他们自治的权利，就应该让他们自由下去。

四六、当这些事情正在会谈时，凯撒得到报告说：阿里奥维司都斯的骑兵，正在走近那土墩，朝我们靠拢，并向我军投射矢石。凯撒结束了讲话，回到自己的军队那边，命令他们无论如何不要向敌人还发一件武器。因为他虽然明知经他挑选出来的军团士兵和敌人骑兵交锋，毫无危险，但还是认为不应当动手，免得敌人被击败之后，会说他们是被他借谈判之名骗来加以包围的。后来，阿里奥维司都斯在谈判中怎样傲慢不逊、怎样想把罗马人驱逐出高卢全境之外，他的骑兵又怎样攻击我军，以致怎样中断了谈判等等，全都在我军大伙中传开了，一种摩拳擦掌，亟亟欲战的心情在全军传布开来。

四七、两天之后，阿里奥维司都斯派使者来见凯撒，说他愿意把他们之间已经开始但未结束的那些事情继续谈下去。或者由他重新定一个谈判的日子，或者如果他本人不愿意，可以在他的副将中派一个人到他那边去。凯撒认为已经没有再会谈的必要，特别是前天那些日耳曼人一直向我们投掷矢石，止都止不住。他还认为把自己的副将派一个到他那边去做使者，听其落入蛮族手中，是一件极危险的事情。看来最合适的还是派该犹斯·瓦雷留斯·卡蒲勒斯的儿子该犹斯·瓦雷留斯·普洛契勒斯到他那边去，这是一个极勇敢、极有教养的青年，他的父亲是由该犹斯·瓦雷留斯·

弗拉古斯授予公民权的。派他去，既是为了他的忠诚，也是为了他对高卢语言的熟练——阿里奥维司都斯由于长期使用这种语言，也已经说得很好——而且像他这样一个人，日耳曼人实在没有要伤害他的理由。陪同他一起去的还有马古斯·梅久斯，这是个已经以客人身份受阿里奥维司都斯款待过的人。他委托他们去了解阿里奥维司都斯有什么话要说，回来报告给他。但当阿里奥维司都斯在营中见到他们时，当着他的军队就叫了起来："你们为什么到我这里来？是不是来当间谍的？"在他们想要发言时，他阻止了他们，把他们锁了起来。

四八、同一天，他把他的营寨向前移动，在离凯撒的营地六罗里的一座山下安扎下来。就在这第二天，他又领着他的军队越过凯撒的营寨，在距他两罗里处安下营，想借此把从塞广尼人和爱杜依人处运来支持凯撒的粮食和供应截断。这天之后接连五天，凯撒每天都把他的军队领到营寨前面，按战斗的阵势布置好，如果阿里奥维司都斯想作战，好让他随时都有机会。但阿里奥维司都斯在这些日子里，一直把他的军队关在营里不出来，只以骑兵天天作些小接触。日耳曼人练习有素的战术是这样的：他们大约用六千骑兵，配备了同样数目的极敏捷、极勇敢的步兵，这些步兵都是骑兵们为了自身的安全，各人挑一个，从全部军队中选出来的，在战斗中跟他们配合在一起，骑兵撤退时就退向他们那边去，如果发生什么紧急情况，他们也很迅速地冲向前接应，有人受重伤从马上跌下来，他们便立在他四周团团围住保护他，如果需要前进得更远或撤退得更迅速时，他们的速度也练得非常之快，只要攀着马鬃，就可以随同骑兵一起进退。

四九、凯撒看到他闭守在营中，觉得自己的给养不能一直这样让他阻截下去，就在日耳曼人扎营的那地方之外，离开他们的营寨大约六百步左右，选择一个适于扎营的地方，把自己的军队分成三列，向那地方赶去。他命令第一、第二两列武装戒备，第三列构筑工事。前面已经说过这地方离敌营约六百步左右，阿里奥维司都斯派去六千轻装步兵和全体骑兵，用以威胁我军，并阻止我军构筑工事。尽管这样，凯撒还是按照事先拟订的计划，命令两列军士阻击敌人，第三列完成了工事。营寨的防御工事完成后，他留下两个军团和一部分辅助部队，把其余的四个军团仍带回大营。

五〇、次日，凯撒仍照他原来的做法，把他的军队从这两个营中带出来，在大营前面不远的地方列下战阵，给敌人一个战斗的机会。当他发现敌人还是不肯出来时，就在中午前后，把他的军队仍领回营寨。阿里奥维司都斯终于派出一部分军队去进攻那个小营，双方一直激战到傍晚，太阳落山时，阿里奥维司都斯才把他那支受伤很多、伤人也不少的部队带回去。凯撒询问俘虏们为什么阿里奥维司都斯不出来一决胜负，发现其原因是这样的：原来日耳曼人中有一个习俗，作战有利与否，要由他们族里的老奶奶们经过占卜，请教过神谕之后再宣布①。她们说：如果在新月出来以前作战，神意不会让日耳曼人得胜。

五一、就这一天的次日，凯撒在两个营中各自留下大致足够防

① 日耳曼人极重视占卜，一直到塔西佗时代还是如此，据塔西佗记载，他们尤其重视鸟卜和占卜，占卜的方法很简单，从果树上割下一段细枝，切成小片，加上某些记号作为区别，不经意地随手撒在一件洁白的衣服上，如果问的是公务，由国家的巫师主持，如问的是私事，即由一家之长主持，先祷告过神，眼注视着上苍，把每一木片拈起三次，按照事先做在上面的记号，辨识其凶吉。——译者

守的兵力之后，在小营前把全部辅助部队面对敌人布下阵来。因为他的军团士兵比起敌人来要少得多，就借辅助部队壮壮声势。他自己则把军队分为三列，一直向敌人的营寨推进。日耳曼人终于被形势所迫，也把他们的军队开出营寨来，阿鲁得斯人、马可蒙尼人、得里布契人、汪琼内斯人、内美德斯人、优杜西人和苏威皮人，一族接一族隔相等的距离布置下来。全军四周都用自己的四轮车和辎重车团团围住，使大家没有脱逃和幸免的希望。车上载着妇女们，她们伸出双手，痛哭流涕地哀求那些正在进入战斗的战士们，不要让她们落到罗马人手里去当奴隶。

五二、凯撒给每个军团都派去一个副将或财务官，以便每个人都可以由他们来证明自己的勇敢。他自己则在右翼加入战斗，因为他观察到这一边的敌人最为脆弱。在战斗的号令一下，我军猛烈向敌人进攻时，敌人的推进也极为突然和迅速，使我军连向敌人投掷轻矛的机会都没有。他们只能抛掉矛，手接手地用剑迎战。日耳曼人很快就按照他们的习惯，结成方阵[①]来迎接我军的剑击，这时，发现我军中有许多人都跳到敌人的方阵上去，用手拉开盾，从上向下刺伤敌人。当敌人的阵列左翼被我军击退并驱散时，他

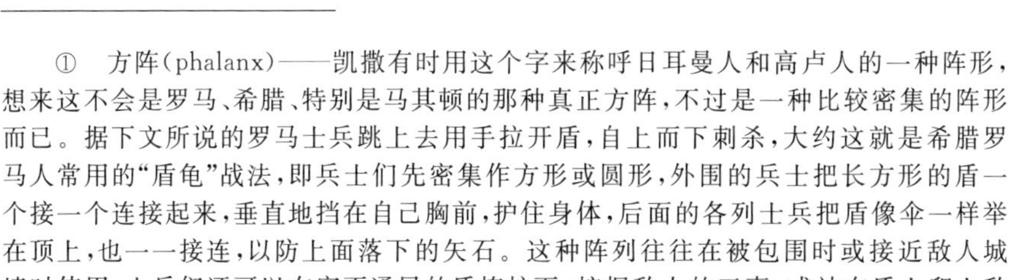

① 方阵(phalanx)——凯撒有时用这个字来称呼日耳曼人和高卢人的一种阵形，想来这不会是罗马、希腊、特别是马其顿的那种真正方阵，不过是一种比较密集的阵形而已。据下文所说的罗马士兵跳上去用手拉开盾，自上而下刺杀，大约这就是希腊罗马人常用的“盾龟”战法，即兵士们先密集作方形或圆形，外围的兵士把长方形的盾一个接一个连接起来，垂直地挡在自己胸前，护住身体，后面的各列士兵把盾像伞一样举在顶上，也一一接连，以防上面落下的矢石。这种阵列往往在被包围时或接近敌人城墙时使用，士兵们还可以在密不通风的盾掩护下，挖掘敌人的工事，或站在盾上爬上敌人的城墙。因为它形似大龟，故罗马人称它为“盾龟”(亦译“龟甲车”)(Testudo)。——译者

们的右翼仍以大量兵力紧紧地压迫着我军。统率骑兵的小布勃留斯·克拉苏斯[①]看到这情况——他比在行列中战斗的人行动可以自由一些——就把第三列军队派上来帮助手忙脚乱的我军。

五三、于是，战斗又重新恢复，所有的敌人都转身逃走，一直达到离那地方约五罗里的莱茵河才停止。在那边，有少数人，或则倚恃自己的精力，努力泅水渡过了河，或则寻得小船，逃出性命。阿里奥维司都斯也是其中之一，他看到一只系在岸边的小船，借此逃了出去。其余的人全部被我军追上杀死。阿里奥维司都斯有两个妻子，一个是苏威皮人，是他从家乡带出来的，另一个是他在高卢娶的诺列古姆人，是国王沃克契奥的妹妹，她是由她的哥哥送到高卢来跟阿里奥维司都斯结婚的。这两人都在逃奔中死去。他的两个女儿，一个被杀，一个被俘。该犹斯·瓦雷留斯·普洛契勒斯在身带三重锁链，由监守的人牵着奔逃时，恰巧落在带着骑兵追赶敌人的凯撒本人手里，这件事情带给凯撒本人的喜悦，并不亚于战胜敌人这件事本身，因为他看到高卢行省的这位最最尊贵的人、他的好友和贵宾，居然能从敌人手里抢出来还给他，命运之神总算没有用他的灾难来使这场喜事大煞风景。据普洛契勒斯自己说，敌人曾经当着他的面，占卜过三次，询问究竟马上杀死他好还是留待日后好，占卜的结果有利于他，才得保全至今。同样，马古斯·梅久斯也被找到了，带到凯撒这边来。

① 小克拉苏斯——指布勃留斯·李钦纽斯·克拉苏斯，即跟凯撒一起结成三人同盟的老克拉苏斯的幼子，这时他跟他的哥哥马古斯·李钦纽斯·克拉苏斯一起在凯撒军中工作，一个担任副将，一个担任财务官，凯撒特在他的名字前加一个小字，作为区别。公元前53年，他跟他的父亲一起死于安息之役。——译者

五四、这场战事的消息传过莱茵河，已经到达河边的苏威皮人听到后，开始回家。住在离莱茵河不远的那些人，趁他们正在万分惊惶时追上他们，杀死他们中的大部分人。凯撒在一个夏季中完成了两个重要战役之后，就把军队带进冬令营，在时令上比这一年实际上需要的还早了一些。留下拉频努斯主持冬令营之后，他赶向内高卢主持巡回审判[①]大会去了。

① 巡回审判(conventus agere)——罗马行省下面划分成许多叫做“区”(conventus)的行政单位，行省长官每年一次轮流到各区的首府去主持审判、接受请愿，处理税收和征兵等事务上的纠纷。有时附近各被征服部落和盟邦的领袖也都赶来相会，所以本书中有的地方又译为巡回审判大会。——译者

卷　二

一、如前所说，当凯撒在内高卢的冬令营，军团也安扎在那边时，屡次有消息传来说：整个比尔及——我们前面已经说过，它占高卢的三分之一——在结成同盟，反对罗马，彼此之间还交换了人质，拉频努斯的来信也证明了这一点。他们结盟的原因是这样的：首先，他们害怕一旦全部高卢被征服后，罗马军队就会去征讨他们；其次，他们还受到某些高卢人的煽动，这些高卢人中，一部分是因为既不愿日耳曼人在高卢多耽搁，同样也不喜欢罗马军队在高卢过冬和长期驻留；另外一部分是由于天生好乱成性，轻举妄动，盼望出现新的政权。煽动者中还有这样一些人，因为通常在高卢，有很大势力的，或者有力量能雇佣军队的，就可以占有王位，这些人认为要是在我们的统治之下，他们就难以达到目的了。

二、这些报告和信件惊动了凯撒，他在内高卢征集了两个新的军团，在夏季开始时，将它们交由副将奎因都斯·彼迪乌斯率领着到外高卢去。当草秣刚一充裕时，他自己也赶到军中。他交给森农内斯人和跟比尔及人相邻的其他高卢人一件任务，即命他们去了解比尔及人在进行些什么活动，并把探到的情况报告他。他们众口一词地向他报告说：比尔及人正在征集兵员，并且正在把军队向一个地方集中。凯撒感到不能再犹豫，非马上向他们进军不可了。粮食

准备好以后，就移营前进，大约经过十五天，就到达比尔及人边境。

三、他出其不意到达那边，其速度之快出乎所有人的意料之外，比尔及人中离高卢最近的雷米人，派他们国内的首要人物依克契乌斯和安德康朴求斯担任使者，来见凯撒。他们说：他们愿意将自己本人和全部财物都交给罗马人保护和支配，他们既没有和别的日耳曼人通谋，也没参加对抗罗马人的联盟，无论要交纳人质也好，执行凯撒的指示也好，他们都已经作好准备，而且还愿意接凯撒进入他们自己的市镇，把粮食和其他物资支援他。他们说：其余的比尔及人都已经武装起来，住在莱茵河这一面的日耳曼人也都跟他们串通一气。这些人竟然狂热到如此地步，就连他们雷米人自己的兄弟之族和血亲、跟他们享受同样权利和法律、受同一个政权和首领管辖的苏威西翁内斯人，也阻拦不住，只好看着他们去附和别人。

四、在凯撒询问他们哪些国家在武装、它们的力量有多大、它们的作战能力如何时，他发现下面的情况：比尔及人大多数是日耳曼人的后代，在很古的时候就渡过莱茵河来，因为这里的土地肥沃，便把原来住着的高卢人逐走，自己定居下来。就我们的父老记忆所及，当全高卢都受到钦布里人和条顿人骚扰时，只有比尔及人能挡住他们，没让他们侵入自己境内。为此，每当追忆那些往事时，他们便自认为在军事上有极大的权威和声望。雷米人又说：关于他们的人数，已经全部探听得很清楚，因为自己跟他们有邻居和同盟的关系，所以能够了解他们每一族在全比尔及大会上答应派来参加这次战争的军队有多少。在他们中间，俾洛瓦契人在勇敢方面、势力方面以及人数方面都最占优势，可以征集起十万军队，他们答应从这个数目中选出六万人来支持这场战争，但却要求把

整个战争的指挥大权交给他们。苏威西翁内斯人是他们的紧邻，占有一片极辽阔丰饶的土地，他们有过一位叫狄维契阿古斯的国王[①]，直到我们这一代还都记得，他曾经是全高卢最有势力的人，统治了这些土地中的绝大部分，甚至连不列颠岛也包括在内。现在的苏威西翁内斯人，由盖尔巴担任国王，由于他的正直和谨慎，在全体同意之下，已经把这次战争的指挥权授给了他。他们有十二个市镇，答应出五万兵士。答应出同样数目的还有纳尔维人，这被认为是比尔及人中间最野蛮、住得也最僻远的一族。阿德来巴得斯人出一万五千人、阿姆比安尼人出一万人、莫里尼人出两万五千人、门奈比人出七千人、卡来几人出一万人、维略卡萨斯人和维洛孟都依人同样也出一万人、阿杜亚都契人出一万九千人，至于通常都被混称为日耳曼人的孔特鲁西人、厄勃隆尼斯人和卡洛西人、拜曼尼人，据说都答应出四万人。

五、凯撒用亲切的语言对雷米人鼓励一番之后，命令他们的全部长老都到他这里来集合，并把他们首领们的孩子带来给他做人质。所有这些，他们都在指定的那天一一细心地完成。他自己又热情地鼓励了那个爱杜依人狄维契阿古斯一番。向他指出：为了免得在同一时期跟敌人这样庞大的兵力作战，设法把敌人的军队分开，是一件对于双方的共同安全关系极为重大的事情。只要爱杜依人能够把他们的军队带进俾洛瓦契人的领土，开始蹂躏他们的土地，就能做到这一点。给了他这样的指示后，就遣他离去。当凯撒一知

① 狄维契阿古斯——此人与上卷和本卷以下各节所说的爱杜依人的狄维契阿古斯不是一个人。此人全书只此一见。——译者

道全部比尔及人都集中在一个地方并向他开来，又从他派出去的那些侦察部队和雷米人那边探知，他们已离他不远时，他就急急领着军队，渡过雷米人边界上的阿克松奈河，在那边安下营寨。这样，他的营寨就有一面受到河流的掩护，使他的后方避免受敌人的威胁，雷米人和其他各邦送来的给养，也可以毫无危险地运到他这里来。这条河上有一座桥，他在桥边布置下守卫，同时还派奎因都斯·季度留斯·萨宾弩斯带着六个营，留在河的对岸，凯撒命令他造一座有十二罗尺高的壁垒和十八罗尺深的壕沟防卫着的营寨。

六、离他的营寨八罗里，有一个叫做比勃辣克斯的雷米人的市镇。在进军途中的比尔及人开始转过头来，闹哄哄地去攻城。那天的防守工作极为艰苦。高卢人和日耳曼人的攻城方式毫无两样：先用大批人把防御工事团团围住，再开始用石块四面向城墙上掷去，把防守的人统统驱走，然后搭起盾龟，逐渐逼近，躲在下面挖掘城墙。这样做起来很方便，因为投掷了这么多石块和武器之后，再没人能在城上坚持下去。当围攻因为黑夜降临歇下手来时，雷米人中最尊贵、最有人望的依克契乌斯——前次派到凯撒这里来求和的代表之一，这时主持守城工作——派使者到凯撒这里来说：如果不派救兵去援助他们，势将无法再支撑下去。

七、在半夜里，凯撒即用依克契乌斯派来的使者做向导，派弩米底亚和克里特的弓弩手以及巴利阿里的射石手[①]去援助那市

① 地中海上的克里特岛居民，和北非的弩米底亚人，自古以善射驰名，罗马人很早就雇用他们作为同盟军。西地中海上靠近西班牙的巴利阿里群岛上的居民，也从古以来就以善于用阔带子兜着石块或铅球投掷伤人闻名，第二次布匿战争时，罗马和迦太基军中都雇佣着他们。在当时叙述战争的著作中，几乎已把弩米底亚人和克里特人当做弓箭手的同义语，巴利阿里人当做射石手的同义语。——译者

镇。他们的到达，不但激起了雷米人抵抗的希望和反击的热情，同样也使敌人夺取市镇的梦想落空。因此，他们在市镇附近略事停留、蹂躏了雷米人的田地、并把所能赶到的全部村庄和房舍付之一炬后，用他们的全部兵力向凯撒的营寨赶来，在相距不到两罗里处，安下营寨。这个营寨，就它的炊烟和火光来推测，宽度当在八罗里以上。

八、凯撒最初因为敌军人多势众，又一向负有骁勇善战的声誉，决定避免跟他们作战，只在每天进行的一些骑兵接触中，试探敌人究竟勇悍到什么程度，我军又果敢到什么程度。他终于觉察到我军并不稍逊于他们。同时，他看到营寨前面的那块地方，正好天然条件极适合、极有利于布列战阵，因为扎营的那座山，只从平地上隆起不太高，它正面伸出去的一块地方，宽度恰好容得下布好阵列的部队，它的两侧面很陡，只正前方才缓缓地下降为平地。他就在山的两侧面各挖了一道大约为四百罗步的横截的壕堑，壕堑两端都建有碉堡，把他的作战机械①布置在那边，免得把军队布列下来以后，数量上占极大优势的敌人，会乘战斗正吃紧时从侧面来包围他的军队。这些布置完毕之后，他除了把最近征召来的两个军团留在营中，以备必要时调出来作援军之外，其余六个军团，都在营寨前按战斗的阵列布置下来。敌人也同样把他们的军队引出营寨，布下阵势。

九、我军和敌军之间，有一片不很大的沼泽。敌人等候在那

① 罗马人作战时广泛使用各种机械，统称为 tormenta，大都属于弩机一类。主要有三种，即用于射长箭或矛的 catapulta，或 scorpio，用于射木柱和大石块的 ballista，和只用于射小石块的 onager。——译者

阿克松奈河之役图

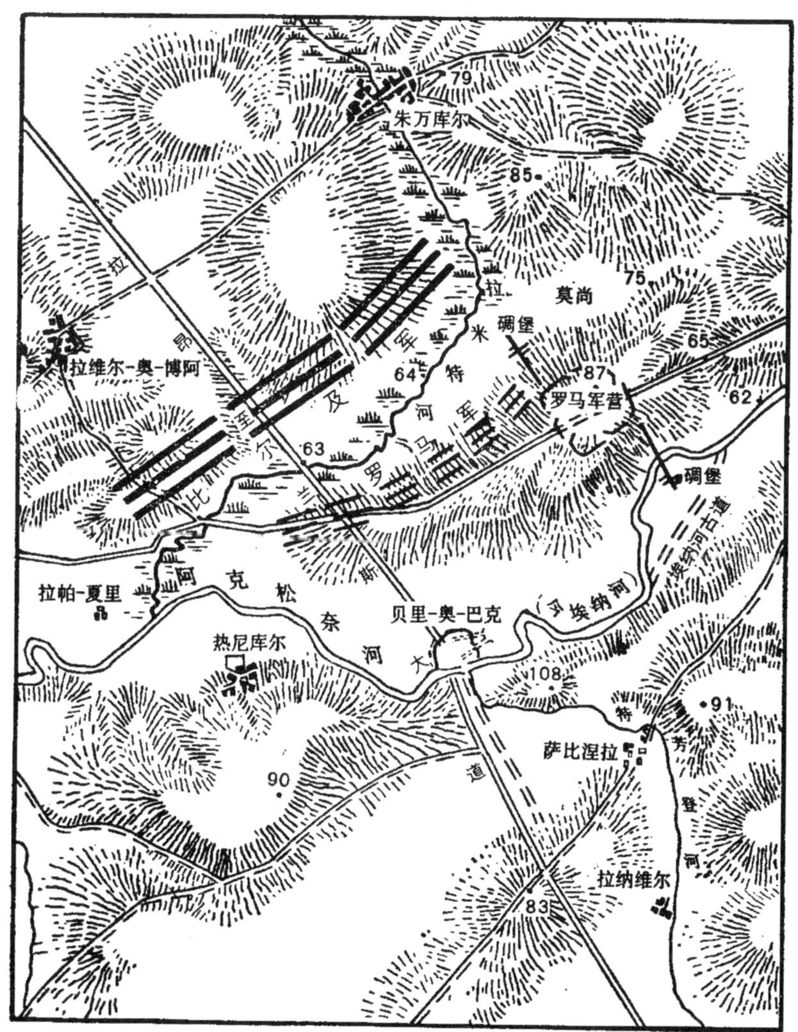

本图系根据洛布丛书复制，图中高地上标明的数字是海拔公尺数。

0 1 2 3罗里

边，想看我军是否涉渡过去，我军也只严阵以待，企图在敌人敢于首先涉渡过来时，乘他们在混乱中攻击他们。当时只有骑兵在两军之间战斗着。双方既然都不作涉过沼泽的打算，凯撒就乘我军骑兵在战斗中占上风时，带着军队回营寨。敌人立刻从那地方急急赶到前面已经提过的在我们营寨后方的阿克松奈河去。他们在那边发现了渡口，就试探着把他们的一部分军队渡到对岸来。他们的打算是：如有可能，就突击攻下凯撒的副将奎因都斯·季度留斯坐镇的那座营寨，拆断桥梁；如果做不到这点，也可以破坏对我军作战极有助益的雷米人的领土，阻碍我军给养。

一〇、凯撒从季度留斯那边得到了消息，就派他的全部骑兵、轻装的努米底亚人、射石手和弓弩手从桥上过河，向他们赶去，在那边发生了非常激烈的战斗。我军攻击那些正在困难地渡河的敌军，杀掉他们大部分人。当其余的人勇敢地跨过同伴的尸体企图渡河时，被大量的矢矛击退，最前面的已经渡过来的一批人，也被我骑兵围困歼灭。敌人这时知道无论袭击市镇也好、渡河也好，都已没有希望，又看到我军不前进到对我方不利的地方去和他们作战，加上他们自己的粮食供给不足，因此，他们召开全体会议，决定各人最好还是回到自己国里去，谁的领土首先遭到罗马军队入侵，大家就从各地赶到那边去救援，这样，便可以不在别人的领土上、而在自己的领土上作战，利用本土的资源供应军需。除了别的一些原因之外，还有一个理由在促使他们作出这样的决定：他们已经知道狄维契阿古斯和爱杜依人已经到达俾洛瓦契人的领土，再也没法说服俾洛瓦契人多留片刻，迟一点去援助自己的同族。

一一、这样决定后，他们就在第二更时吵吵闹闹地冲出营寨，乱成一片，既没有一定的队列，也没有什么号令，因为各人都想替自己抢到行军途中最前面的位置，好急速赶回家去。因而他们的撤退乍看竟像是溃散一样。凯撒马上就从他的侦探人员那边得知这消息，但因为没有了解他们撤退的理由，深恐有埋伏，故而把他的军队和骑兵留在营中不出动。天明时，这消息得到侦察部队证实，他才派骑兵去骚扰他们的后队。这些骑兵交由奎因都斯·彼迪乌斯和卢契乌斯·奥龙古来犹斯·考达两位副将率领。另外又命他的另一个副将季度斯·拉频努斯带三个军团在后面接应。他们攻击了这些人的后队，追逐了许多罗里，把正在逃奔的敌人杀死一大批。因为当他们的后队被我军赶上、停下来奋勇抵御我军攻击时，处在前面的人却因为看到自己离开危险还有一段距离，无论形势多么急迫、无论什么样的命令，都不能阻止他们奔逃，一听到叫喊的声音，马上就队列散乱，各自奔走逃生。这样，我们就不用冒丝毫危险，尽那天余下来的时间，放手尽情杀死他们的大批人，直到日落西山方停止追赶，按照给他们的命令，返回营寨。

一二、次日，在敌人还没从惊骇和溃散中恢复过来之前，凯撒带领他的军队，进入和雷米人最接近的苏威西翁内斯人境内，经过急行军后，赶到一个叫做诺维奥洞纳姆的市镇。因为听说该镇守卫空虚，他企图乘行军途中顺路过去一举袭取它。但由于濠宽城高，虽然防守者很少，却攻不下来。因而，给自己的营寨筑好防御工事后，就开始制造盾车①，并准备攻城使用的各种东西。这时，

---

① 盾车(vinea)——攻城用的木制器械，像一间小屋子，但只两面或三面有木板墙，屋顶也用厚木板制成，上面还覆有铁皮或兽革，用以防火，下面有轮子，可以推动。人躲在里面可以从墙上的洞里向外射箭，还可以利用它挖掘地道等等。——译者

逃出来的全部苏威西翁内斯人也于次日晚上大批进入该镇。当盾车很快就朝市镇架设起来，敌人的城壕也给填进泥土，还造起了木塔时[1]，这些高卢人过去见所未见、闻所未闻的巨大工程以及罗马人的行动敏捷，使他们大为吃惊，就派求降的使者来见凯撒，加之雷米人从中代为求情，他们获得了宽恕。

一三、凯撒接受了该邦最重要的人作为人质，其中包括盖尔巴国王自己的两个儿子，又收缴了城里的全部武器，然后答应了苏威西翁内斯人的投降，把军队带着向俾洛瓦契赶去。他们已经把自己的全部人员和家财都集中到勃拉都斯邦久姆镇上，当凯撒带着军队离开那边还只五罗里时，他们的全部老人都跑出城来，开始向凯撒伸着双手，齐声诉说：他们愿意投身到他的保护和权威下来，再也不跟罗马人作战。当凯撒到达该镇，扎下营寨时，孩子们和妇女们也同样按照他们的习俗，在城上伸出双手，向罗马人恳求讲和。

一四、狄维契阿古斯在比尔及人撤退时，就已经遣散了爱杜依人，回到凯撒这边，这时也替他们请求说：俾洛瓦契人对爱杜依人是一向很忠诚友好的，他们之所以背叛爱杜依人，跟罗马人作战，是受了他们的领袖们煽惑的结果。这些人谎称爱杜依人已经在受凯撒的奴役，受尽各种侮辱和污蔑。策划这些阴谋的领袖们在知道了自己给国家造成的灾难是多么深重时，都已逃到不列颠去。

① 木塔（turris）——木材造成的一层或多层结构，外蒙铁皮，有轮子可以推动，往往一层一层往上加高，使它高过城墙，再从上面向城上发射矢石，驱走守卫的人。有时塔上还设有可吊起和放下的槛桥，可以放下来架在敌人的城墙或碉堡上，让战士们爬上去。——译者

不仅俾洛瓦契人恳求凯撒仁慈宽大，就爱杜依人也同样要代他们请求。这样，爱杜依人在全部比尔及人中的威信就可以提高。历来发生什么战争时，爱杜依总是依靠他们的援助和资源的。

一五、凯撒说：他正是为了尊重狄维契阿古斯和爱杜依人的缘故，才接受他们的投降，保全了他们。但因为他们的国家在比尔及人中力量最强大、人口也最多，所以他要了六百名人质。当这些人质交了出来，镇上所有的武器也都收齐后，他就离开这里，赶到阿姆比安尼人境内去。他们也毫不疑迟地连人带全部财富都献出来投降。跟他们国界相接的是纳尔维人，当凯撒探询纳尔维人的性格和习俗时，他发现他们的情况如下：商人向来没法接近他们，酒和其他近于奢靡的东西，他们绝不允许带进去，认为这些东西能够消磨他们的意志，减弱他们的勇气。他们都是极粗野、极勇悍的人，他们责骂和怪怨其余的比尔及人甘心向罗马人屈膝投降，抛弃世代相传的英勇。他们声明自己绝不派代表到凯撒这里来，也不接受任何讲和条件。

一六、当凯撒越过他们的境界，行军三天之后，从俘虏口中得知萨比斯河离开他的营寨已不到十罗里，全部纳尔维人都集中在一渡过河的地方，等待罗马人来。跟他们在一起的还有他们的邻邦阿德来巴得斯人和维洛孟都依人，他们都是被纳尔维人说服来跟他们在一起，准备在这场战争中碰运气的，同时他们还在盼望着已经在路上的阿杜亚都契人的军队。妇女们和看来年龄不适于作战的人，都集中在一个有沼泽阻碍、军队难于通行的地方。

一七、凯撒知道了这些事情，就派侦察部队和百夫长们前去选择宜于扎营的地方，当时跟着凯撒一起行军的有大批投降过来的比尔及人和别的高卢人。后来才从俘虏们口中得知，在那些日子里，他们看到了我军通常的行军方式，就乘夜赶到纳尔维人那边，告诉他们说：在我军的一个军团和另一个军团之间，插有大量辎重队，当前面的一个军团已经进入营寨，其余的军团还隔着一段距离时，乘机攻击那些身负行囊的士兵，是件轻而易举的事情。击溃他们之后，夺走他们的辎重，其余的军团就不敢再相持下去。纳尔维人还有一项从古传下来的习惯，即促使他们采纳送情报的人所提的建议，因为他们自古以来就没有骑兵，直到现在为止，他们对它还是不很热心，他们所有的力量，全在步兵上面。为了便于阻止邻国的骑兵进入境内劫掠，他们把半切开的嫩枝弯着插向地下，不久它就向四面八方滋生许多繁茂的小枝，茅茨和荆棘也密密地夹杂着丛生在里面，很快就长成一道城墙似的藩篱，为他们构成一条很好的防御工事，人不但没法穿过，连窥探也不可能。我军在进军途中很受到这种藩篱的阻碍，因而他们就认为这是一个不可轻易放弃的计划。

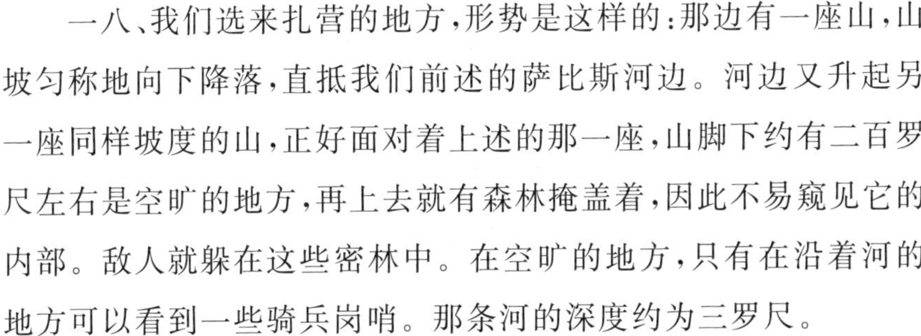

一八、我们选来扎营的地方，形势是这样的：那边有一座山，山坡匀称地向下降落，直抵我们前述的萨比斯河边。河边又升起另一座同样坡度的山，正好面对着上述的那一座，山脚下约有二百罗尺左右是空旷的地方，再上去就有森林掩盖着，因此不易窥见它的内部。敌人就躲在这些密林中。在空旷的地方，只有在沿着河的地方可以看到一些骑兵岗哨。那条河的深度约为三罗尺。

一九、凯撒派骑兵走在前面，让其余的军队紧紧跟在他们后面，但进行的方式和次序却和比尔及人报告给纳尔维人的不同。因为凯撒的习惯，在他接近敌人时，以六个轻装的军团当做先锋，放在前面，全军的辎重都跟在他们后面，然后以新近征召的两个军团放在最后面掩护全军和保卫辎重队。我军的骑兵和射石手、弓弩手，一过河就和敌人的骑兵交锋起来。敌人时而退回藏在密林中的自己人那边去、时而又冲出林来攻击我军，我军追赶退走的敌人时却不敢越过那片可以遥望到的空旷地带。这时，我军走在前面的六个军团已经测量好工事，开始为营寨建筑防御工程。当我军的第一批辎重队被躲在林中的那些敌人看到时——这就是他们事先约好同时进攻的时刻——他们就在森林中布好行列和阵势，彼此鼓励了一番之后，突然以全部兵力猛冲出来，攻击我军的骑兵。后者很快就被击溃，陷入混乱。他们又用难于想象的速度奔到河边。一时看起来似乎林中、河边以致我们身边，到处都是敌人，他们甚至还以同样的速度赶上山去，冲向我军的营寨和那些忙于筑工事的人。

二〇、这一来，凯撒就得在瞬息间做好许多事情，战旗[①]要升起来——这是亟须拿起武器来战斗的表示——信号要利用军号发出去，士兵们要从工事上叫回来，跑到远处去为壁垒寻找材料的人要集合拢来，阵伍要布列起来，战士要鼓励一番，还得把战斗号令发布出去。时间的急促和敌人的逼近使得这些事情大部分受到阻碍，但也有两件事情帮了忙，减轻了这些困难：第一，军士们的经验和技术经过前几次战斗锻炼后，什么事情该做，都能自己给自己安排，并不比有人指点差一些；次之，凯撒禁止他的副将们在营寨筑

① 战旗(vexillum)——升在统帅营帐上表示即将战斗或开拔的小红旗。——译者

好防御工事以前离开各人的军团。这时，他们一看到敌人如此逼近和迅猛，就不再等待凯撒的命令，马上根据自己的判断行动起来。

二一、必要的命令发布好之后，凯撒为要鼓励士卒，急急赶向随便遇上的那个军团去，正好逢上第十军团。他没用更多的话鼓励士兵们，只吁请他们记牢自己原有的英勇，心里不要慌张，奋勇抵住敌人的攻击。当时敌人离他们已只有一矛可以投及的距离，他发出了接战的号令。同样为了鼓励士卒，他又向别的部分赶去，正好遇上战斗。时间十分急迫，敌人的斗志又十分坚决，我军不仅徽号没佩好，甚至戴上头盔、揭掉盾上的套子的时间都没有，各人从工事上奔过来时，恰好遇上随便哪一部分、第一眼看到随便哪个连队标志[①]时，就在那边站定下来，免得因为寻找自己的队伍而浪费了战斗的时间。

二二、军队的布置，与其说是根据正常的战术要求，还不如说是因为受到地形、山的坡度和时间的限制，没奈何才这样安排的。当各个军团各自在不同的地方抵御敌人时，由于有我们前面所说的极为繁密的藩篱横隔在中间，无法眺望，也没法在适当的地方安置一些接应的兵力，既不能预料到哪些地方需要什么样的措施，也

---

① 连队标志(signum)——标志的作用就像我们现在的军旗，不过不是用纺织品制成的。在军团有鹰帜，在营或连则是一支矛，矛头部分带有一些特别记号的东西，如刻字的铜牌和铜制动物之类，作为各自的标志。当时，营没有单独的标志，全营根据第一连的连队标志指向而行动。所以在凯撒书中，就把进军称为“把标志带向前去”(signa proferre)，把退军称为“把标志转过来”(signa convertere)，把停止前进称为“把标志停下来”(signa constituere)。标志都有专人肩扛，叫做“signifer”，意即“旗手”。——译者

不可能由一个人来统一发布所有的号令，从而，遭遇既完全不同，结果便也各式各样了。

二三、处在战线左翼的第九和第十军团的士兵，正好和也处在这边的阿德来巴得斯人相遇，掷罢轻矛之后，很快就把这些已跑得很乏力、气都喘不过来、而且负伤累累的敌人，从高地赶向河中去，又在他们竭力渡河，不暇应付时赶上去用剑砍死了一大批人。他们自己也毫不犹豫地渡河追去，赶到一个地形不利的所在，跟重新站定下来抵抗的敌人再次交锋，又一次把他们逐走。同样在另一面，别的两个军团，第十一和第八，也击败和他们遭遇的维洛孟都依人，离开高地，一直杀奔到那条河的岸边。但这样一来，虽有第十二军团，以及离它不远之外还有第七军团驻在那边右翼，整个营寨的正面及左侧却差不多完全暴露了。全部纳尔维人，在他们的最高指挥官波陀奥耶多斯领导下，都急忙向那边赶去，一部分开始从暴露着的侧翼着手，包围这两个军团，另一部分向那山顶上的营寨攻去。

二四、就在那时候，我们的骑兵和跟他们在一起的轻装步兵，即前面说过的在敌人第一次冲击时被击退的那些人，正在退回营寨时，恰好迎面碰上敌人，重新又向别的地方逃去。在营寨后门和山脊最高处的军奴们，[①]看到我军乘胜追过了河，正要抢下来收集战利品时，回头一看，却见敌人已经在我军的营寨中走动，急忙四处逃窜。同时，跟辎重队一起来的人也发出一片呼噪叫喊声，吓得

① 军奴(calo)——随着主人到军营里来侍候他的私人奴隶，有属于士兵的，也有属于军官的。这种军奴人数大概很多，每个军团都有一大队跟在身后，他们也编了队，用军法管理着。他们做着各式各样的工作，特别是运送行李。——译者

萨比斯河战役图

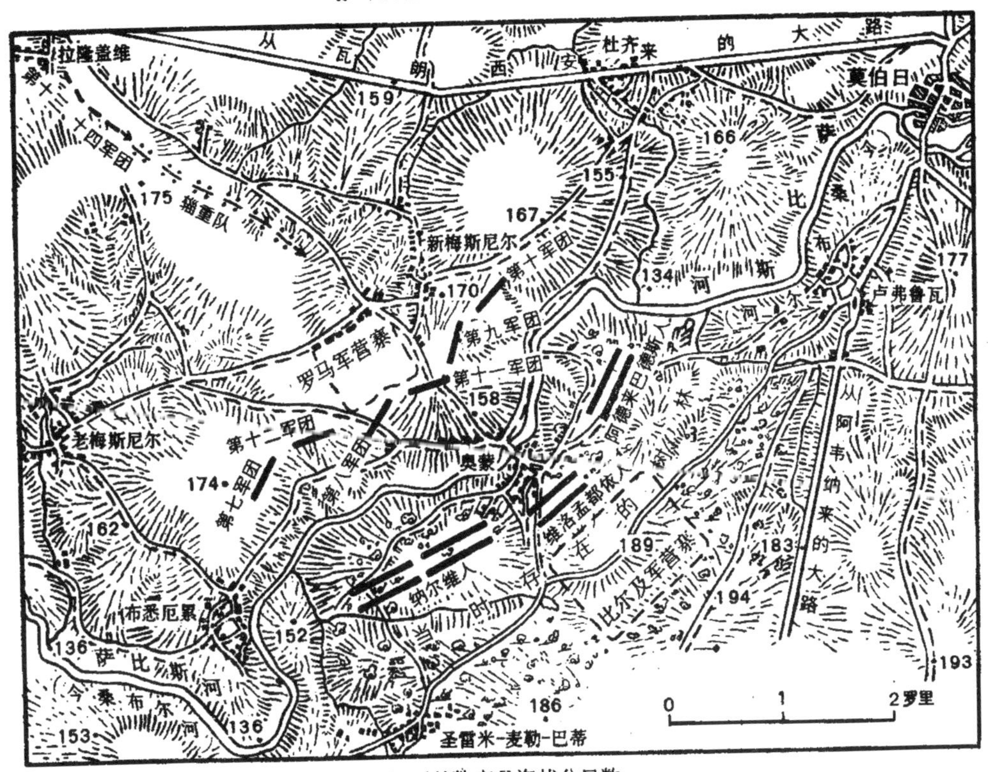

本图系根据洛布丛书复制，图中高地上标明的数字是海拔公尺数。

到处乱窜。所有这些情形，使德来维里人的骑兵大为惊骇——他们以勇猛驰名全高卢，这次是由他们的国家派来支援凯撒的——当他们看到我们营中到处都是敌人，军团受到沉重的压力，而且几乎处在被围困之中，军奴们、骑兵们、射石手和努米底亚人也纷纷四散逃生时，便认为我军的处境已经绝望，急忙赶回家去，报告他们国里的人说，罗马人已经被打败和溃散了，他们的营寨和辎重也已经落到敌人手里。

二五、凯撒在鼓励了第十军团之后，向右翼赶去，他看到自己的部下正受到沉重的压力，第十二军团所有连队标志都集中到一个地方，军士们也都拥挤在一起，使自己的战斗受到了妨碍，第四营的全部百夫长都已阵亡，掮标志的人也被杀掉，连标志都已失落，其余各营的全部百夫长，几乎不是负伤便是阵亡，其中一个极勇敢的首席百夫长布勃留斯·塞克司久斯·巴古勒斯已经受了好几处重伤，无法再支持。其余的人都松下劲来，有些人由于自己身后失掉了掩护的人，就退出战斗，以避锋刃。另一方面，敌人却只管在正面从低处向上进攻，同时还冲击两面侧翼。看来形势已经十分危急，而且没有任何可以动用的后备力量。凯撒从后军的一个兵士手中抢过一面盾——因为他自己来的时候没有带——就向阵线的第一列赶去，一面叫着百夫长们的姓名，鼓励着其他兵士，吩咐他们把连队标志移到前面去，连队与连队之间拉开，以便更自由地运用剑。他的到来，给士兵们带来了希望，他们的精神重新振作起来，各人都想在统帅的亲眼目睹之下，表现出自己即使身历险境时还骁勇善战到何等程度。敌人的攻势稍稍被遏止了一些。

二六、凯撒看到在他近旁的第七军团，同样受到敌人的沉重压力,便指示军团指挥官们逐渐把两个军团连接起来,背靠背地两面朝着敌人作战。这样一来,士兵们互相掩护着对方,不再担心背后受到敌人包围,开始更坚强地站定脚跟,更勇敢地作战。同时,在大军后方保护辎重的两个军团,一听到战斗的新情况,立刻加快脚步赶来。山上的敌人马上就望见他们。这时已经占领敌人营寨的季度斯·拉频努斯,也从高处看到我军营寨中发生的事情,就派第十军团来救援。他们从奔逃的骑兵和军奴口中知道了形势是那么危急、军团和统帅的处境又是那么凶险时,就尽其所能地加快速度奔过来。

二七、他们的到达,使形势起了极大的变化,我军中即使因伤躺倒的人,也竭力倚在他们的盾上重新战斗起来。那些军奴,尽管自己没有武器,看到敌人慌乱,也不顾对方有武器,照样扑上前去。骑兵们也希望以自己的勇敢来洗刷掉溃逃的耻辱,就在所有战斗的地方一马当先抢到军团士兵的前面去。但敌人尽管生还的希望已经微乎其微,却仍显示出非常的勇敢。当他们最前列的人阵亡时,旁边的人便马上站到倒下的人上面,在他们的尸体上战斗,当这些人也都倒下,他们的尸体积成一堆时,活着的人就把它们当做壁垒,站在上面向我军发射武器,或者拦截我军发出的轻矛,投掷回来。因之,我们完全有正当的理由称这些敢于渡过大河、攀登高岸、闯入形势不利的地方的人为英勇无比的人。这些行为虽是极端不容易的,但高度的英勇使它们轻易做到了。

二八、这场战斗结束,差不多就把纳尔维人这个民族连带他们的名字都消灭掉了。我们前面说过,那些跟妇女、儿童一起安顿在河口和沼泽地带的老年人,得知这场战斗的消息时,知道再没什么可以挡住胜利者，也再没什么可以保障被击败了的人，就在残存的人全体同意之下，派使者来见凯撒，向他投降。在谈到他们这个族所遭到的惨运时，据说，他们的六百个长老只剩下三个，能持武器作战的六万男子中，大约只剩下五百人。为要表示对他们的苦苦恳求有所怜悯，凯撒很细心周到地把他们保全下来，吩咐他们仍旧使用自己的疆土和市镇，并命令他们的四邻不许侵害他们和他们的财物。

二九、至于我前面说到过的阿杜亚都契人，当他们以全部兵力赶来援助纳尔维人时，得到了这场战事的消息，就在半路上掉头回家，放弃了全部市镇和要塞，把所有的财物都集中到一处被自然条件极好地捍卫着的市镇里去。这市镇四面都被高峻的巉岩和陡壁包围着，只在一面有一条平缓的上山道路，不到二百罗尺宽，他们原已在那边筑了两重很高的城墙作为防御，这时又在城墙上放置了极重的石块和削尖的木桩。他们原是钦布里人和条顿人的后代，这两族人向我们的行省和意大利移动时，把他们带不走的那些辎重和财物，设法安顿留置在莱茵河这边，并从他们中间留下六千人来作为守卫和保护者。在他们被歼灭以后，留下来的那些人受到邻族的多年侵扰，一会儿进攻别人，一会儿又抵御别人的进攻，后来在大家同意之下，挑选这块地方作为住家。

三〇、我军刚到达时，他们不时从市镇里冲出来，跟我军作些小战斗。后来当我军造起了一座高十二罗尺、周一万五千罗尺、密布碉堡的长垒以后，便退守在市镇里不再出来。当我军的盾车推了上去，围墙堆了起来，同时他们还看到很远的地方正在建造木塔时，最初他们只管取笑，讥讽我们说：老远造起这么笨重的器械来

干什么？特别是像你们这样矮小得可怜的人，要费什么样的手脚、什么样的精力，才能把这么笨重的木塔搬到城下来呀？因为和他们的魁伟身材一对比，我们的矮小常常受到大部分高卢人的轻视。

三一、但他们一看到它居然移动起来，向他们的城墙靠近时，新奇而又陌生的景象刺激了他们，他们派求和的使者来见凯撒。使者们是这样说的：他们相信罗马人作战时是有神灵相助的，所以才能把这样高大的机械迅速地移动到就近来作战。他们愿意把自己连人带全部财物都交给凯撒，听凭处理。他们只要求允许一件事情：如果侥幸得蒙他的仁慈和恻隐——他们老早就听人说过这个——决定饶恕阿杜亚都契人，希望也不要把他们的武器没收掉，因为差不多所有他们的邻人都仇视他们，妒忌他们的英勇，如果他们交出武器，就再也无法保卫自己。要是真让他们落到这种倒霉的境地，还不如听凭罗马人随便怎样处理，总比让一向受自己统治的那些人残酷杀害好些。

三二、凯撒对他们的这些话回答说：假使他们在撞锤还没触到城墙之前就投降，他就会保全他们的国家。这样做，主要是因为他自己一向以宽大为怀，而不是因为他们的过错有什么可以原谅的地方。但投降没有别的条件，唯独要他们把武器交出来。他自然会像过去给纳尔维人安排的那样，命令他们的邻居不许对已经投降罗马人的国家作任何侵害。使者们把这些话回报了他们国内的人以后，他们答应执行凯撒的命令。大量武器从城墙上掷下来，投入市镇前面的壕堑里，堆积得差不多跟城墙一样高。就算这样，后来还发现几乎有三分之一武器被隐藏下来，藏在市镇里。城门打开了，当天他们就获得了和平。

三三、傍晚，凯撒下令关上城门，并命令士兵们都撤离市镇，以免镇上居民受到侵害。后来才知道，他们事先就商定了一个阴谋。他们相信，一投降之后，我军就会把岗哨撤走，或者，至少也要在防守上松懈许多。他们一部分人用留藏起来的武器，一部分人用树皮做成或柳条编就的盾——因为时间短促，只匆匆蒙上一层兽皮——在第三更时，突然全力从镇上夺门而出，拣我军的工事最易于攀登的地方冲出去。很快地，信号按照凯撒事先作的指示，用火光马上传开，士兵们从附近的碉堡中立刻奔向那边集中。在这场战斗中，敌人作战的猛烈程度，只有像他们这样勇悍的人，需要在不利的地形抵御从壁垒和木塔中向他们纷纷发射矢石的敌人、生路只剩一线时，才会表现出来。这时唯一可以寄希望的东西就是自身的勇敢了。约有四千人被杀，其余的仍被驱回镇上。次日，把已经不再有人把守的城门打开了，我军进入镇中，凯撒把镇上的全部战利品一下子就拍卖出去。据买的人向他作的报告，他们买下的人达五万三千之多。

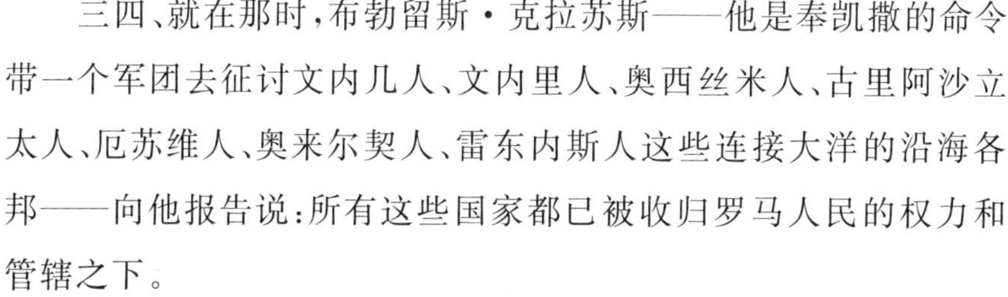

三四、就在那时，布勃留斯·克拉苏斯——他是奉凯撒的命令带一个军团去征讨文内几人、文内里人、奥西丝米人、古里阿沙立太人、厄苏维人、奥来尔契人、雷东内斯人这些连接大洋的沿海各邦——向他报告说：所有这些国家都已被收归罗马人民的权力和管辖之下。

三五、这些工作完成后，全高卢都已平定，这场战争在蛮族中引起的震动如此之大，连住在莱茵河以外的一些族也都派使者到凯撒这里来，答应交纳人质，并奉行他的命令。凯撒因为急着要赶到意大利和伊里列古姆去，就命令这些使者在明年初夏时再到他这里来。他自己把他的军团带进设在卡尔努德斯、安得斯、都龙耐斯以及邻近新作战地区的各邦的冬令营后，立刻出发到意大利。元老院接到凯撒的信后，决议为这些战役作十五天谢神祭[①]，这是前所未有的事。

① 谢神祭(supplicatio)——罗马一种全国性的宗教仪式，常在巨大的灾难(如布匿战争中的德拉西曼之役惨败)或巨大的胜利后举行。仪式举行时，全城的庙宇开放，神像和圣物都陈列在公共场所，供人献牲奉祀，各祭司团体也都举行隆重的祭祷仪式。举行这种典礼的日期长短，由元老院决定后，执政官公布执行，普通为一天到三天，五天到七天已很少见，庞培在东方大捷时曾举行十天。这次为凯撒举行的典礼是最长的一次，所以凯撒把十五天的谢神祭当作特殊的光荣。——译者

卷　三

一、当凯撒出发到意大利去时，他派塞维乌斯·盖尔巴率领第十二军团和一部分骑兵去讨伐南都阿得斯人、维拉格里人和塞邓尼人。他们的领域从阿罗布洛及斯的边界、勒茫纳斯湖和罗唐纳斯河开始，直抵阿尔卑斯山顶。凯撒派他去进讨的原因是想打通商人需要经过很大的危险和缴纳很重的捐税才能通过的阿尔卑斯山通路。凯撒答应他，如果他认为军团有必要在那边过冬，就可以留在那边。盖尔巴进行了几次顺利的战斗，攻取了他们不少碉堡之后，各方面都派使者来到他这里，交纳人质，缔结和约。于是，他决定在南都阿得斯人这边留上两个营，然后自己领着那个军团的其余各营，到维拉格里人的一个叫做奥克多杜勒斯的村庄去过冬。这村庄处在一个山谷中，只有一片不大的平地跟它相连，四周都有极高的山包围着。由于那村庄被一条河流一分为二，盖尔巴便把半个村庄让给高卢人住，另外空出来的半个村庄留给他的军队住着过冬，并且筑了壁垒和壕堑，防护这地方。

二、他在冬令营度过了一些日子，还命令从邻近运粮食来，突然有侦察部队向他报告说：让给高卢人住的那部分村庄，忽然在夜间全搬空了，俯临村子的四周高山已被大量塞邓尼人和维拉格里人占据着。高卢人所以突然采取重新作战、袭击我军的计划，是有

一些原因的。首先,他们轻视我军人数少,只一个军团还不足额,除了已经抽走两个营之外,被零零星星派出去寻找给养的人也不少。其次,他们认为我军所处的地形不利,只要他们从山上向峡谷中冲下来,一投掷矢石,这第一阵攻击我军就难以阻挡。此外,还因为他们自己的孩子被当做人质带走,感到痛心,而且相信罗马人试图占领阿尔卑斯山顶,不仅是为了要打通道路,而是想永久占领它,把这地方并到邻近的行省里去。

三、盖尔巴接到这消息时,冬令营的工程和防御工事还没有竣工,就连粮食和其他的给养也没准备充足,本来他认为他们已经投降了,还接受了人质,可以不用担心战争了。这时,他迅速召集了一个军事会议,开始征求意见。在这会议上,因为发生了这样出乎意外的突然危险,已经可以看到差不多所有高处都已布满大批武装队伍,道路被隔断了,没有援军能赶得来,也没接济能运得来,在这种安全处于绝望状态的时候,自然有不少人提出意见,要求把辎重留下,突围出去,仍从来的那条路退回去,寻求生路。但就大部分人来说,都认为这个方案不妨留作最后手段,目前姑且等一下,看看事情如何发展,并且守卫好营寨再说。

四、只经过很短一段时间,差不多还来不及安排和实行他们所决定的事情,敌人就一声号令,从四面八方冲下来,一阵阵石块、重矛,向我方的壁垒乱发。最初,在精力充沛时,我军奋勇地抵抗着,从高处发出去的武器,也很少落空,一发现营寨有哪一部分守卫者被驱走,压力沉重时,就都赶到那边去相援。但在这点上他们很吃亏,敌人遇到作战时间一长,感到疲劳时,就可以退出战斗,由别的生力军来填补他的位置,我军却因为人数太少,根本没法这样做,不仅疲劳的人不能退出战斗，就是受伤的人也一样没有离开岗位、稍事休息的机会。

五、战斗连续不停拖到六个刻时以上的时候，我方人员不仅精力不济，就矢矛也难于为继了，敌人的进攻却分外猛烈，开始趁我军筋疲力尽的时候，拆毁我军的战壁，填没我军的壕堑。在这事机万分危急的时候，首席百夫长布勃留斯·塞克司久斯·巴古勒斯——即我们说过跟纳尔维人作战时受伤多处的那个——和智勇兼备的军团指挥官该犹斯·沃卢森纳斯，急忙奔到盖尔巴这里来说：唯一可保安全的办法只有突围，试一试最后这一步棋了。于是盖尔巴召集百夫长们，命令他们很快通知兵士们，暂停战斗片刻，收集起投掷进来的武器，并略事恢复疲劳。后来，一声令下，从营中突围出去，把他们全部的安全希望，都寄托在勇敢上面。

六、他们按照给他们的指示办事，突然从营寨的所有各个门同时突围出去，使敌人既没有机会了解发生了什么事情，也来不及集合自己的人员。运气却就这样完全转了过来，那些企图赶来占领营寨的人，到处受到我军的包围和歼灭。集中到我军营寨来的据说有三万多人的蛮族中，三分之一以上被杀死，其余的都被吓得惊惶四散，甚至连高地上也没让他们再停下去。就这样把敌人全军击溃、武器也都收起来之后，他们才回进营寨和工事。经过这次战斗，盖尔巴不愿意再碰运气，他还记得他之所以到这里来过冬，本来是抱着一定的目的来的，但现在遇到的完全是另一种情况，特别是缺乏粮食和给养使他很忧虑，便在次日，把那村庄的全部房舍付之一炬后，急急赶回行省。一路没遇到敌人阻挡和干扰，他把军团安全地带进南都阿德斯，又从那边进入阿罗布洛及斯，就在那边过冬。

七、经过这些事情之后，凯撒认为有一切理由可以假定目前高卢已经完全平定——比如说，已经征服了比尔及人、驱逐了日耳曼人、击败了阿尔卑斯山区的塞邓尼人——因而可以在冬天出发到伊利列古姆去，访问一下那边的部落，了解一下那个地区的情况。就在这个时候，高卢突然爆发了战争。这场战争的原因是这样的：那小布勃留斯·克拉苏斯本来是带着第七军团驻在靠近大洋边的安得斯人境内过冬的。他因为那一带地方缺乏谷物，就派出一些骑兵指挥官和军团指挥官到邻近各邦去征取谷物和给养。这些人中，季度斯·德拉西第乌斯被派到厄苏维人那边、马古斯·德来彪斯·加卢斯被派到古里阿沙立太人那边、奎因都斯·维朗纽斯和季度斯·悉留斯被派到文内几人那边。

八、文内几这个国家的势力，远远超过沿海的一切地区，因为他们不但拥有大量船只，惯于用来远航不列颠，而且就航海的知识和经验来说，也远远超过其他人。加之，散布在这片海涛汹涌、浩荡无边的大洋沿岸的几个港口，又都掌握在他们手中，习于在这片海洋上航行的所有各族，差不多都得向他们纳贡。首先发起扣押悉留斯和维朗纽斯的正是他们。他们认为如果能扣下这两个人，就可以用来换回自己交给克拉苏斯的人质。高卢人采取什么行动一向是很突然、很匆促的，在他们的势力影响之下，邻近各族也就因同一目的扣留了德来彪斯和德拉西第乌斯。使者们很快地在他们的领袖中往来奔走一番之后，他们之间便设下了盟誓，规定除一致同意之外，不得擅自单独行动，原因是好让大家分担同样的命运。他们还煽动其他各族说：与其忍受罗马人的奴役，不如继续保持祖先们传下来的自由。所有沿海地区都很快接受了他们的意见。他们联合派使者来见布勃留斯·克拉苏斯说:如果他想要自己的部下回去,就得把人质还给他们。

九、凯撒从克拉苏斯处得知了这个消息,因为他离开那边较远,就命令在流入大洋的里杰尔河上建造战舰,到行省里去征集桨手,并准备好水手和领航。这些事情很快就执行完毕,一到季节许可时,他自己匆匆赶到军中。文内几人及其他各邦的人一听到凯撒到来的消息,同时也知道自己把使者——持有这种称号的人是在各族人民中一致认为神圣不可侵犯的——扣留下来投入牢狱,是一件极为严重的罪行,便估量着将落到自己头上来的危险有多大,而积极备战起来。因为他们对自己所处的地理形势抱有很大的信心,所以特别留意准备那些船只所需用的东西。他们深信,由于河口港汊纷纭,陆路被切断了,加之我们地势不熟,港口稀少,海路也受到了一定的阻碍。他们还认为我们由于缺乏粮食,绝不可能在他们那边耽搁很久。即令发生的事情件件都跟他们设想的相反,他们的舰只仍不失为一支强大可靠的力量,罗马人既不可能有很多舰只,又不了解自己就要在那边作战的这个地区的浅滩、港口和岛屿的情况,而且他们知道,在茫无边际的大洋上航行,究竟跟在狭隘的海面上是完全不同的两回事。既经这样决定之后,他们就给市镇筑起防御工事,把乡间的谷物运进城里,还把大量船只集中到文内几人境内,他们认为,凯撒要用兵,一定首先在文内几人那边开始。他们把奥西丝米人、勒克索维人、南姆内德斯人、安皮利亚几人、莫里尼人、狄布林得斯人和门奈比人都联合起来,作为参加这个战争的同盟,并派人到正好面对这些地区的不列颠岛上去召请援军。

一〇、要进行这场战争，存在着许多困难，已如上述。虽然如此，促使凯撒从事这次战争的原因却有许多：因扣留罗马骑士而给罗马的侮辱、投降之后又轻易背叛、交了人质后再肆意反复、这么多国家的通谋叛乱、特别重要的是他深恐如果姑息了这一地区的行动，其余各族就会认为也允许他们这样做了。他很了解差不多全高卢人都爱闹事，要煽动他们作战是件极容易的事，同时他也知道，一切人的本性都是爱好自由，痛恨受奴役的。因此，他应该在还没更多的部落参加这次叛乱以前，先把自己的军队分开，散布得更广一些。

一一、因而他派他的副将季度斯·拉频努斯带着骑兵到靠莱茵河最近的德来维里人那边去，命他去访问雷米人和其他比尔及诸族，嘱咐他们保持忠顺，如果日耳曼人企图用船只强渡过来——据说比尔及人已经邀请他们过来帮助自己——便截阻他们。他又命令布勃留斯·克拉苏斯带十二个营和大批骑兵进入阿奎丹尼，防止这些族派援军进入高卢，免得这么大的两个部落联成一气。又派副将奎因都斯·季度留斯·萨宾多斯带三个军团进入文内里人、古里阿沙立太人、勒克索维人中间去，注意不让他们的兵力和其他各邦联合起来。他还派年轻的特契莫斯·布鲁图斯统率舰队以及从庇克东内斯、桑东尼和其他仍旧保持平静的地区集合起来的高卢船舰，并命令他尽速向文内几地区赶去。他自己也带着步兵，向那边前进。

一二、他们的市镇，所处的位置总是一个样子，一般都坐落在伸到海中的地角或海岬的尖端，因为洋中来的大潮，一天二十四刻时中间总要涌进来两次，所以步行不能到达；而且因为潮水总得退去，船只会触在礁石上碰伤，因此也无法乘船前往。上述的两种情况，都使攻取他们的市镇受到阻碍。有时逢到他们偶然被我们巨大的围城工程所困，海水被几乎跟市镇的城墙一样高的围墙或堤岸隔断，使他们感到危在顷刻时，他们马上把大批船只调进港口（这是他们的优势所在），把他们的全部财物连带自己本人都载走，到最近的一个市镇，利用同样有利的地形，重新进行抵抗。在夏季的大部分时间中，他们这样做更加方便，因为我们的船只受到风暴的阻碍，在这浩瀚、空旷的洋面上航行有极大的困难，加之，那边的潮水涨得极高，少数几个港口又分布得稀稀落落，几乎等于没有。

一三、他们的舰只是这样建造和装备起来的：船身的龙骨比我们的要平直得多，因而遇到浅滩和落潮时，更容易应付。船头翘得很高，船尾也一样，适于抵御巨浪和风暴。船只通身都用橡树造成，经受得起任何暴力和冲击。坐板是一罗尺来粗的木头横档做成的，用拇指那样粗的铁钉钉住。扣紧锚的也是铁链而不是普通的缆绳。帆是用毛皮或精制的薄革制成的，所以使用这些东西，不是因为他们缺乏或不知道利用亚麻，就更可能是因为他们认为要经得起洋面上如此险恶的波浪、如此猛烈冲击的飓风、要驾驭如此重载的巨舶，帆是不适合的。如果我们的舰队和他们的船只一朝相遇，我们的舰只在速度上和使用桨这一点上胜过它们，至于其他，就这地区的自然条件和风浪险恶而论，他们的船只各方面都比我们更合适、更可取些。他们的船只造得如此之坚牢，我们既不能用船头上的铁嘴去撞伤它们，又因为它们高，也不容易把投掷武器投掷上去，由于同样原因，它们也不可能被铁钩搭住。再加上每逢风暴发作时，他们可以乘风扬帆，处之泰然，既能够从容应付风暴，

又可以安然停泊在浅滩里，即令退潮，也不怕那些岩石和暗礁。这些危险，却都是我们的舰只所要担心的。

一四、凯撒在攻取他们的许多市镇后，发现只占领市镇，并不能阻止敌人逃走，也伤害不了他们，白白浪费许多劳动力，便决定等他的舰队来临。它们刚一到来，被敌人一眼看到时，马上就有他们的大约二百二十艘舰只，准备充分、配备齐全，从他们的港口驶出来，停在我们的舰队对面。率领整个舰队的布鲁图斯和每人指挥一只军舰的军团指挥官们、百夫长们，都一点不知道该怎么办、采用什么样的战术才好。因为他们都知道船头上的铁嘴伤害不了它们，即使甲板上竖有望塔，但蛮族舰只的后身，高度超过了它，我们处在较低的位置，武器不可能有效地投掷到它上面去，高卢人掷向我们的武器却将更加分外有力。我们准备好的东西只有一件起了很大的作用，即一种嵌在长竿上并且缚得很牢固的锐利的钩刀，其形式大约跟攻城用的挠钩相似，当把帆桁扎牢在船桅上的绳索一旦被它们钩住拉紧的时候，我们的船只努力鼓桨前进，绳索就被割断。绳索一断，帆桁也必然就此落下来。既然高卢军舰的全部希望都寄托在帆和索具上，它们一落掉，军舰的功用也就同时全部完结，这场战斗余下来的工作就是较量勇力了。我军在这方面是毫不费力就可以占得上风的，特别因为这场战斗是当着凯撒和全部大军的面进行的，任何行动，只要稍稍比别人勇敢一些，就不会不引人注目，因为这时差不多所有的山丘、高地、凡是可以就近俯视海面的地方，全都在我军占领之下。

一五、敌舰的帆桁被拉下以后，虽然我们每只军舰都受到他们两三只军舰包围，我军仍旧全力爬登到敌舰上去作战。蛮族一看

到发生了这样的事情，一时找不出解救的办法，只得马上匆匆逃去。在他们掉转舰只刚想乘风驶去时，海上突然出现一段极端平静、一丝风浪都没有的时刻，使他们的船只一步不能离开那地方。这确确实实是结束这一战役的极好机会，我军追上去一一袭取了它们。战斗从第四刻时一直拖到日落以后，全部敌舰中，只极少数能乘黑夜降临，逃回岸边。

一六、这一次战役结束了文内儿和整个沿海地区的战事，因为，一方面，他们的全部青年，以及全部年龄虽大一些、但却有谋略或地位的人，都已集中在这里；另一方面，他们在这里也同样集中了到处搜罗得来的所有船只，这些船只一失掉，不仅幸存者再无处可逃，也再无别的方法可以保卫自己的市镇。因此他们只能把自己的全部生命财产都献给凯撒乞求投降。凯撒决定给他们比较严厉的惩罚，好让使节的特权将来得到蛮族更大的尊重，因而在处死他们的全部长老之后，又给其余的人全都戴上花圈，当做奴隶拍卖出去[①]。

一七、当这些事在文内儿进行时，奎因都斯·季度留斯·萨宾努斯带着凯撒交给他的军队，进入文内里人的领土。领导着文内里人的是维里度维克斯，他掌握了所有那些叛乱的邦的最高大权，并且从这些邦里征召军队，集中起大量兵力。近几天中，奥来尔契人、厄布洛维契人和勒克索维人也在杀掉他们自己的那些不肯出来担任战争发起人的长老之后，闭上城门，跟维里度维克斯联合起来。

---

① 罗马习惯，奴隶送到市场上去出售时，常给戴上花圈，所以“给戴上花圈卖掉”(sub corona vendere)，就是卖作奴隶的意思。这里，大批俘虏是在军营中当场整批拍卖给随着军队走的奴隶贩子的，不是在普通市场上零售，未必都戴花圈，凯撒不过是使用习惯的说法而已。——译者

此外，还有从高卢各地赶来的大批亡命之徒和匪盗，抢劫的习气和对战争的嗜好，使他们抛掉了农活和日常劳动。萨宾努斯却只坚守在一处应付各种事故都很方便的营寨中，当维里度维克斯在两罗里以外安下营寨，每天都把军队带出来给他战斗的机会时，萨宾努斯却不仅引起敌人的轻视，甚至还受到我军士兵的一些冷言冷语的讽刺。他的故作胆怯给了敌人深刻的印象，他们甚至敢于一直跑到我军营寨的壁垒前面来。他之所以这样做，是因为他认为一个副将，特别当负责总指挥的人不在场的时候，不该擅自跟这么大的一支军队作战，除非恰巧逢到很合适的地形和极有利的时机。

一八、这种伪装的胆怯一经被敌人深信不疑时，萨宾努斯选定了一个很合适而又机敏的高卢人——这是他作为同盟军带在身边的人之一——他用慷慨的奖赏和诺言诱使他去投奔敌人，并教他该怎么做。这个伪装逃亡的人逃到他们那边时，就把罗马人如何害怕一一讲给他们听，还告诉他们：凯撒本人也正在受到文内几人的进攻，处境困难，萨宾努斯至迟在明天晚上就要带着他的军团秘密离开营寨，赶去支援凯撒。他们听到这番话后，异口同声地嚷着说：一举成功的大好机会千万不可以错过，应该赶到罗马营寨去。有许多原因鼓励高卢人采取这一步：前些日子萨宾努斯所表现的畏缩；逃亡者证实的消息；粮食的缺乏（因为他们没好好准备）；文内几人的战争所带来的希望；以及人们通常总相信自己的愿望会实现的心理。他们受到这些原因的推动，便硬缠着维里度维克斯和别的领袖们不放，不让他们退出会议，直到这些人答应他们拿起武器、赶到我军营寨来方息。一得到许可时他们那副欢天喜地的样子，好像胜利已经稳稳地捏在手里似的，在收集了准备填没罗马人壕堑用的柴把和树枝之后，便向罗马营寨赶来。

一九、营寨所在的地方是一片高地，从山底缓缓升起的斜坡长达一罗里左右。他们从那边用极快的速度跑上来，目的是尽可能不让罗马人有集合和武装自己的时间，因而他们到达时，差不多连气都喘不过来。萨宾努斯鼓励了他的部下，发出他们渴望已久的战斗信号。当敌人正身负重荷、累赘不堪时，他命令部队从营寨的两个门突击出去。由于地形的优势、敌人的无知和疲劳、我军的勇敢和历次战争中得来的经验，他们简直一触即溃，立刻转身逃走。我军士兵趁他们乱成一团时以极旺盛的精力追逐，杀死他们大批人，其余的也由骑兵追逐下去，只留下极少数，飞奔逃出性命。这样，萨宾努斯得到凯撒海战胜利的消息，恰恰正和凯撒接到萨宾努斯的捷报同时。所有的国家都马上向季度留斯投降，正因为高卢人的性情浮躁、轻于寻衅惹祸，所以他们的气质也很脆弱，完全经受不起挫折。

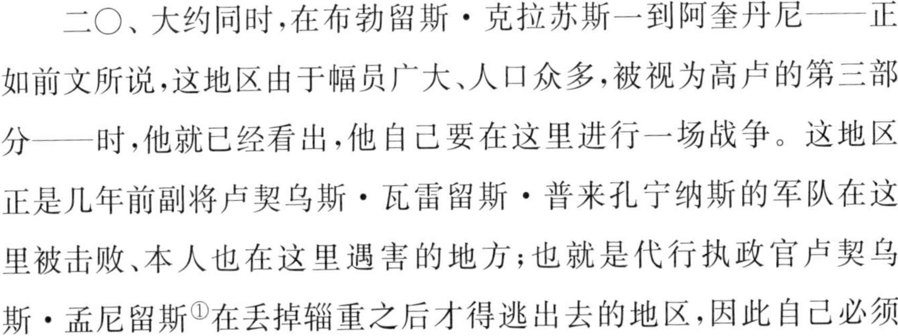

二〇、大约同时，在布勃留斯·克拉苏斯一到阿奎丹尼——正如前文所说，这地区由于幅员广大、人口众多，被视为高卢的第三部分——时，他就已经看出，他自己要在这里进行一场战争。这地区正是几年前副将卢契乌斯·瓦雷留斯·普来孔宁纳斯的军队在这里被击败、本人也在这里遇害的地方；也就是代行执政官卢契乌斯·孟尼留斯[①]在丢掉辎重之后才得逃出去的地区，因此自己必须

① 苏拉死后，民主派残余的首领奎因都斯·塞多留斯占据西班牙，跟罗马元老院派去的军队作战，高卢行省的代行执政官卢契乌斯·孟尼留斯率领三个军团赶到比利牛斯山以南去支援罗马政府军，被塞多留斯的部将伊尔都来犹斯击溃。当他带着残军退回行省时，又遭到阿奎丹尼人的袭击，几乎全军覆没。此事发生于公元前79年。——译者

加倍警惕才行。克拉苏斯在准备好粮食、召集了辅助部队和骑兵、并且从邻接这些地区的托洛萨、卡加索和奈波等高卢行省中的几个邦指名召集了许多勇士之后，领着军队进入索几亚德斯人的境内。得知他到来的消息，索几亚德斯人集中大量兵力，特别是作为主力的大批骑兵，赶来突袭行军中的我军。最初作了一次骑兵战，然后，当他们的骑兵被击退，我军正在追逐时，他们埋伏在山谷中的步兵突然冲出来，趁我军骑兵分散时进行攻击，重又战斗起来。

二一、战斗时间长而且激烈。索几亚德斯人一则倚恃前次的胜利，再则还认为整个阿奎丹尼的安全都得靠他们的勇敢；我军的士兵则急切想给人们看看当统帅不在场、其他军团不在场、只在年纪很轻的将领率领之下，自己能取得什么样的成就。终于，敌人负伤累累，转身逃走。他们中间大批人被杀死。克拉苏斯开始转过头来攻打索几亚德斯人的市镇。当他们顽强地抵抗时，他建造了许多盾车和木塔。他们时而试行突围、时而又掘地道通到我军的壁垒和盾车附近来——掘地道是阿奎丹尼人最拿手的工作，因为他们那边许多地方都有铜矿——后来他们知道我军戒备严密，这些事情都徒劳无益时，就派使者来到克拉苏斯处，求他允许他们投降。得到允许之后，他们遵命交出武器。

二二、正当我军的注意力都集中在这件事情上，担任最高司令的阿狄亚都安纳斯带着六百名死党——这种人他们称之为“共命”[①]，他们和与他们倾心订交的人同享一切生活享受，逢到有什

① 共命(soldurii)——大概古代许多落后部落中都有这种制度，这里的译法，是从《新唐书·吐蕃传》中来的。——译者

么强暴落到与之订交的这个人身上时，不是跟他一同经受患难，就是自杀。到现在为止，就人们的记忆所及，还没一个人在他与之订交的人被杀时吝惜一死的——在市镇的另一部分竭力想突围出去。我军一听到这部分工事上发出一阵喧闹声时，纷纷持武器赶去，在那边发生激烈的战斗，他们被驱回镇内。不过，他们仍旧得到克拉苏斯的允许，跟别人享受同样的投降待遇。

二三、克拉苏斯接受他们的武器和人质之后，又进军到获卡德斯人和塔鲁萨得斯人境内。这些蛮族一听到一个有自然条件和人工防卫得很好的城镇，没几天就被我军攻下来时，非常惊骇。他们开始派遣使者四出奔走，互相联盟，交换人质，并准备军队。使者甚至一直被派到毗连阿奎丹尼的近西班牙[1]，到那边去征招援军和指挥官。这些人招来后，他们就以极大的声势和人力进行备战。那些多年来始终追随奎因都斯·塞多留斯的人，被认为具有极丰富的军事知识，当选为领袖。这些领袖学习罗马人的做法，开始选择地形，给营寨建筑防御工事，并切断我军的给养。克拉苏斯注意到了这些，知道自己的部队人数少，不便分遣出去；敌人却既可以流动，又可以拦截道路，还能给自己的营寨留下足够的守卫，因而，粮食与给养很难运到他这边来；而敌人的数目却在一天比一天增加，他深感到万不能再拖延不战。这事被提交给军事会议，在他知道所有的人都有同感时，就决定在次日作战。

① 近西班牙(Hispania citerior)——罗马从公元前 197 年起，把伊比利安半岛组成两个行省，一个叫近西班牙，包括已经罗马化了的埃布罗河下游一带，另一个叫远西班牙(Hispania ulterior)，包括瓜达尔基微河一带。帝国初期又重分为三个行省。——译者

二四、次日拂晓他领出了全部队伍并布列成两行，辅助部队被安置在中间，然后就等着看敌人采取什么行动。尽管敌人认为自己人多势众，又历来以勇敢善战驰名，而我军人数又很少，但他们还是想用封锁道路、切断供应等更加安全的办法，想等到罗马人因为缺乏粮食，开始退却时，趁我军行军途中行李累赘、斗志低落的时候，加以攻击，便可不流一滴血取得胜利。这一计划得到领袖们的同意，当罗马军队已领出营寨时，他们却仍旧守在自己营里不理睬。克拉苏斯注意到敌人的拖延不战和因此给人的胆怯印象，已经使我军士卒更加急于一战，到处可以听到反对再拖延下去、要求一直逼到敌人营垒前去的呼声。于是，他鼓励了部下之后，便率领全军，摩拳擦掌地直奔敌人的营寨。

二五、一到那边，有人忙着填没壕堑，有人投掷大量矢矛，把防守者从壁垒和碉堡上驱逐走。那些克拉苏斯并没指望他们在战斗中起多大作用的辅助部队，纷纷供应石块、投枪，把草泥运向壁垒，也给人一种忙于作战的印象。敌人这方面战斗得同样坚决，毫不胆怯，他们的武器从高处发射下来很少有落空。骑兵在周游巡视敌人的营寨之后，来报告克拉苏斯说：敌营的后门没有跟前门那样细心设防，易于接近。

二六、克拉苏斯鼓励骑兵指挥官们，叫他们用极大的酬奖和慷慨的诺言激励自己的部下，并且还把自己希望做的事情告诉他们。指挥官们按照克拉苏斯的命令，把留在营寨中担任守卫、没有因劳动而疲乏的几营生力军带出来，从另一条比较远的路绕道过去，以免被敌人看到。当敌人个个都全神贯注只顾战斗时，他们很快赶到我们前面说过的那些防御工事，把它们捣毁之后，在敌人还没来得及看仔细或者还来不及知道发生了什么事情之前，便已经在他们的营寨里站住了脚。当这一边发生的呼噪声被正在战斗的我军听到时，正像胜利在望时常出现的情况那样，他们重新鼓起勇气，开始格外勇敢地战斗。敌人四面受到包围，感到完全绝望，赶忙从工事上跳下去飞奔逃生。骑兵在这一片极空旷的平原上尽情追逐他们，把从阿奎丹尼和康丹勃里集中来的据说数达五万人的敌人，杀得几乎只剩四分之一，深夜方始回转营寨。

二七、听到这场战争的消息后，阿奎丹尼各族大部分向克拉苏斯投降，自动交纳人质。其中有塔倍里人、皮及里翁耐斯人、庇将尼人、获卡德斯人、塔鲁萨得斯人、厄鲁萨得斯人、嘉得斯人、奥斯契人、加隆尼人、西布扎得斯人、柯科萨得斯人。只有少数几个住在极边远的民族，眼看冬天已经临近，认为季节可以帮他们的忙，没有这样做。

二八、就在这时候，虽然夏天差不多已经过去，高卢已平定，就只莫里尼人和门奈比人还处于战争状态，没派使者来求和，凯撒便带着军队很快赶去声讨，他相信这场战争马上可以结束。这些部族开始采用的作战方法和其余高卢人的完全不同。因为他们看到最大的国家都在战争中被击败和征服了，而他们却有连绵不断的森林和沼泽，便把所有的人和财物都移到里面去。当凯撒赶到那森林的边缘、开始构筑工事时，还看不到一个敌人，但在我军分散开来，正忙着各自的工作时，他们就突然从森林的所有地方冲出来，攻击我军。我军迅速拿起武器，把他们驱回森林，还杀掉他们很多人，只是在这种难于施展手足的地方追得太过深入的时候，自己也不免要损失一些人。

二九、在后来的那些日子里，凯撒开始砍伐森林，以免在赤手空拳、预料不及的时候，侧面遭到攻击。他集中所有采伐下来的木材，在两侧面对着敌人的方向堆叠起来，作为壁垒。几天之后，敌人的牲口和辎重的后队被我军截获，于是他们钻进了森林更深密的地方。暴风雨来得如此之猛，以致工作不得不停顿下来，连续几天大雨使得军士们无法在营帐中安身，因而在蹂躏了他们全部土地，焚烧了他们的村落和屋宇之后，凯撒把他的军队带领回来，让他们进入在奥来尔契、勒克索维和新近和他作战的其余各邦的冬令营。

卷　四

一、下一个冬天，即克耐犹斯·庞培和马古斯·克拉苏斯任执政官的那一年[①]，日耳曼人中的乌西彼得斯族和登克德里族，大批渡过了莱茵河。渡河的地方离开莱茵河所流入的那个海不远。过河的原因是为了苏威皮人多年以来一直在侵扰他们，战争的威胁使他们连耕作都受到了阻碍。苏威皮族是所有日耳曼人中最大、最骁勇善战的一族，据说他们有一百个部，每年都从每一个部征召一千名武装人员到境外去作战，其余留在本土的，即从事生产，以维持自己和那些出征者的生活。同样，下一年就轮到他们出去参加战争，再由上年服役的人回家生产。这样，无论是种地还是作战的方略和技术、都不会荒疏掉。他们中间没有私有的、划开的土地，也不允许停留在一个地方居住一年以上。他们不大吃粮食，生活大部分都依靠乳类和家畜，特别着重打猎。因而，由于食物的特点、日常的锻炼，再加上生活的自由自在——从童年时代起，他们就不曾受过责任心和纪律的束缚，无论什么违反本性的事情都没勉强做过——使他们既增强了筋力，又发育得魁梧异常。而且他们还让自己养成一种习惯，即哪怕在最寒冷的地方，除了兽皮之

① 即公元前55年。——译者

外，什么东西也不穿，同时又因兽皮的稀少，迫使他们不得不把身体的大部分都裸露在外面。他们就在河里洗澡。

二、商贩们所以能接近他们，主要是因为他们要把战争中掳掠来的东西卖给人家，而不是他们希望人家贩运什么商品进去。日耳曼人甚至连输入的牲口都不用，不像高卢人那样最喜欢收买牲口，肯出很高的价钱。日耳曼人宁愿把他们本地出生的瘦小而又丑陋的牲口，加以经常的训练，使它能担得起最艰苦的劳动。在骑兵战斗中，他们常常从马背上跳下来进行步战，他们的马训练得能够站在原地，一动也不动，以便在必要的时候他们可以很快地退回到它那边去。照他们的习俗看起来，再没有什么事情比使用马鞍更可耻，更软弱无能，因而，不管他们自己人数多么少，遇到使用鞍辔的敌人骑兵时，不管对方人数多么多，都敢于对之冲击。他们无论如何绝对不让酒类输入，相信人们会因它变得不耐劳苦，委靡不振。

三、就国家而论，他们认为如果能让自己的领土外围有一圈愈大愈好的土地荒芜着，是一件极可赞扬的事情，这表明有许多国家抵挡不住他们的威力。据说苏威皮人的边境，有一面大约有六百罗里的土地，是断绝人烟的。苏威皮人的另外一面跟乌皮人接境，按照日耳曼人的标准，乌皮人也是一个很大而且很繁荣的国家，比起他们其余的同族人来，要文明一些，因为他们的边境紧接莱茵河，商人们常到他们那边去，再加上因为与高卢毗邻，不免逐渐染上高卢人的习俗。对这些乌皮人，苏威皮人虽然也曾发动过好几次战争，但因为这个国家人口多，力量大，无法把他们逐出自己的领土，虽说如此，还是把乌皮人逼得成为向自己纳贡的属国，大大

削弱了乌皮人的声誉和力量。

四、前面提到过的乌西彼得斯人和登克德里人，情况也是这样。他们多年来，一直在抵御苏威皮人的压力，直到最后，仍被逐出自己的领土，在日耳曼的许多地区流浪了三年之后，到达莱茵河。这块地方原来是门奈比人居住的，河流两岸都有他们的田地、房舍和村落。但他们一看到涌来这么一大批人，恐慌起来，就撤出了莱茵河对面的那些房舍，在河的这边布置下许多防哨，阻止日耳曼人渡河过来。日耳曼人用尽了各种办法，但在他们发现要强渡既缺乏船只，偷渡又碍于门奈比人设立的那些防哨时，他们就假装退回自己原来的老家去，赶了三天路程之后，又重新掉头回来。他们的骑兵在一夜之中就赶完全部路程，一举掩袭了不知不觉的、毫无防备的门奈比人——他们都是听到探报的人员说日耳曼人已经离开了，才放心大胆渡过莱茵河，回到自己村里来的——杀掉这些人之后，日耳曼人占有了他们的船只，趁莱茵河这一边的门奈比人还没发觉他们，渡过河来，占据了他们的全部房舍。冬天的其余日子，就用门奈比人的粮食供应自己。

五、凯撒听到这些消息时，对高卢人反复无常的脾气很为担心。因为他们浮躁、轻率，大多数人都乐于发生变故，绝不可以轻信他们。高卢还有一种习惯，在遇到过路的旅客时，不问他们愿意与否，总要强迫他们停下来，询问他们各人听到或知道的各种各样事情。在市镇上，群众常常包围着客商，硬要他们说出从什么地方来，在那边听到些什么。他们往往就根据这些道听途说，对极重要的事情作出决定。这些决定当然都是马上就要使他们后悔不及的，因为推动他们的只是些不可靠的谣言，大部分人都只是投其所

好地胡乱编些话来回答他们的询问。

六、凯撒知道他们这种习惯，为了避免这场战争变得更加严重起见，便比平常的习惯提早一些出发到军中去。当他到达那里时，便知道先前担心的事情，真的已经成为事实了。有些高卢国家已经派使者到日耳曼人那边去，请求他们离开莱茵河到自己这里来，所有需要的东西，都可以由他们代为预备。有这些希望在引诱他们，日耳曼人出没的范围更广了，他们已经侵犯到德来维里人的属邦厄勃隆尼斯人和孔特鲁西人的边境。因此，凯撒把高卢各邦的领袖们召来，但他认为最好把他已经掌握的消息隐瞒着，所以在对他们鼓励和安慰了一番之后，便吩咐征集骑兵，决定对日耳曼人作战。

七、准备好粮食，选好骑兵之后，他开始进入听说日耳曼人在出没的地区。当他离开他们还有没几天路程时，他们那边就来了使者。他们说的话大致如下：日耳曼人绝不先动手攻击罗马人，但在遭到攻击时，也不会拒绝一战。日耳曼人祖祖辈辈传下来的规矩是：不论谁来侵犯，应该还击而不应该求饶。他们还宣称，他们来到这里，不是出于自愿，而是被逐出本土的。如果罗马人愿意得到他们的感激，一定会发现他们的友谊是有用的。罗马人可以指定一些土地给他们，或者就听任他们把已经用武力强占的土地保留下去。他们只怕苏威皮人，因为苏威皮人是连不朽的神灵也不能抗衡的，除了苏威皮人之外，天下再没有什么人是他们不能击败的了。

八、凯撒对这些话，作了一番他自认为恰如其分的答复，他这番话的结论是这样的：如果他们仍旧留在高卢，他跟他们就不会有友谊。一方面，不能守卫自己疆土的人，反而侵占别人的疆土，理上说不过去；另一方面，高卢现在根本没有一块闲着的土地，可以随便送人而不至受到损害——特别是像他们这样大批的人。但虽则如此，如果他们愿意的话，不妨住到乌皮人的领土中去，乌皮人的使者正在他这里控诉苏威皮人的侵扰，恳求他帮助，他可以命令乌皮人答应这一点。

九、使者答复说：他们愿意把这些话带回去报告自己人，经过考虑之后，第三天回到凯撒这边来答复。他们要求他在这一段时间内，不要再移营前去靠近他们。凯撒回答说：他就连这个要求也不能答应他们。实际上他知道，他们在几天以前已经派出大批骑兵，渡过莫塞河，到安皮瓦里几人的领域中去掠夺战利品和粮食。他断定他们正在等候那支骑兵回来，所以才设法拖延时日。

一〇、莫塞河发源于林恭内斯境内的获斯盖山，在接纳了莱茵河的一条叫做华卡勒斯河的支流以后，形成巴达维岛，然后在离大洋不到八十罗里的地方，流入莱茵河。莱茵河发源于住在阿尔卑斯山中的来本几人境内，在其漫长的流程中，湍急地穿过南都阿德斯、厄尔维几、塞广尼、梅狄阿麦特里契、得里布契和德来维里诸族的领域，当它流到大洋时，又分为许多支，形成很多大岛——其中大部分居住着凶悍野蛮的部落，据传他们中间有些甚至靠鱼类和鸟卵为生——然后从好几个河口注入大洋。

一一、当凯撒离开敌人不到十二罗里时，使者们按照前几天的约定，回到他这里。他们在行军途中遇上了他，急迫地恳求他不要再向前推进。当他们的要求被拒绝之后，他们又请求他派人赶到走在军队最前面的骑兵那边去，阻止他们战斗，让他们有时间派人到乌皮人那边去，如果乌皮人的领袖和长老肯跟他们设下盟誓，他们就接受凯撒提出来的建议。他们又要求再给他们三天期限，以便他们安排这些事情。凯撒断定所有这些借口，都跟前次提出的要求同一个原因，无非是想得到三天间歇，好等候他们出外的骑兵归来，便说：为要取得饮水，他这一天还是要前进的，但不超出四罗里路。他叫他们第二天就在那边碰头，同来的人越多越好，这样，他可以了解他们究竟需要什么。同时，他派人传令给那些率领全部骑兵走在前面的骑兵指挥官们，不要向敌人挑战，即或自己受到攻击，也只牢守阵地，等他自己和大军走近了再说。

一二、敌人因为渡过莫塞河去抢劫粮食的那批骑兵还没回来，目前所有的骑兵不到八百人，但当他们一看到我军为数五千左右的骑兵时，立刻发动进攻。我军因为他们派来求和的使者还刚离开凯撒，那天又正是他们要求休战的一天，因此丝毫没有预计到这种情况，很快就陷入混乱。等到我军重新转过身来进行抵抗时，敌人依照他们的习惯，跳下马来，刺击我军的马，使军团的许多士兵摔下马来，其余的也都被弄得四散奔逃，直逃到看见我军团的行列方才止步。在这场战斗中，我军骑兵被杀死七十四人，其中有那个极英勇的阿奎丹尼人毕索，他出身于最显赫的家族，他的祖父执掌过他们国家的王权，曾被罗马元老院赠给过“友人”的称号。他在他的兄弟被敌人包围时，抢过去援救，把他的兄弟救脱了险，但自己却从受了伤的马背上摔下来。他一直极勇敢地抵抗着，直到在重重围困中受到许多伤被杀才止。他那位本已退出战斗的兄弟，在远处看到了，重又驱马冲向敌人，也同归于尽。

一三、这场战斗以后，凯撒认为他不该再接待这些使者，也不

该再接受这些一面玩弄阴谋、假作求和，一面却又发动攻击的人提出来的条件。此外，他还相信，只有狂妄到极点的人才会坐待敌人增兵，坐待他们的骑兵回来。他也深知高卢人的轻浮喜事，恐怕敌人单是这一役，便已在他们中间获得了很大的威望，再也不可以让他们有策划阴谋的时间。他这样决定之后，又把他的打算告知了他的副将们和财务官，叮嘱他们，如遇有战斗的机会，一天都不可以轻易错过。正好发生一件十分运气的事情，第二天早晨，一大批日耳曼人，包括他们的首领们和长老们在内，赶到他的营里来见他，仍旧假惺惺地玩弄着那套诡计和伪装。他们此来，一则是想为自己洗刷一下，说明他们与昨天违反了约定和自己的请求而作的进攻无关，再则，如果他们的欺诈能得逞的话，还想再获得一次休战的机会。凯撒因为他们居然落到自己手里来，大为高兴，下令把他们全都扣下来，然后亲自率领他的全部军队赶出营寨。至于骑兵，他认为他们在新近这场战役中已经受过惊吓，因而令他们跟在自己后面。

一四、这时形成了三列纵队，八罗里的行军赶得那么迅速，在日耳曼人丝毫没想到会发生什么事情之前，就赶到敌人营寨。许多突如其来的情况，如我军的迅速到达、他们自己领袖的离开等等，使得他们手足无措，而且时间匆促得连考虑一下对策或者抢起武器来都不可能，吓得他们不知道该怎么办，究竟是领兵抵抗敌人好呢？防守营寨好呢？还是逃走求生好？当他们的惊慌从喧嚣和乱窜乱跑中透露出来时，我军却正因为昨天的诡计而感到十分愤怒，一鼓冲入营寨。在那边，那些来得及抢起武器的人，对我军抵抗了一会儿，就在车辆与辎重之间进行战斗，至于其余的，包括妇

女和孩子(因为日耳曼人是带了所有亲属一起离开家乡,渡过莱茵河的),则开始四散奔逃,凯撒派出骑兵去追赶他们。

一五、日耳曼人听到后面的嘈杂声,又看到自己人被杀,便抛掉武器,丢下旗帜,一拥逃出营寨。当他们奔到莫塞河与莱茵河会合处的时候,许多人已被杀掉,余下的觉得逃生已完全无望,便跳进河流,由于恐怖、疲乏以及河水的冲击,全都淹死在水中。罗马人没损失一个,甚至连受伤的都极少,安然渡过了这场巨大的战争恐怖——因为敌人有四十三万人之多——返回营寨。那些被扣留在营中的日耳曼人,凯撒允许他们可以自由离去,但他们因为自己曾经蹂躏过高卢人的土地,怕他们的报复和酷刑,声称愿意留在他这里,凯撒也答应了他们的选择。①

一六、日耳曼之战就此结束。凯撒因为很多理由,决定自己应该渡过莱茵河去一次,其中最最主要的一点是他认为日耳曼人太容易被引进高卢来,他希望让他们看看罗马军队不但能够而且也敢于渡过莱茵河,使他们也为自己的身家性命担几分忧。再则,前面提到过的乌西彼得斯人和登克德里人的那部分骑兵,因为渡过莫塞河去劫掠战利品和粮食,没参加这次战争,现在,他们的同族被击溃之后,他们渡过莱茵河进入苏刚布里人领域,跟他们联合起

① 这一段有关与乌西彼得斯人和登克德里人的故事,凯撒的记载是我们唯一的资料。就是他自己的这段记载,我们读了还禁不住要怀疑:究竟是只有八百人的对方骑兵先攻击罗马的五千骑兵,还是罗马骑兵选进攻他们?他们前来求和究竟是出于真心还是意图欺骗?如果是欺骗,为什么又大批首领和长老自己送到凯撒营中来,毫不提防凯撒会扣留他们?但在当时,这次战事的消息传到罗马时,凯撒的行动却颇受人指谪,他的政敌们,以马古斯·朴尔久斯·加图为首,甚至建议元老院把凯撒交给乌西彼得斯人和登克德里人,以保全罗马的荣誉。政敌的话当然不能全信,但这场战事的起因绝不像凯撒所说的这样简单,恐怕是事实。——译者

来了。凯撒曾派使者到他们那边去,要他们交出曾经对他和高卢人作过战的人。他们答说:莱茵河是罗马人权力的界限,如果他认为日耳曼人不得他的同意擅自渡河侵入高卢,是不合理的行为,为什么他又要求把自己的号令和权力伸到莱茵河这一边来?另一方面,莱茵河对岸曾派使者到凯撒这里来的唯一的一个部落乌皮人,却和罗马人建立了友谊,交纳了人质。因为他们正受到苏威皮人的严重侵害,迫切要求他去帮助他们,甚至说:即使有什么国家大事牵缠着,不能马上做到,只要让他的军队渡过一次莱茵河,就足够做他们现在的救星和将来的希望了。他们还说:他的军队的声名和威望非常高,在击败阿里奥维司都斯和取得最近的这次胜利之后,即使在日耳曼最最僻远的一些族中也都传遍了。他们的安全也可以指望罗马人的声名和友谊而得到保障。他们答应提供大批船只运送军队。

一七、凯撒因为上述的许多理由,决定渡过莱茵河去。但他认为坐着船过河,既不够安全,也跟自己和罗马人民的尊严不相称。因此,虽然要在这样宽阔、而且又急又深的河上造一顶桥,是件极为困难的工作,但他认为还是应该作这样一番努力,否则就索性不把军队带过去。他决定按照下列方式建造桥梁[①]:把许多粗各一罗尺半的木柱每两根联在一起,中间相距两罗尺,下端从根部起稍稍削尖,量好正跟河底的深度相当,利用机械的力量把它们送到河中立住后,再用打桩锤把它们打入河底,却不像木桩那样垂直地立着,而是倾斜着俯向河水顺流的一方。面对着这一对对柱脚,又在

① 这顶桥大约在今天西德的安德纳赫和科布伦茨之间。

下游方向距离它们约四十罗尺的地方，另外树立起同样的成对柱脚，也同样紧紧地联在一起，只是倾斜的方向是逆着水力与激流的。每一对这种柱脚联起时空出来的二罗尺空档中，都插入一根长梁，在它们的外档，还有两根斜撑，一里一外地从顶端把它们撑开。这样，由于它们撑开着，而且又相反地夹紧，因此这些工程异常牢固，水流和冲击的力量愈大，柱脚相夹得就愈紧。这些长梁上面又都直交地铺上木材，连在一起，再加上长木条和编钉好的木栅。除此之外，桥梁面向下游的一方水中，还斜着插入了木桩，像一堵护墙似的紧凑地配合着整个工程，以抵抗水流的冲力。在桥梁上流不远处，也安下了同样的工程，因此，如果蛮族把树干或船只投入上游水中，企图让它冲下来撞毁这些工程时，这些防栅可以减轻冲力，以免损坏桥梁。

一八、全部工程，在木材开始采集以后的十天之内完成了，军队被带了过去。凯撒在桥的两端留下强有力的守卫之后，进入苏刚布里人的境内。同时，好几个国家的使者来到他这里，他慷慨地答应了他们所要求的和平与友谊，命令他们交纳人质。但苏刚布里人却在桥梁刚开始建造时，就受了他们中间的那些从登克德里人和乌西彼得斯人中逃出来的人的煽动，准备逃走。这时，他们已经撤出他们的领土，带走他们的全部财物，躲藏到荒野和密林中去。

一九、凯撒在他们的领土中略许停留了几天，在烧掉全部村庄和房舍、割掉了谷物之后，才进入乌皮人境内，答应他们说：如果他们再受到苏威皮人的欺凌，他就来帮助他们。他从他们那边得知如下情况：当那些苏威皮人从侦察人员那边得知正在建造桥梁时，就依照他们的习惯，召集了会议，同时派使者到各方去，命令人们撤出

桥架截面图

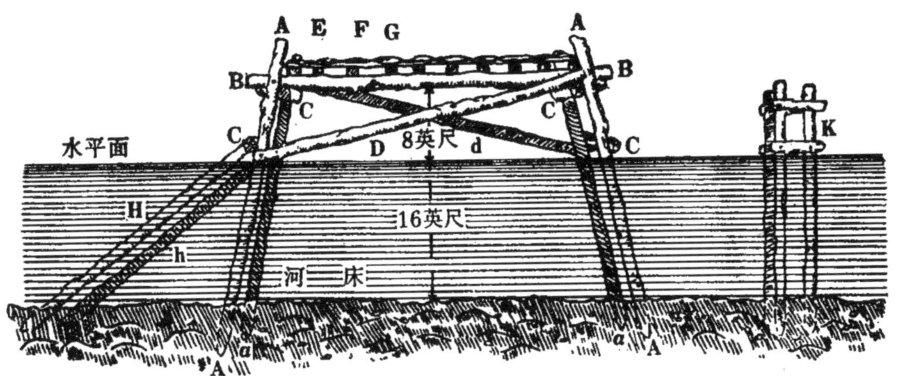
A
E
F
G
A
B
B
C
C
C
C
水平面
D
8英尺
d
K
H
16英尺
h
河 床
A
a
a
A

平面图

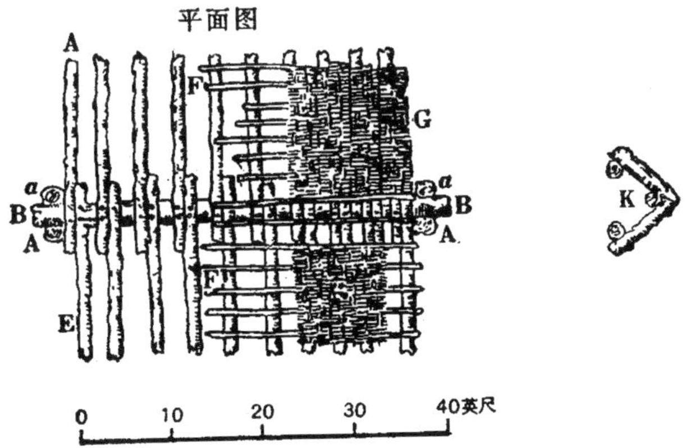
A
F
G
a
a
B
B
A
A
F
E
K
0
10
20
30
40英尺

莱茵河上的桥梁设想图

（见卷四，17 节）

说　　明

莱茵河在今日的科布伦茨，宽约 400 码，深度从 5 英尺至 25 英尺不等。假定在架桥的地段平均深度为 16 英尺，桥面上的通道为 36 英尺。凯撒所说的每组柱脚之间的距离（A—A）40 英尺，指的是水平面附近的距离，即露在水外可见的最低部分（ab Inferiore parte）的距离，而不是河底的距离。如果它指的是河底的距离，那随着一组组柱脚离岸远近不同、河床深浅不同时，倾斜的角度也就将不同，否则桥面必然有的地方阔，有的地方狭，这显然是不可能的事。凯撒没告诉我们柱脚的倾斜角度，也没说明长梁距水面多少远，以及每一具这种柱脚和长梁构成的桥架之间相隔多少距离。极为可能的是，在建筑这种军用便桥时，为了工程进行迅速，露出水面的那部分桥架，一定是排列得整整齐齐的。

凯撒在叙述中曾经提到过 fibulae 一字，不知他指的是什么，有些人认为他说的是斜撑（D. d），这是桥梁要稳固必不可少的，可能“相反地撑开而又互相夹牢（quibus disclusis atque in contrariam partem vevinctis）指的就是这种斜撑、柱脚横档和长梁三者形成的三角形。在外形上、功用上，它都像罗马人扣长袍（toga）的扣针（fibula）。但也有人认为这个字指的是一种铁搭，形如┌─┐，它是把每一根长梁的两头钉在柱脚上的。

A. a. 柱脚（两根各一英尺半粗的木柱）。

B. B. 长梁（两英尺粗的长梁）

C. C. 横档（两端钉牢在 Aa 上，有上下两根）

　　上述三者构成一具桥架。

D. d. 斜撑（每具桥架的两侧面，都有一根，两端钉牢在柱脚上。）

E. 直交地铺在长梁上的木材，作为桥上的路基。

F. 横木条。

G. 木栅，作为桥面。

H. h. 支撑柱脚的斜木桩，可能即撑在联结 A. a 的横档 C. c 上，离水面很近。

K. 在桥梁上游不远处钉入河床的防栅。

注：本图系根据洛布丛书本复制，说明略有增删。下列比例尺是英尺，但英尺与罗尺相差很小（一英尺＝12 英寸，一罗尺＝11.6496 英寸）因此几乎可以直接把它当做罗尺看待。

自己的市镇，把自己的孩子、妇女和所有财物，都安顿在森林中，所有能拿起武器的人，都集中到指定的地点，这地点正处在苏威皮人所占有的那些地方的中心，他们决定就在那个地方等候罗马人到来，决一死战。当凯撒知道这些情况的时候，促使他决心带兵渡过莱茵河的全部目的都已经达到——他已经威吓了日耳曼人、向苏刚布里人作了报复、把乌皮人从围困中救了出来——在莱茵河对岸度过了十八天之后，他认为他所完成的事业，无论就荣誉或者就效果说，都已经足够了。于是他仍旧退回高卢，拆毁了桥梁。

二〇、夏季还只留下很少日子，虽则因为整个高卢都朝着北方，冬天来得特别早，但凯撒还是决意到不列颠去走一遭。因为他发现差不多在所有的高卢战争中间，都有从那边来给我们的敌人的支援。他认为，即使这一年留下来的时间已经不够从事征战，但只要能够登上那个岛，观察一下那边的居民，了解一下他们的地区、口岸和登陆地点，对他也有莫大的用处，而这些却是高卢人几乎全不知道的。因为除了商人之外，平常没有人轻易到那边去，即便是商人们，除了沿海和面对高卢的这一边之外，其余任何地方也都茫无所知。因此，他虽然把各地的商人都召来，但既不能探询到岛屿的大小和住在那边的是什么样的居民，有多少数目，也无法问到他们的作战方式如何，习俗如何，以及有什么港口适于停泊大量巨舶等等。

二一、他认为最适当的办法是在他自己前去探险之前，先派该犹斯·沃卢森纳斯带一艘战舰，去侦察一下。他嘱咐他仔细地观察一切，然后尽快地赶回来。凯撒自己带了全部兵力前往莫里尼，因为从那边出发到不列颠航程最短。他命令所有邻近各地区的船只以及去年夏天为要和文内几人作战而建造的舰只，都到该地集中。当时，他的计划已经被人家知道，而且由商人们报告了不列颠人，岛上有很多邦的使者来到他跟前，答应愿意交纳人质，并服从罗马人的号令。他倾听了他们的申述，宽大地接受了他们的请求，鼓励他们信守自己的诺言，然后打发他们回去，还派康缪斯陪他们一起去。这康缪斯是他在征服阿德来巴得斯人之后，安置在那边做国王的，他赏识他的勇敢和智略，信任他对自己的忠心，而且他在那一带很有威信。[①] 凯撒命令他遍访所有可能去的国家，劝他们向罗马人民投降，同时宣布他本人也将很快到达。沃卢森纳斯没有敢轻易离开船只，到蛮族中间去，只尽可能地对所有各地进行了观察，第五天就回到凯撒这边，把在那边看到的情况报告了凯撒。

二二、当凯撒为了准备船只，停留在那地方时，莫里尼人中大部分都派代表到他这里来，解释他们前次所采取的行动，说是由于他们粗野、也不懂得我们的习惯，才冒失地攻击罗马人的，他们答应现在愿意执行他的命令。凯撒认为这个建议来得非常及时，因为他既不希望留一个敌人在自己的后方，这一年余下来的时间却又不够他再进行一场征战，再说也不该先忙着这些小事情，反把不列颠的远征搁下来。因此，便命令他们交出大批人质，在他们交来后，他接受了他们的投降。在征召和集中了大约八十艘运输舰，估计已经足够运送两个军团之后，他把其余所有的战舰都分配给他的财务官、副将们和骑兵指挥官们。除了这些船只之外，还有十八

① 指在不列颠岛上。——译者

只运输舰，被风阻在八罗里之外，没有能赶到集中的那个港口[①]，他把它们都分配给了骑兵们。其余的军队，他全部交给副将奎因都斯·季度留斯·萨宾努斯和卢契乌斯·奥龙古来尤斯·考达，命他们带着去征讨门奈比人和莫里尼人中没派使者到他这里来的各地区。他又命令他的副将布勃留斯·塞尔匹鸠斯·卢富斯带着一支他认为足够的驻军，留守那港口。

二三、这些事情安排好之后，趁一个适于航行的晴朗天气，大约在第三更，起锚出发，并命令骑兵赶到较远的那个港口去[②]，在那边上船，跟他一起起航。他们的行动似乎太慢了一些，他自己和第一批舰只，大约在白天第四刻时，就一起到达不列颠。在那边，看到所有的山上，都布满了武装的敌人[③]。那地方的地形大致是这样的：岸上并列着群山，离开海边十分逼近，矛枪从高处掷下来，几乎可以一直到达海边。考虑到这地方完全不适于登陆，他就停泊在那边，一直等到第九刻时，其余的船只全部到达。这时，他召集了副将们和军团指挥官们，把沃卢森纳斯所探知的一切和他自己希望做到的事情，告知他们，并警告他们说：由于战略的需要，特别是由于倏忽无常、千变万化的海上战斗的需要，一切事情他们都得在一声号令之下立刻做好。遣走他们之后，正好风和潮水都已转向顺利的方向，信号一下便拔锚起航，赶到离那边七罗里的地方，把他的舰队停泊在一片空旷平坦的岸边[④]。

① 大约就是今天的布洛涅(旧译布伦)。——译者

② 大约就是今天的安布勒特斯。——译者

③ 大约在今天的多佛附近。——译者

④ 约在今天的华尔茂和第尔之间。——译者

二四、蛮族已经看出罗马人的打算，他们首先派出骑兵和战车——这是他们在战争中通常使用的一种武器——其余的军队，也在后面跟上来，企图阻止我军离舰。登陆是一件极为艰难的事情，原因在于那些舰只过于庞大，除深水的地方外，不能停泊。兵士们虽然不熟悉那个地方，双手也不空，身上又压着又大又笨的武装，行动不能自如，但还是同时跳下船来，屹立在海浪中，迎击敌人。敌人方面却四肢可以自由运动，地形也十分熟悉，不是立在干的地上，就是刚入水不多一点儿路，奋勇投掷他们的武器，或者驱着他们训练有素的马，往来冲刺。我们的士兵完全没有经历过这种战争，被这些行动吓呆了，因而不能用平常陆上战争习有的那种敏捷和热情去应战。

二五、当凯撒注意到这点时，他命令那些战舰——它的外形，对土人说来比较陌生，必要时，行动也比较自如——稍离开运输舰一些，然后迅速地鼓桨划行，驶到敌人暴露着的侧翼去，就在那边用飞石、箭和机械，阻截和驱走敌人。这一着对我军极为有利，因为那些蛮族看到我们舰只的形状、排桨的动作以及机械的陌生式样，大为吃惊，便停下步来，而且稍稍后退了一些。当我军士兵主要因为海水太深，还在迟疑不前时，持第十军团鹰帜[①]的旗手，在祷告了神灵，请求他们垂鉴他的行动，降福给他的军团之后，叫道：“跳下来吧，战士们，除非你们想让你们的军鹰落到敌人手中去，至

① 鹰帜（aquila）——军团的标志，作用就像我们现在的军旗，是一只铜或银铸的鹰，张开双翅站在一根长竿顶上，有专人负责掮着它并保管它，称为鹰帜手（aquilifer）。行军时它走在军团的最前列，驻营时它放在帅帐中的神坛上。罗马军中对它尊崇备至，认为它是军团保护神的化身，如果在战争中丢失了它，必千方百计夺取回来才罢休，有时甚至因为丢失了鹰帜，整个军团都被解散。——译者

于我，我是总得对我的国家和统帅尽到责任的！”他大声说完这番话后，从舰上跳下来，掮着鹰帜向敌人冲去。于是，我军士兵们互相激励着说：千万不能让这种丢脸的事真正发生。他们一下子全都从舰上跳下来。离他们最近的舰上的士兵看到之后，也同样跟着跳下来，接近了敌人。

二六、双方战斗得都很激烈。但我军士兵因为不能保持阵列，站又站不稳，也无法紧跟着自己所属的连队，随便哪只船上跳下来的人，都只能凑巧碰上哪一个连队的标志，便跟了上去，因此十分混乱。但敌人是熟知所有的暗滩的，他们在岸上一看到成群兵士从战舰上一个一个跳下来时，就驱马迎上去，乘我军还没摆脱困难时加以攻击，有的以多围少，有的又用矢矛攻击已集中了的我军暴露着的侧翼。凯撒注意到这点，就命令战舰上的舢板、同样还有那些巡逻艇，都装满士兵，看到哪部分遇到困难，就派去支援他们。我军一到完全站定在干燥的地面上，所有同伙也都在身后跟上来时，就开始攻击敌人，并击溃了他们，但却不能追得很远，因为骑兵没有能掌握航向，未能及时赶到该岛。就缺了这一点，凯撒才没获得惯常得到的全胜。

二七、敌人在战斗中被击溃，逃了一阵之后，很快就安定下来，立刻遣使者来向凯撒求和，答应交出人质，并执行他所命令的一切事情。陪那些代表一起来的还有前述由凯撒派到不列颠去的阿德来巴得斯人康缪斯。当他一登岸，以使者的身份把凯撒的指示传达给不列颠人时，他们抓住了他，还给他加上了镣铐，经过现在这场战争，才把他送回来。在恳求和平时，他们把过失全部推在群众头上，要求看在他们的鲁莽和无知的分上，宽恕他们。凯撒责备他

们:虽然他们自动派使者到大陆上去向他求和,现在却又无缘无故地攻击他。但他终究还是答应宽恕他们的无知,命他们交出人质。其中一部分,立刻就交了出来,还有一部分,他们说要略等几天,到较远的地方去召来之后再交给他。同时,他们又命令自己的部下各自回到田里去,首领们则纷纷从各地赶来,把自己和自己的国家,奉献给凯撒。

二八、和平就这样建立起来。在凯撒到达不列颠之后的第四天,前面提到过的载运骑兵的十八艘船,在微风中起锚,离开了那个稍处于上方的港口。当他们的船靠近不列颠,从我军营中已经可以望到他们时,突然刮起一阵极为猛烈的暴风,竟使他们中间没有一只船再能掌握自己的航向,有些被迫仍返回到他们出发的那个港口,有些经历万分危险,被风直刮到岛屿的更下端,即更西部的地方去。虽然他们抛了锚,但在他们的船快被浪潮灌满的时候,又不得不在这种极不方便的深夜里,重行出海,摸回到大陆去。

二九、恰好那一夜月亮十分圆满,正是那大洋中照例海潮涨得最高的日子,但这却是我们丝毫不知道的事情。因此海水一时灌满了凯撒拖在岸上的用来运载军队的战舰①。同时,风浪也碰坏了紧扣在锚上的运输舰,我们竟没有任何办法可以控制或挽救。许多船撞得粉碎,其余的一些,由于失掉了缆绳、铁锚和其他索具,也不能再用来航行。这当然免不了引起全军极大的不安。不但因为除此以外更无别的船只可以运送他们回去,而且修理船只所必

① 古代希腊和罗马人的习惯,人从船上登陆后,如短时期内不再开航,往往把船只拖到岸上,而不是像现在那样系在岸边。——译者

需的一切东西也丝毫没有。再则，大家全知道军队是准备回到高卢去过冬的，这边一点过冬的粮食都没有。

三〇、发现这些情况之后，那些战后为了执行凯撒的命令而赶到这里来的不列颠首领们私下议论起来，他们知道罗马人没有骑兵，也没有船只和粮食，他们又从营寨的面积狭小上，猜测到军队的数目不多——特别是由于凯撒带过去的军团都没有携带辎重，因而营寨显得格外狭小——他们认为最好的办法是重新作战，截断我军的粮食和给养，把战争拖延到冬天。因为他们深信，如果击败了现在这支军队，或切断了它的归路，以后就不再有人敢渡到不列颠去跟他们作战。为此他们重新订结了密约，三三两两地溜出营寨，偷偷地再次把自己的部下从田里召集起来。

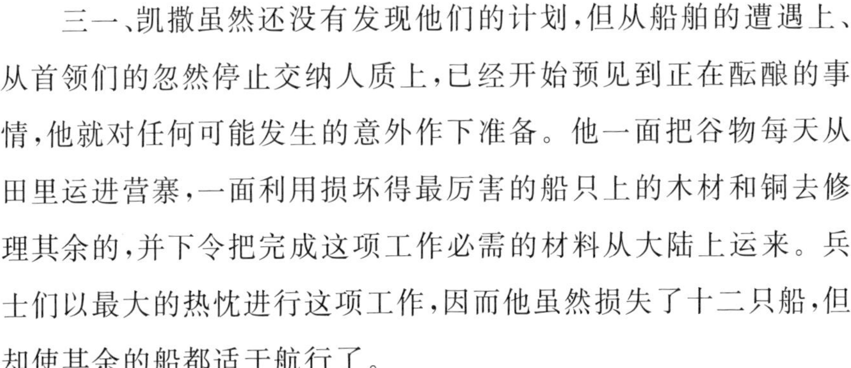

三一、凯撒虽然还没有发现他们的计划，但从船舶的遭遇上、从首领们的忽然停止交纳人质上，已经开始预见到正在酝酿的事情，他就对任何可能发生的意外作下准备。他一面把谷物每天从田里运进营寨，一面利用损坏得最厉害的船只上的木材和铜去修理其余的，并下令把完成这项工作必需的材料从大陆上运来。兵士们以最大的热忱进行这项工作，因而他虽然损失了十二只船，但却使其余的船都适于航行了。

三二、这些工作正在进行时，列作第七的那个军团，照常被派出去收集谷物。直到这时候，有一部分人仍留在田里，另外有一部分人甚至还在营寨里进进出出，[①]绝没有疑心会发生战事。正在

① 此处，凯撒只含混地用了一个“人”字，不知是些什么人，引起后来的注释者许多猜测，但大部分人认为指的是不列颠人。——译者

营寨门口站岗的人，忽然报告凯撒说：在我们军团去的那个地区，发现了一股大于寻常的尘埃。凯撒马上猜到发生了什么事情——蛮族又在玩什么新的阴谋了——随即命令正在值班的那几个营，跟他一起赶到出事的地方去，又命令另外两个营去代替他们值班，其余的部队立刻武装好跟上来。他刚刚走到离开营寨不远的地方，就发现他的部下正在受到敌人的猛烈攻击，几乎站不住脚，士兵们挤在一起，矢矛从四面八方射向他们。原来当附近四周所有的谷物都割光之后，唯独这一块还留着未割，敌人料定我军会到那边去，因此乘夜赶去躲在森林中，当我军分散开来，放下武器，动手收割时，他们突然发动进攻。我军有一些被杀死，其余还没来得及摆开阵列，十分慌乱，被骑兵和战车同时包围住。

三三、他们使用战车作战的方式大致如下：首先第一步，他们驾了它到处驰突，发射武器，通常光只它那马群所引起的恐慌和车轮的噪声，就足以使敌人的阵伍陷入混乱。当他们突入骑兵的行列之后，便跳下战车来进行步战。同时驾车的人驱车退到离战斗不远的地方，把它们安放在那边，以便车上跳下来的战士们因敌人人数众多，陷入困境时，可以随时退回到自己人这里来。这样，他们在战斗中便表现得跟骑兵一样的灵活，步兵一样的坚定。再由于日常的应用和演习，他们的技术变得十分纯熟，即使从极陡的斜坡上冲下来，也可以把全速奔驰的马突然控制住，使它在一瞬间停止或打转。他们又能在车杠上奔跑，或直立在车轭上，甚至在车子飞奔时，也能从那边一跃上车。

三四、当我军正被这种新奇的战术弄得骇异不止，乱成一片时，凯撒恰在极端需要的时候带去了救兵，他的到达使敌人停下步来,我军也从惊恐中恢复过来。虽说如此,凯撒还是认为在当时这种情况下不宜再向敌人进攻,挑起战斗,因而在那地方对峙不多一会儿之后,仍带着军团回转营寨。当这些活动正在进行时,我军全都忙碌不堪,那些留在田野中的人也都退走了。接着一连几天都是狂风暴雨,使我军只能留在营中,敌人也无法作战。这时,蛮族派使者到四面八方去,报告他们说我军的人数很少,宣称这是给他们掠夺战利品、永远解放自己的大好机会,只要把罗马人逐出他们的营寨就行。这样一来,他们很快就聚集起一支很大的步兵和骑兵,向营寨开来。

三五、尽管凯撒知道如果敌人被击败时,又会飞快奔跑,逃出危险,结果还将和昨天一样,但他仍旧凑起了三十名骑兵,这是前述的那个阿德来巴得斯人康缪斯随身带过去的。他把军团在营寨面前一线布列下来。战斗开始之后,敌人不能长久抵挡我们的攻击,转身飞奔,我军在后面尽速度与体力的许可穷追猛赶,杀掉他们中间很多人,然后将所有远近的建筑物毁坏后,付之一炬,回转营寨。

三六、就在那一天,敌人派使者到凯撒这边来求和。凯撒向他们索取了比上次数目多一倍的人质,并且命令把他们送到大陆上去,因为秋分就要到来,他不想以这种不够坚牢的船只,冒隆冬航行的风险。他自己趁一天天气良好,在午夜后不久,起锚出发,所有舰队都安全到达大陆,其中只有两只运输舰,未能跟其他船只一起到达那同一港口,漂流到略略偏向下方的海岸去。

三七、当这两只船上的大约三百名士兵上了岸,急忙赶向大营时,在凯撒出发去不列颠时还跟我们和平相处的莫里尼人,这时贪图战利品，包围了这些士兵。起初他们人数不很多，他们命令我军说：如果不想被杀死，就放下武器。罗马人形成了圆阵，进行自卫，呼啸的声音马上引来了六千左右人，那时凯撒接到报告后，派全部骑兵出营去帮助他的军队。同时我军也坚持抵御敌人的攻击，十分勇敢地战斗了四个刻时以上，只有极少数人受伤，却杀死了很多敌人。我们的骑兵很快就出现了，敌人丢下武器，转身飞逃，其中一大部分被杀死。

三八、第二天，凯撒差副将季度斯·拉频努斯率领了从不列颠带回的军团，进击重新背叛的莫里尼人。这一次敌人已经无路可退，因为去年赖以藏身的沼泽，这时都已干涸。因此，几乎所有的人都来向拉频努斯乞求投降。至于率领军队到门奈比人中去的副将奎因都斯·季度留斯和卢契乌斯·考达，则因为敌人已经全部躲到密林中去，就在蹂躏了他们的全部田地、割掉了谷物、烧毁了建筑物之后，才回到凯撒这边来。于是，凯撒把所有军团的冬令营都建在比尔及人境内。不列颠诸邦中，只有两个邦向他这里送来了人质，其他诸邦都不曾这样做。元老院在接到凯撒的信后，为了这些功绩，颁令举行谢神祭二十天，以答神佑。

卷　五

一、在卢契乌斯·多米久斯和阿庇乌斯·克劳底乌斯任执政官的一年[①]，凯撒也和往年一样，离开冬令营进入意大利。他嘱咐率领军团的副将们留意在冬天大量建造舰只，越多越好，旧的也都要加以修整，对这些舰只的大小和形状也都作了指示。为了装载迅速和便于拖上岸来，特别由于他知道那边的海流经常改变方向，大的浪潮较少，应该把它们造得比通常在我们这边海中使用的低一些；同时，为要载运更多的重量和大批马匹，也应该比在别的海里使用的略为阔一些。他命令把它们一律都造成既可张帆航行，又可划桨航行的快艇样子，在这上面，船身的低矮给了他们很大的帮助。装备船只所必需的那些东西，他命令到西班牙去运来。他本人则在内高卢的巡回审判大会结束后，赶到伊里列古姆去，因为他听到行省跟庇鲁斯坦人邻接的那一部分，由于庇鲁斯坦人的侵入，遭到了破坏。当他到那边时，下令在一些邦中征召军队，并命令他们在一个指定的地点集中。这消息传过去后，庇鲁斯坦人派使者来到他这边，报告他说：这些事情都不是他们的国家授意做的，他们答应准备用一切办法来补偿这些损失。凯撒接受了他们

① 即公元前 54 年。——译者

的申请，命他们交出人质，并限他们在一个指定的日期内交到。他告诫他们说：如不履行这些指示，他就要用战争来对付他们这个国家。人质终于按照指定的日期交来了。他又在这些国家中间指定一些仲裁人，由他们来评估损失和决定惩罚。

二、这些事情解决后，巡回审判大会也告结束，他仍旧回到内高卢，又从该处出发，赶至军中。他到那边时，周历了全部冬令营，发现由于军士们的干劲冲天，虽然所有各种材料都异常缺乏，但依照前述形式造起的舰只，已达六百只左右。另外还造起了二十八艘战舰，它们都已达到不多几天后就可以下水的程度。他在表扬了兵士们和监督这项工程的人员之后，又把自己的打算告诉了他们，并命令所有的舰只都集中到依久乌斯港①去，他探知从那个港口到不列颠去最为近便，与大陆相距大约只三十罗里左右。他留下大约足够完成这项工程的一支军队以后，领了四个轻装的军团和八百骑兵，进入德来维里人领域，因为他们既不来参加大会，也不听从他的命令，据说还在煽动莱茵河对面的日耳曼人。

三、这个国家，就骑兵而论，在全高卢堪称首屈一指，而且还有大量步兵，同时，正如上面所说，他们的领土一直邻接到莱茵河。在这个国家中，目前正有两个首领在互相竞争着，一个是英度鞠马勒斯，一个是钦杰多列克斯。后者在一知道凯撒和军团到达时，马上赶到他这边来，保证自己和他的那一党人将保持忠顺，绝不背弃罗马人民的友谊，同时把在德来维里发生的事情向凯撒作了报告。英度鞠马勒斯却集中了骑兵和步兵，准备作战，并把年龄不适于作

① 依久乌斯港——大约在今天的布洛涅附近。——译者

战的那些人都藏进埃度恩那森林——这是一片巨大的森林，从莱茵河边起，直穿过德来维里人的领域，伸到雷米人边境。但这个国家中的许多领袖，一方面受钦杰多列克斯的友谊影响，另一方面我军的到达也使他们心惊胆战，都赶到凯撒这边来，由于他们没有左右整个国家大局的力量，都只能为自己的私人利益向凯撒求情。英度鞠马勒斯怕自己被大家抛弃，也派使者到凯撒这边来。说：他之所以没有离开本国人，没有到凯撒这里来，是因为这样做比较容易使国家保持忠顺，免得在所有的贵族都离开之后，小民无知，轻举妄动起来。还说：整个国家现在都在他的控制之下，如果凯撒允许，他自己也将到营里来见凯撒，把自己的命运和国家的命运都献奉给他。

四、凯撒虽然很了解他说这些话的动机，还知道什么原因在阻碍他实现自己的计划，不过，这时对不列颠作战的一切东西都已准备就绪，为了避免自己把夏天浪费在德来维里人中起见，便命令英度鞠马勒斯带二百名人质到他这里来。当这些人质被带来时（其中还包括凯撒指名索取的他的儿子和全部近亲），他安慰了英度鞠马勒斯，并且鼓励他保持忠诚。虽则如此，他仍旧把德来维里人的领袖们都召到自己面前来，在他们和钦杰多列克斯之间，一一替他们作了拉拢和调解的工作。一方面他认为钦杰多列克斯的为人值得他这样做，同时他也认为像他这样一片忠心、经自己亲自考察过的人，尽可能地在人民中替他扩大威信，是一件极为重要的事情。英度鞠马勒斯对这事颇为怏怏不乐，感到自己的势力在人民中间遭到了削弱，本来他就对我们怀有敌意，这一重怨恨更像是给他火上加油。

五、这些事情解决后，凯撒带着军团赶到依久乌斯港。他在那边了解到在麦尔底地区建造的六十艘船只，因为大风暴，没有能保持自己的航向，已经被暴风驱回原来出发的那个港口去了。他发现其余的船只都已经准备好出航，并配备好一切用具。要集中到同一地点的，还有全高卢的数达四千左右骑兵和所有各邦的首领。他决定把其中少数人留在高卢，这些人对他的忠诚都是他仔细鉴别过的，其余的便都一起带走，当做人质。因为他怕在自己离开高卢时，会发生一场叛乱。

六、这些人中间，就有那个我们前面提到过的爱杜依人杜诺列克斯。凯撒特别下决心要把他带在身边，因为他知道这个人喜欢闹事，渴望权势，并且精力充沛，在高卢人中有很大的影响。再加上杜诺列克斯还曾在爱杜依人的会议上说过，凯撒已经把处理国事的大权交给了他。爱杜依人听到这些话，都闷闷不乐，但又不敢派使者到凯撒这里来拒绝或要求收回成命。凯撒是从自己的宾客那里得知这些情况的。杜诺列克斯最初用种种借口恳求把他留在高卢，一会儿说他不习惯航行，害怕海，一会儿又说他有宗教上的禁忌，不宜航海。后来当他看到这些要求遭到坚决拒绝，一切希望都已落空时，便开始调唆高卢的领袖们，把他们一个一个地分别拉到一边去，鼓励他们留在大陆上。他用一些恐吓的话来打动他们，说：凯撒之所以把全部贵族一起带走，是有缘故的：他这样做，目的是要把不敢当着高卢人的面杀死的人，统统带到不列颠去杀死。他向其他一些人作出保证，并且一起设下了盟誓，约定凡是他们认为有利于高卢的事情，都应彼此商量好一起做。不少人把这些事情报告了凯撒。

七、得知这个情况后，凯撒由于自己一向非常重视爱杜依这个国家，所以认为非得马上用一切手段来约束和制止杜诺列克斯不可，同时考虑到杜诺列克斯的疯狂举动显然会愈演愈烈，因此必须采取预防措施，避免他作出损害他自己和共和国的行动。因此，当他在那里停留大约二十五天的时间中（他停留在那里是由于当地一年四季大部分时间都刮着西北风，阻碍了航行），他竭力敦促杜诺列克斯保持忠诚，但同时也不放松侦查他的全部计划。好天气终于来了，他下令步兵和骑兵一起上船。正当大家全神贯注的时候，杜诺列克斯离开了营寨，带着爱杜依的骑兵回家去了。凯撒当时不知道这个情况，他一接到报告，马上停止起航，把一切事情都搁置下来，派大部分骑兵去赶他，命令把他带回来。考虑到像杜诺列克斯这样的人，即使他亲自在场也未必听从命令，何况在他背后，更不会像讲理的人那样跟着回来，便下令说，如果他动武，不肯听从，就杀死他。果然，在叫他回来时，他就开始反抗，并且动手自卫，还呼吁那些追随他的人为他效力。他不住地喊着说：他是个自由的人，而且是个自由的国家里的人。追去的那些人按照命令，包围并且杀死了他。爱杜依的所有骑兵却都回到了凯撒这边。

八、这些事情处理后，他留拉频努斯带三个军团和二千骑兵在大陆上守卫港口、筹措谷物、并且掌握高卢发生的情况，及时地就地采取对策。他自己带了五个军团和一支跟留在大陆上的数目相同的骑兵，于日落时起航。虽然有平稳的西南风送了一程，但风在午夜时分即停息下来，无法再继续保持航向，只能听凭潮水把船向前推进，结果走过了头，天明时才发现不列颠岛已经落在自己船舷左侧很远的地方。于是，随着潮水的重新转向，再度鼓桨前进，航

行到去年发现的那个岛上最好的登陆地点。在这件事上,士兵们的英勇是极堪赞扬的,由于他们不辞辛劳地片刻不停地划桨,使重载船和运输舰的速度简直跟战舰一样。所有舰只都在正午时到达不列颠,但敌人却一个都不见。凯撒后来才从俘虏口中得悉,虽然敌人在那边集中了大批军队,但看到我军来了这么多舰只——连去年原有的以及私人为了自己方便而造的在内,总数在八百只以上——吓得撤离海岸,躲到较高的地方去了。

九、凯撒卸下军队,选定一个方便的扎营地点。当他从俘虏口中得知敌军驻在什么地方时,便在海边留下十个营的步兵和三百骑兵守卫舰只,于第三更时急忙向敌人赶去。因为那些舰只都是抛锚在一片松软而又开旷的海岸边,所以他很放心,派奎因都斯·阿德里乌斯统率这些守卫舰只的部队。他有己连夜赶了大约十二罗里路,赶到看得见敌军的所在。敌人把自己的战车和骑兵从高地上赶到一条河边来阻截我军,挑起战斗。当他们被我军骑兵击退时,又躲入树林中去。原来他们选好的藏身之处,是一处由天然地势和人工建造得极好的要塞,看来大概是因为自己人中间内战,老早就准备好的,所有入口一律用大批砍倒的树木封闭着。他们自己以少量兵力不时冲出树林来侵扰、阻止我军进入他们的防御工事。第七军团的士兵结成盾龟,在他们的工事之外,积土筑起一道围墙,攻下了这个地方,把他们都逐出树林,自己只伤了很少人。凯撒禁止他的部下追击逃敌时追得太远,一则因为他们地势不熟悉,再则因为那天的大部分时间已经过去,他希望留下时间来为营寨构筑防御工事。

一〇、次日清晨,他把步兵和骑兵分成三路,出发作一次突

击，去追赶那些奔逃的人。当这些人走了很长的路，已经可以看到敌人的后部时，奎因都斯·阿德里乌斯派来的一些骑兵赶到凯撒身边，报告说：昨晚发生了大风暴，差不多把所有的舰只统统撞坏，冲上岸来，因为无论锚还是绳索都经不住风暴的力量，水手和舵工也无计可施，因此舰只的碰撞带来了极大的损失。

一一、知道了这事，凯撒下令召回军团和骑兵，停止向前进，避免作战。他自己回到了舰队的所在。他在那边亲眼看到了从使者和信件中得知的情况。除了四十艘舰只全毁外，其余的看来即使可以修理，也须花费极大的劳动。因此，他把工匠们从各军团中抽调出来，还命令再到大陆上去召来一些。又写信给拉频努斯，叫他督率留在他那边的军团，多多益善地建造船只。他认为如果所有的船只都能拖上岸来，用一道防御工事把它们跟营寨围在一起，虽然极困难、极辛苦，但却是极有利的事。在这件事上化掉了十天时间，军士们的劳动就是夜间也不停息。舰只被拖到岸上来，营寨极周密地筑起了工事，仍旧布置前次守卫舰队的那一支军队留下之后，他又出发到赶回来的地方去。他回到那里时，发现不列颠人已经有一支比上次更大的军队，从四面八方赶来集中。领导和指挥战争的最高大权，他们公议交给了卡西维隆努斯。这个人的国土被一条叫泰每昔斯的河流跟沿海国家隔开，距海约八十罗里。在早先的时候，他和其余国家之间进行着连续不息的战争，但我军的到来，颇使不列颠人惊惶，便把指挥整个战事的职责交给了他。

一二、住在不列颠内地的人，据他们自己历代传说，是岛上土生土长的，住在沿海地区的人，则是为了劫掠和战争，早先从比尔及迁移过去的，通常就用他们原来出生的那个国家的名字称呼他

们，打完仗之后，他们就在这里居住下来，并且开始耕种田地。居民很多，简直难于计数，他们的房舍建得很密集，大部分跟高卢的相像。牲畜的数量也极多。他们使用铜和金的货币或者以称好一定重量的铁牌，作为货币。锡生产在那边的中部地区；铁生产在沿海，但它的数量很少。他们使用的铜是输入的。那边也跟高卢一样，有各种树木，只缺山毛榉和松树。他们认为兔、公鸡和鹅不可食用，只饲养了作观赏或娱乐之用。气候比高卢较为温和，不冷得那样刺骨。

一三、这岛的形状呈三角形。它的一条边面对高卢。这条边的一只角叫做肯几姆，凡从高卢出发的船只差不多都航行到这里，是面向东方的；另外较为下方的一只角，朝着南方。这条边大约伸长达五百罗里。另一条边面向着西班牙，即西方[①]。这一条边外面有一个伊比尔尼亚岛[②]，其大小据估计约为不列颠岛的一半，但从该岛航行到不列颠的航程却和不列颠到高卢差不多。在航行途中有个岛，叫做蒙那。据说附近还有几个较小的岛屿。关于这些岛屿，有人记载说，冬至节时，接连有三十天是黑夜。但当我们查询此事时，却问不出什么，经过精确的滴漏校核[③]，我们发现那边的夜间反较陆地上短了一些。按照土人的说法，这一边的长度是七百罗里。第三边面向北方，没有什么陆地面对着它，但这边有一

① 西班牙在不列颠之南，凯撒限于当时的地理知识水平，误以为在它的西面。——译者

② 即爱尔兰岛。——译者

③ 滴漏(clepsydra)——古代希腊罗马用的计时器，为一铜制水槽，下有滴水管，能在一定的时间内漏出一定数量的水，军队中值岗和法庭上的辩护人发言，都用它计量时间。——译者

只角却差不多正对着日耳曼人。这一边的长度据说为八百罗里。因而这个岛的全部周长约达两千罗里。

一四、全不列颠中，最开化的居民是住在肯几姆地区的，这是一片完全滨海的地区。他们的习俗与高卢人没有多大差别。至于住在内陆地带的人，则大多数都不种田，只靠乳和肉生活，用毛皮当做衣服。所有不列颠人都用菘兰染身，使人看来带有天蓝颜色，因此在战斗中显得更为可怖。他们还蓄着长发，全身除了头部和上唇之外，到处都剃光。妻子们是由每一群十个或十二个男人共有的，特别是在兄弟们之间和父子们之间共有最为普通，如果这些妻子们中间有孩子出生，则被认为是当她在处女时第一个接近她的人的孩子。

一五、敌人的骑兵和战车跟进行中的我军骑兵展开激烈的战斗，但我军却到处占优势，将他们逐进树林和山丘，只是我军追赶得太热心了些，虽杀死了许多敌人，自己也损失了一些人。休息了一会儿，我们正忙于给营寨构筑工事，防备稍为松懈了一些，敌人突然又从树林中冲出来，向布置在营寨前值岗的那些人攻击，激烈搏斗起来。虽然凯撒派出两个营——都是两个军团的第一营——去支援他们，但由于那两支部队中间留有很小一段空隙，敌人便趁我军因这种新的战术而惊讶时，极勇敢地突破中间，安然撤出战场。这天，有一位军团指挥官奎因都斯·拉倍留斯·杜鲁斯被杀。当又有几个营派上去时，敌人被逐了回去。

一六、战斗是在营寨前当着大家的面进行的，很显然，在所有这些战斗中，我们的步兵由于披着沉重的盔甲，敌人撤退时既不能追赶，也不敢轻易离开连队标志，因此对用这种方法作战的敌人，实在难于应付。同样很显然的是,我军骑兵作战起来也冒着很大的危险,因为敌人常常故意退下去,当把我军骑兵引得离开军团步兵稍为远一些时,就跳下战车步战,向处于不利地位的我军攻击。他们的骑兵战术使我军无论撤退还是进追,都陷于同样的危险。加以敌人从来不用密集的阵形作战,只分成许多小股部队战斗,彼此间隔着大段距离,另外又派出一些分遣部队安置在一定的场所,以便各部分之间彼此掩护。作战疲乏了的,有精力充沛的生力军替换。

一七、次日,敌人停驻在离开营寨一段距离之外的一座小山上,分成许多小股出现,向我军骑兵进行攻击,只来势不及前一天那样猛。但在正午,当凯撒派三个军团和所有骑兵由副将该犹斯·德来朋纽斯率领着去搜索粮秣时,敌人突然从四面八方向这支征粮部队猛扑过来,甚至在军团展开战斗时也不停止。我军奋勇攻击,把他们驱了回去,同时不停地追赶他们,骑兵们倚仗有军团在背后支援,也大胆直追过去,逼得他们既不能集合、也无法停步、甚至连从战车上跳下来的机会都没有,直到杀掉他们一大批才止。经过这番挫败之后,他们四处集合起来的援军马上各自散去,此后一直不再以他们的全部兵力跟我军作战。

一八、凯撒知道了他们的打算,便领着他的军队进入卡西维隆努斯的疆域,直抵泰每西斯河。这条河只有一个地方可以涉水渡过去,而且很困难。当他到那边时,他看到对面河岸上已经布列着敌人的庞大军队,河岸上并且有一排向外伸出的尖锐木桩防护着,河底也钉着同样的木桩,隐藏在水面之下。凯撒从俘虏和逃亡者口中得知这些细节,便派骑兵一马当先泅渡前进,军团紧跟在后

面。但部队进行得如此之迅速，声势如此之猛，虽然他们只有头部露在水面上，敌人就已经受不住军团和骑兵的攻势，只能放弃河岸，转身逃走。

一九、当卡西维隆努斯像前面所说的放弃全部作战希望时，把他的大部分军队遣散，只留下大约四千辆战车来监视我军前进。他自己则撤到离开大路不远的地方，躲进一处难于通行的丛林里面，一知道我军要到什么地方去，就把那地方的全部牲畜和人都从田里赶入森林。而且，每逢我军骑兵赶出去抢掠和破坏，在原野里稍许奔驰得自由一些的时候，他就派出战车，从他们所熟悉的每一条大大小小的路上冲出来，使我军的骑兵和他们作战带有很大的危险性，他便用这种方法阻止我们到更远的地方去掳掠。留给凯撒的唯一办法只有不让任何部队离开军团的大队过远，只在能力和距离所能及的范围之内，尽量蹂躏田地和纵火，给敌人造成损害。

二〇、同时，大约是那边最强大的国家德里诺旁得斯，派代表来见凯撒，答应向他投降，并愿执行他的命令。年轻的门杜布拉久斯就是从这个国家跑到大陆上去，乞求凯撒的保护的，他的父亲英尼昂努维几久斯曾经握有过这个国家的王权，被卡西维隆努斯杀死，他自己逃出了性命。这时，德里诺旁得斯人要求凯撒保护门杜布拉久斯，以免遭卡西维隆努斯的毒手，他们还要求凯撒把门社布拉久斯送回国内去领导他们，执掌大权。凯撒向他们索取了四十名人质和给军队用的粮食，并把门杜布拉久斯遣送回国。他们很快就执行了他的命令，按照要求的数目交了人质和粮食。

二一、当德里诺旁得斯得到凯撒的保护，并且不再遭到所有军队的破坏之后，钦尼马依人、塞恭几亚契人、安卡利得斯人、别布洛契人以及卡西人，都派代表来向凯撒投降。凯撒从这些人中得知卡西维隆弩斯的要塞就离开那边不远，由树林和沼泽掩护着，并且有数量颇大的人和牲口集中在那边——不列颠人把用壁垒和壕堑防护着的枝叶繁密、难于通行的森林地区称为要塞、通常集中在那边躲避敌人的掳掠。凯撒这时就带着军团向那地方出发。他发现这地方由天然的地势和人工设防绝妙地防卫着。虽然如此，他仍旧奋勇地从两面对它发动了进攻。敌人略为抵抗了一会儿，但却经不住我军的攻击，只得从这个要塞的另一面逃了出去。在那里发现了大批牲口，并且有许多敌人在奔逃中被俘和被杀死。

二二、当这些事情在那边发生时，卡西维隆弩斯派使者到肯几姆去，正如我们上面所述，这是一个滨海的地区，由钦杰多列克斯、卡尔维留斯、塔克辛马古勒斯和塞哥瓦克斯等四个国王统治着。卡西维隆弩斯派去的使者命他们集中所有兵力作一次突袭，攻取我军的海军大营。但当他们赶到大营时，我军冲出来迎击，杀死他们很多人，甚至还活捉到他们的一个显贵的领袖鲁哥托列克斯，我军一人未伤，全军而返。卡西维隆弩斯得到这次战斗的消息，再加他已遭到巨大的损失，领土也被蹂躏殆遍，尤其使他担心的是各属邦将起来背叛他，他不得不派使者通过阿德来巴得斯人的康缪斯来向凯撒求和。凯撒鉴于高卢突然发生的叛乱，决定回大陆去过冬，而且他知道夏天留下的时间已不多，很容易漫无目的地虚度这段时间，因此他向他们索取人质，规定了不列颠每年须向罗马人交纳的贡赋，同时还直接命令卡西维隆弩斯不准伤害门杜布拉久斯和德里诺旁得斯人。

二三、一接到人质，他便率领军队回到海边，发现船只已经修好。在它们下水后，他因为有了大批俘虏，并且被风暴损坏了一些船，决定把大军分作两次运送回去。说来凑巧，在那么多船只，那么多航次中，无论今年还是去年，只要是装载了军队的，就没有一只中途失事的，但在这些船只中，凡是从大陆派回到他那边去的空船，无论是已经把第一次运送的军队卸掉后再返回的，还是拉频努斯监督着新造的那六十艘，却只有极少数能到达目的地，余下的差不多全被风吹了回去。凯撒在白白地等了一段时间之后，因为冬至已将到临，深恐航行受到时令阻碍，不得不把军队更加压缩一番之后，趁一个极风平浪静的大晴天。在第二更之初，起锚出航，天明时抵达陆地，全部船只安然驶进港口。

二四、这些船只拖上海滩后，在萨马洛布里瓦召开了一个全高卢的会议。这一年因为高卢旱灾，谷物收成较差，凯撒在把军队安顿到冬令营去时，不得不采取和上几年不同的方式，把军团分散到更多的邦里去。他把这些军团之一交给副将该犹斯·费庇乌斯带到莫里尼人境内去；另一个交给奎因都斯·西塞罗带到纳尔维人境内去；第三个交给卢契乌斯·洛司久斯带到厄苏比人境内去；第四个跟季度斯·拉频努斯一起，到德来维里人境内的雷米人中间去过冬。又有三个军团他安顿到比尔及人中间，命令财务官[①]马古斯·克拉苏斯和副将卢契乌斯·孟奈苏斯·布朗克斯、该犹

① 财务官(quaestor)——罗马的一种常设职官，由公民大会选举产生，苏拉时代有二十名，除留在首都工作的以外，每个行省长官赴任、每个统帅出征，都有一人随行。凯撒在高卢时，先后担任过他的财务官的有马古斯·安东尼和马古斯·克拉苏斯，他们除了处理军队中的一般财务工作外，有时还带一个或几个军团独立作战，有时统帅外出又代理主持整个军务，成为事实上的副帅。——译者

斯·德来朋纽斯统率。另一个军团，即最近从柏度斯河以北征集的那个，外加五个营，他派到在安皮奥列克斯和卡都瓦尔克斯统治下的厄勃隆尼斯人中去，这个邦的大部分地区处在莫塞河与莱茵河之间。他命令副将奎因都斯·季度留斯和卢契乌斯·奥龙古来犹斯·考达统率这支部队。他认为军队这样分配后，无论谷物供应如何紧张，都能很容易地补救，而且所有这些冬令营，除交给卢契乌斯·洛司久斯的那支部队是带到最平静无事的地区去的之外，其他都处在一个一百罗里的圈子之内。[①] 他还决定自己留在高卢，等接到所有各军团都已到达驻地、营寨也已筑好工事的报告之后才离开。

二五、卡尔努德斯邦中有一个家世极为显赫的塔司及久斯，他的祖上曾掌握过这个邦的王权，凯撒考虑到他的品德和他对自己的善意——因为他在历次战争中都很仰仗他的才能——便给他恢复了祖上的王位。他统治到第三年时，他的敌人们竟在国内许多人的公开赞同之下，将他杀死。这件事报告给了凯撒。因为它牵涉的人很多，他深恐这个邦受这些人煽动会叛乱起来，便命令卢契乌斯·布朗克斯带着一个军团，急忙从比尔及赶到卡尔努德斯，就在那边过冬，并且把他所了解到的那些主使杀害塔司及久斯的人捉拿送来。这时，他已接到所有交给他们军团的副将们和财务官的报告，说他们已经到达冬令营，而且都已筑起了防御工事。

二六、在他们进入冬令营后约十五日，突然从安皮奥列克斯和

① 凯撒这里的记述显有错误，单从厄勃隆尼斯到比尔及就有 180 罗里左右。——译者

卡都瓦尔克斯那边开始了骚动和叛乱。虽说他们曾经在他们王国的边界上接待了萨宾努斯和考达，还把谷物送到营地来过，但他们却受了德来维里人英度鞠马勒斯送来的消息的引诱，把自己的人民煽动起来。在突然掩袭了我军的一支伐木部队之后，又以大批人马来进攻我军营寨。我军迅速拿起武器，登上壁垒，并从一面派出去一支西班牙骑兵，在这一场骑兵交锋中占了上风。敌人看到胜利已经无望，就把他们的人员撤出战斗，接着便按照自己的习俗，大声喊话，叫我军随便去一个什么人，进行谈判，据称他有一些有关双方利害的事情要谈，相信这样做可以缓和彼此间的争端。

二七、奎因都斯·季度留斯的一个朋友、罗马骑士该犹斯·阿品纽斯和一个曾奉凯撒的使命到安皮奥列克斯那边去过的西班牙人奎因都斯·容尼乌斯，被派到他们那边去，从事谈判。安皮奥列克斯在他们面前这样说：他承认，由于凯撒对他的一番厚爱，使他沾到很多光。全亏凯撒，他才得免除惯常付给邻国阿杜亚都契的贡赋。也是由于凯撒，才能够把他送到阿杜亚都契人那边做人质、在那边受奴役和拘禁的一个儿子和一个侄子交还给他。他宣称，他之所以进攻营寨，既不是他自己决定的，也不是他所希望的，而是出于国人的压力。他所握有的权力，是这样的一种权力，即群众在他身上的权力和他在群众身上所有的权力是相等的。他们的国家之所以发动战争，纯然是因为他们无力抗拒全高卢突然采取的联合行动。只要看他的力量是多么微弱，就很容易证明他绝不会糊涂到妄以为光凭他一个人，就可以征服罗马人了。这是全高卢的共同决定，这一天被定作对凯撒的所有冬令营同时发起进攻的日子，免得这一个军团可以赶去支援另一个军团。高卢人要拒绝

高卢人是很难的，特别当他们认为自己参与的计划跟大家的自由有关的时候。但他既然已经履行过对国家的责任，现在要转过来对凯撒的恩惠略图报答了。他告诉季度留斯说：他要以宾主之谊来要求他，多为自己和士兵们的安全着想。已有大批日耳曼人受雇渡过莱茵河，两天之内就要到达。罗马人应当自己考虑，是不是趁邻近各邦还不知道，带着部队离开营寨，赶到西塞罗或拉频弩斯那边去——他们一处离此五十罗里，一处略许远一些——比较好一点。他答应可以让他们安全地穿过他的土地，而且可以设誓为信。他这样做了，一方面既对得起自己的国家，替它清除了罗马的冬令营，另一方面也报答了凯撒的恩惠。说完这些话后，安皮奥列克斯离开了。

二八、阿品纽斯和容尼乌斯把自己所听到的话报告了两位副将。他们听到这突如其来的消息很为吃惊，认为这番话虽然出自敌人口中，却也不能轻视，特别使他们焦急的是，要说像厄勃隆尼斯这样一个默默无闻、微不足道的国家，居然敢单凭自己就来进攻罗马人，确是令人难于置信的事。因此，这问题被提交给军事会议，他们中间又引起一场很激烈的争论。卢契乌斯·奥龙古来犹斯、几个军团指挥官和首列百夫长，认为行动不必太匆忙，如果没有凯撒的命令，绝不应该离开冬令营。他们还指出：即使日耳曼人来，不论他们有多少人，有筑了工事的营寨，总可以抵挡得住。他们已经英勇地抵御过敌人的第一次攻势，而且伤了他们许多人，便是一个证明。粮食对他们也没有多大压力，而援军却可能从就近的冬令营或者凯撒那边赶来。再说，还有什么事情比在紧要关头采纳敌人的劝告更冒失、更丢脸呢？

二九、季度留斯反对这个，宣称说：如果等到敌人纠集了更大的兵力、并加上日耳曼人之后，或者等到自己邻近的冬令营遭到了灾难之后，再采取行动，就未免太迟了。他说，他们已经只有很短的一段时间可以考虑问题。他相信凯撒已经到意大利去，否则卡尔努德斯人不会起杀害塔司及久斯的念头。要说凯撒还在，厄勃隆尼斯人也绝不会这样不把我们放在眼里，敢来进攻营寨。他所考虑的不是敌人的建议而是事实。莱茵河就在附近，日耳曼人正因为阿里奥维司都斯的死亡和我军前几次的胜利而感到十分悲愤，高卢人也因为在罗马人统治后受到的种种屈辱以及丧失了原先英勇善战的声名而怨恨不已。再说，谁能自己安慰自己说，安皮奥列克斯之所以采取这样一着，没有可靠的理由呢？他自己的主张是无论进退都很安全的，一方面，如果不发生十分险恶的事情，他们可以平安无事地赶到邻近的一个军团去；另一方面，如果高卢人已经和日耳曼人勾结起来，那么，唯一的安全出路就在于迅速行动。至于考达和那些不同意他的人的主张，会落到什么样的下场呢？即令它没有目前的危险，但在一番长期围困之后，饥饿就是一个很大的威胁。

三〇、双方作了这样的一番争论之后，考达和首列百夫长们激烈地反对萨宾努斯。萨宾努斯为了使士兵们都可以听见，用一种比平常更响亮的声音叫着说："算你有理，悉听尊便吧！我却不是像你们这种在死亡面前吓昏了头的人。士兵们会了解的，如果真的发生什么严重的事情，他们自会向你们算账。因为如果你们允许，后天他们就可以跟附近的一个冬令营联合起来，跟别人一起应付这次战争，不至于远远地离开别人孤立着，在刀剑之下或饥饿

之中丧生了。”

三一、散会后，大家拉住这两个人，要求他们不要因为自己的争吵和坚持己见，使形势变得更危险，只要他们大家想到一起，同心同德，无论是留下还是动身，什么都不难办，否则，在争吵中是找不到安全的出路的。一直争论到半夜，考达最后终于动摇并且屈服，萨宾努斯的意见占了上风，宣布军队天明时出发。这一夜余下的时间，大家全不曾合眼，每个士兵都检点自己的财物，看看哪些东西可以随身带走，冬令营的用具中，哪些不得不被迫丢下。他们想出各种各样理由来说明留在那边的危险，以及这些危险又将如何因为军士们的疲劳和长期守夜而日甚一日。天明时，他们开始走出营寨，队伍伸得老长，辎重带了一大批，他们的的确确像是已经被说服了相信替他们出谋献策的安皮奥列克斯不是敌人，而是最最亲密的朋友了。

三二、敌人从他们夜间的喧闹不眠上面，得知他们开拔的打算，就在约两罗里外的树林里有一处隐蔽得很好的地方，埋伏下两支军队，等候罗马人到来。当我军的大部分行列走到一个大峡谷时，他们突然从那峡谷的两侧出现，进逼我军的后队，阻挠我军的前队向山上前去，就在我军处在最不利的地位时跟我军战斗。

三三、季度留斯事前丝毫没有预料到这一点，惊慌失措起来，赶紧东奔西走地一营一营布置任务，就在做这些事情的时候，他也是心慌意乱的，好像已经完全智穷力竭了，这也正是一个人在形势逼来，被迫不得不拿出主意来的时候常有的情况。考达却事先就已料到进军途中可能发生这样的事情，正是因为这样，他才反对开拔的，因而也没有疏忽任何有关大家安全的措施。在号召和激励士卒方面，他尽了司令官的职责，在战斗方面，也尽了一个战士的责任。后来因队伍拉得太长，两位副将感到不易亲自掌握一切情况，也不能及时了解到每一个地方该做些什么事情，便下令往下传话，叫大家放弃行李，结成一个圆阵。在这种紧要关头，采取这一措施，自然不能说是错的，但却产生了不幸的后果。因为它使人感到，不是由于极度的恐怖和绝望，绝不会这样做，因而削弱了我军的斗志，又使敌人更加发奋作战。另外还产生了一个不可避免的恶果，即一群群兵士纷纷离开自己的队伍，赶到辎重车上去寻找他们认为最宝贵的东西，到处吵吵嚷嚷、哭哭啼啼。

三四、但蛮族却不乏智谋。他们的领袖向各行各列传下命令说：任何人不得离开队伍，战利品反正总是他们的，罗马人剩下来的任何东西都会替他们保留着，他们只要考虑到一切都有待自己的胜利就行。在勇敢方面和斗志方面，双方不相上下。我军的士卒虽然被自己的领袖和命运所共弃，却仍把自己平安的希望寄托在勇敢上，每当一个营奋勇冲杀时，所到之处，总有大批敌人丧生。安皮奥列克斯注意到这点，传令叫他们的士兵不要逼得太近，只在远处投射矢石，罗马人向哪里冲击，就退让开，因为罗马人的装备轻便，训练有素，绝伤害不到他们，但当他们退回到自己的行列中去的时候，仍旧转过身来追他们。

三五、这命令被细心地执行着。任何一个营离开圆阵作冲击时，敌人就以极快的速度退走，同时，当那支队伍不可避免地暴露在外面时，它那袒露着的侧翼便受到一阵阵矢石的攻击。当他们设法退回到原来出发的地点去时，那些退下去的和那些站在离他们最近的地方的敌人，就赶上来包围他们。即令他们愿意坚持在

自己的位置上，他们也没有机会可以表现他们的英勇，人挤得那么紧，密密层层的敌人投来的矢矛，要躲也无法躲。尽管受到这许多不利条件的限制，还有许多人受了伤，他们仍然抵挡住了敌人攻击，虽说这天的大部分时间都在战斗中度过——他们从天亮一直战到第八刻时——他们却没有做任何一件丢脸的事。这时，一年前担任过首席百夫长、极有威信而又勇敢的季度斯·巴尔文久斯，两腿都被矛戳穿。同一列的奎因都斯·卢坎纽斯，也战斗得十分勇猛，不幸在他去救援自己的被围困的儿子时，遭到杀害。副将卢契乌斯·考达正在鼓励所有各个营和百夫长们时，被一块投石端端正正击中面部。

三六、被这些情况吓慌了的奎因都斯·季度留斯，一看到安皮奥列克斯在远处鼓励他的部下，便派他的译员克耐犹斯·庞培去要求他饶了他自己和他的兵士。安皮奥列克斯对这番请求回答说：如果季度留斯愿意和他谈话，只管前去，他希望能够说服他的军队，保全罗马兵士们的性命，至于季度留斯本人，则绝不至于受到伤害，这件事他可以担保。季度留斯便和受了伤的考达商量，是否可以退出战斗，一同去和安皮奥列克斯谈判。他说：他希望能够说服安皮奥列克斯，使自己和兵士们获得安全。考达不愿跑到正在交战的敌人面前去，坚决反对。

三七、萨宾弩斯命令在他身边的那些军团指挥官和首列百夫长都跟随着他，当他走到离安皮奥列克斯不远处时，有命令叫他们抛掉武器，他听从了这命令，还叫自己这边的人都照这样做。当他们两人在一起讨论时，安皮奥列克斯故意作了一番并不需要那么长的讲话，季度留斯却逐渐被包围起来，随即遇害。于是，他们按照高卢人的习惯，齐声喊胜了，在一阵阵大声呼啸之下，向我军冲击，使我军的行列陷入混乱。卢契乌斯·考达在战斗中和大部分士兵一起被杀，其余的仍旧退回到出发来的营寨里去。他们中有一个掮鹰志的旗手卢契乌斯·彼特洛希第乌斯，受到大批敌人的沉重压迫，便把自己的鹰帜投入壁垒，在营寨前跟敌人奋勇搏斗，终于遇害。其余的人艰苦抵抗，一直到天黑。在夜间，感到逃生已经无望，他们互相假手对方杀死自己，只极少数人从战斗中脱身逃出来，在丛林中极阴暗难认的小路上摸索了一番后，才逃到拉频努斯的冬令营，报告了这些情形。

三八、这场胜利鼓舞了安皮奥列克斯，他立刻带着骑兵，出发到与他自己的王国相邻的阿杜亚都契人中去。他日夜不停地赶路，命令步兵在后面跟上。在向阿杜亚都契人报告了这消息、并煽起了他们之后，他又在第二天进入纳尔维人的领域，鼓励他们莫错过争取永久自由、报复迫害他们的罗马人的机会。他说他已经杀死两个副将，并且消灭了一支军队的绝大部分，如果再突然掩袭由西塞罗所率领着正在息冬的这个军团，一举将其歼灭，绝非难事。他答应在做这件事时，自己可以给予帮助。他很容易地用这番话鼓动了纳尔维人。

三九、因而，纳尔维人的使者马上被派到受他们管辖的秋得隆内斯人、格鲁地人、勒凡契人、普留穆克西人和该伊杜姆尼人那边去，尽量地征集起大批兵力，突然扑向西塞罗的冬令营。那时西塞罗还没有接到有关季度留斯死难的消息，因而在他这里也不可避免地发生了同样的情况，一些兵士到树林中去采集筑构工事用的木材，突然遭到敌人骑兵阻截。当他们落在敌人的包围中时，厄勒

隆尼斯人、纳尔维人以及阿杜亚都契人和他们的同盟、属邦，同时开始以大队人马进攻这个军团。我军迅速抢起武器，登上壁垒。这天的抵抗真是困难万分，因为敌人把他们的全部希望都寄托在速战速决上面，认为只要赢得这一战，就将无往而不胜。

四〇、西塞罗马上派人送信到凯撒那边去，并答应重重酬赏送信的人，只要他们能把信送到。但所有的路都已被切断，派出去的人也都被截住。夜间，他们利用收集来准备修筑工事的木材，以难于置信的速度建造了二百二十座木塔，并且把所有工事上显然有缺陷的地方，统统作了补救工作。次日，敌人纠集了更加巨大的兵力来进攻营寨，填没壕堑。我军仍和前一天一样作了抵抗。以后的许多天里，所做的事情大致相仿，就是夜间也没片刻停手的时候，连生病的和受伤的也没机会给他们休息。所有对付次日进攻所需要的器械，都得在夜间作好准备，许多木桩的尖头都得熏过，城墙上战斗用的长枪得预备好，木塔得架设起来，堆堞和胸墙也得用树柴编搭起来。西塞罗本人虽然身体很衰弱，但即使夜里也不让自己有片刻休息的时间，直到最后，被成群赶来恳求他休息的士兵们逼着才住手。

四一、于是，纳尔维人中跟西塞罗有过一些交往、可以借口友谊接近他的那些领袖和头目说，希望能跟他谈判。当他们得到这样的机会时，他们也把安皮奥列克斯对季度留斯说的那番话，细说了一遍。他们说：全高卢都已经武装起来，日耳曼人也已经渡过莱茵河、凯撒和其他人的冬令营都在受着攻击。他们还报告了季度留斯死亡的消息，为使人相信起见，他们又把安皮奥列克斯指出来给他们看。他们说：如果你们指望那些自己都正在一筹莫展的人

来救你们，就大错了。虽说如此，我们对西塞罗和罗马人的情谊，是一切都可以通融的，但冬令营是例外，我们不愿意让这种制度长此存在下去，成为定例。有我们纳尔维人在，你们完全可以安然离开冬令营，高兴到哪里去就到哪里去，丝毫不用害怕。西塞罗对这番话只给一个回答：罗马人向来不接受武装着的敌人的任何条件。如果他们愿意放下武器，他们尽可利用他作为中介，派使者到凯撒那里去，由于凯撒的公正无私，他相信，他们所提的要求是可能实现的。

四二、这希望落空后，纳尔维人就用一道九罗尺高的城墙和十五罗尺宽的壕堑，围住冬令营。这些军事工程是过去几年中他们跟我军交往时学到的，同时他们还得到从我军捉去的一些俘虏的指教。但他们没有适于干这些工作的铁器，不得不用剑来刨草皮，用手和外套来搬运泥土。正因如此，我们可以从这里对敌人的数目之大作出一个约略的估计：他们竟在不到三个刻时的时间之内，完成了一道周长达三罗里的壕堑。随后几天，在前述的俘虏指导之下，他们又开始准备跟我军壁垒一样高的木塔、挠钩和盾车等。

四三、在围攻的第七天，刮起了极强烈的风。他们开始用射石器向我军按高卢式样造起的用草覆盖屋顶的茅舍投射烧得炽热的黏土球和燃烧着的矛。这些茅舍很快着了火，在大风中，火又散布到营寨的每一个角落里去。敌人好像胜利不但已经到手、而且已经牢牢掌握住了似的，一声大喊便开始把他们的木塔和盾车推动向前，用云梯攀登壁垒。但士兵们的斗志是如此昂扬，心神是如此之专注，虽然火焰到处熏灼他们，大量的矢矛在骚扰他们，而且知道自己的行李和一切财物都着了火，不仅没一个人离开壁垒退出

战斗，甚至连回头看一下的人都没有。人人都以最奋发的热情和勇气战斗着。对我军来说，这一天可以算是最最艰难的一天，其结果是，大批敌人受伤或死亡，比其他任何一天为多，特别由于他们都紧紧的挤在壁垒之下，最后面的人使得前面的人完全没有后退的余地。火势稍稍减少了一些的时候，有一个地方，有一架移动的木塔靠近了壁垒，第三营的百夫长们退出自己的位置，并叫他们的所有部下也都让开，用手势和语言招呼敌人，请他们只管进来，但他们中没有一个人敢前进。他们随即被四面投掷来的石块击退，木塔也被纵起火烧掉。

四四、这军团里有两个极勇敢的人，一个叫季度斯·普尔洛，另一个叫卢契乌斯·瓦伦纳斯，都是即将升到首列的百夫长。他们中间不断争论究竟谁该比另一个领先。为着争取这个位置，每年都极激烈地开展竞赛。当工事前的战斗进行得十分紧张时，这两个人中的普尔洛说："瓦伦纳斯，你还迟疑什么？难道你还要等什么更好的机会来表现你的勇气吗？今天就应该决定我们的争论了。"说完这话，他跨出壕堑，向敌人最密集的部分冲去。瓦伦纳斯怕人家说他胆怯，也不肯再停留在壁垒上，便也紧紧跟上来。在和敌人距离不远的地方，普尔洛把他的矛掷向敌人，一下就戳穿了向着他奔来的一个敌人。当这人受伤昏过去时，敌人用盾掩盖住他，一边把他们的矛四面向普尔洛投来，使他没有退身之地。他的盾被戳穿了，还有一支矛钉在他的腰带上，同时把他的剑鞘弄得斜到了另一边，他伸手拔剑时却左拔右拔抽不出来，正当他的手在摸索时，敌人围上了他。他的对手瓦伦纳斯赶向他那边，在他危险时给了他帮助。所有的敌人都认为普尔洛已被矛刺死，马上放开他，转过身来攻击瓦伦纳斯。瓦伦纳斯用剑跟他们短兵接战，杀掉一个人之后，其余的都被驱回去一段路，不料他正追得起劲时，一个跟斗跌进地上的洼坑里。这一下他又被敌人包围起来，普尔洛也赶来帮助了他。虽然两个人杀掉好几个敌人，却都一点也没受伤，在热烈的喝彩声中退回壕堑。在这番竞争和比赛中，命运之神好像先后轮流光顾了这两个对手，使一个成为另一个的助手和救星，以致要判别两个人中究竟哪一个比较勇敢些也不可能。

四五、防御工作一天比一天更繁重、更艰苦，特别由于大部分士兵受了伤，防卫工作便都落在少数人身上。派到凯撒那边去的使者和书信也更加频繁。使者中有一些人被捉住后，就当着我军的面残酷折磨至死。营中有个出身显贵的纳尔维人，名叫维尔几哥的，围攻一开始就逃到西塞罗这边来，表现了自己对西塞罗的非常忠诚。他用给予自由的诺言和极重的酬赏，说服一个奴隶，叫他送信到凯撒那边去。这个人把这封信缚在矛上带走，由于他是高卢人，在高卢人中奔走，没有引起怀疑，终于到达凯撒的所在。西塞罗和他那军团的危险处境，正是因这个人的报告才被得知的。

四六、凯撒大约在这天的第十一刻时接到信，立刻派使者到俾洛瓦契邦中去见财务官马古斯·克拉苏斯——他的冬令营离凯撒这里约二十五罗里——吩咐他的这个军团在半夜出发，迅速赶到自己这边来。克拉苏斯一接到信，立刻便起身赶来。另外一个使者派到副将该犹斯·费庇乌斯那边，嘱咐他带着军团进入阿德来巴得斯人的地区，凯撒预料自己在行军途中要经过那边。他又写信通知拉频弩斯，如果他那边形势许可的话，希望他带着军团进抵纳尔维人边境。至于其余的军团，距离太远了些，他认为不必等候

他们，只从最近的几个冬令营中集中了大约四百名骑兵。

四七、大约在第三刻时，前锋报告他说：克拉苏斯已经来到。这一天，他前进了二十罗里。他命令克拉苏斯留守萨马洛布里瓦城，交给他一个军团，因为他想把军队的辎重、各邦的人质、各项公文以及他带到那边去准备过冬的全部粮食，都存放在那边。费庇乌斯和他的军团，也按照他的命令，没耽搁多久就在他的前进途中遇上。拉频努斯已听到萨宾努斯遇害和军队覆没的消息，但由于德来维里人正以全部兵力赶来攻击他，深恐自己一离开冬令营，就像是在逃走，会挡不住敌人的一阵猛攻，特别他知道他们正因为刚刚获得的胜利而在气焰嚣张的时候。因此，他送一封信回来给凯撒，说明如果他带着军队离开营寨将是多大危险的事，还大略报道了一下厄勃隆尼斯人境中发生的事情，并告诉凯撒，所有德来维里的骑兵和步兵都已驻扎在离开他自己营寨只有三罗里路的地方。

四八、虽然凯撒赞同他的主张，但他本来是想凑起三个军团的，这一下减为两个，不免失望，不过他仍然把大家的安全寄托在行动迅速上面，因而以急行军的速度，进入纳尔维人境内。他在那边从俘虏口中得知西塞罗处发生的情况，以及危急到什么样的程度。于是，他以极大的酬报说服了一个高卢骑兵，送一封信去给西塞罗。送去的信是用希腊文写的，免得它被敌人截住后，得知我军的计划[①]。送信的人得到指示说：如果无法走近营寨，可以把信缚

① 言下之意，似乎高卢人不懂希腊文，即令书信被截去，也不会泄露自己的计划。但在本书卷一 25 节中曾说到在厄尔维几人营中发现用希腊文写的统计数字，后面卷六 14 节，又说高卢人无论公私文件都用希腊文书写，似乎有矛盾。也许上面两节指的是高卢人用希腊字母书写的自己的语言，这一节所说是真正的希腊文。——译者

在一支矛的皮带上，投入营寨的壁垒。他在信中写道，他已带着军团出发，很快就可以到达他那里，并且鼓励西塞罗保持向来的勇敢。那高卢人害怕危险，就按照得到的指示，把那矛掷进营去。说也凑巧，它恰恰掷中，并钉在一座木塔上，一连两天没被发现，第三天才被一个士兵看到，取下来交给西塞罗。他从头到尾一口气读完，然后又在一个军队的集会上朗读给大家听，它给大家带来了极大的喜悦。远处的烟头，很快就被看到，它驱走了军团会不会来的一切疑虑。

四九、高卢人也由他们的侦察部队报告了这事，便放弃围攻，以全军来迎击凯撒。他们大约有六万人。西塞罗一有机会，又向上述的那个维尔几哥再要一个高卢人，送一封信去给凯撒。他警告那人要十分谨慎小心。他在信中写着说：敌人已离开他那边，全部大军都转身来迎击凯撒了。这信大约在半夜到达。凯撒因此告知了他的部队，并且激励他们的斗志。次日天明，他移营前进，赶了大约四罗里路，望到大队敌军正在一个巨大的山谷和一道小河对面。他认为以他这样微弱的兵力在这种不利的地形和敌人作战，是件极危险的事情，同时他还知道，反正西塞罗那边已经解围，大可以从从容容，放慢速度，因而就在那边停了下来，并在尽可能找到的有利地形，给营寨筑起工事。他勉强只有七千人，而且没有行李，营寨本来就已经很狭小，他再用缩小营里过道的办法，把它压缩到最小限度，以此来引起敌人的极度轻视。同时他还向四面八方派出侦察人员，去找寻一条通过那条峡谷的近便的路。

五〇、那天，骑兵在河边发生了小接触，双方的大军仍留驻在原地。高卢人为的是要等候还没能赶来参加他们的大股军队，凯

撒则试图以假装胆怯，把敌人引到自己这一边来，好在峡谷这一面的营寨前方作战。即使这一点做不到，他想在探出一条路来之后，也许可以在比较安全的情况下穿过那个峡谷和小河。天明时，敌人的骑兵赶到营寨前来跟我军骑兵作战。凯撒命令骑兵故意败退回营。同时，他又下令在营寨的四周都用较高的壁垒防护起来，营门也用障碍物堵住，在进行这些工作时，越混乱、越装得害怕的样子越好。

五一、受了这些情况的诱惑，敌人真的把军队带过来了，在一个地形不利的地方列下阵来。当我军甚至连壁垒上的人也都撤下来时，他们又走得更近一些，从四面八方向壕堑里发射矢石。同时向四周派出传令员，命他们喊话说："如果任何人、不问高卢人还是罗马人，愿意投诚到他们那边去，在第三刻时以前，尽可以这样做，保无危险，过了这个时候，就不再给这种机会了。"他们对我军已经轻视到这样一种程度：因为我们营寨门口有了一列用草泥装模作样地堆起的短垣拦住，认为从这里冲进来不容易，他们中有些人便开始用手去拆那壁垒，其余有些人又动手填壕堑。于是，凯撒下令从各个门突然一起向外猛冲，并派出了骑兵，很快就使敌人飞奔逃走，没有一个人停下来抵抗。我军杀掉其中的一大批人，把全部武器都收来。

五二、因为路上有树林和沼泽，凯撒不敢追得过远，他还看到，在那边，连再给敌人造成极小一点损失的机会都没有了，便在当天带着他那完整无缺的军队，赶到西塞罗军中。他看到了敌人竖立的木塔、胸墙和其他防御工事，感到惊异。军团列队出来时，他发现没有负伤的兵士不到十分之一。从所有这些证据上，他可以判断出这场战斗是在怎样的危险之下、以什么样的勇敢进行的。西

塞罗和军团都当之无愧地得到了他的热烈赞扬。在西塞罗的证明之下，他还跟一些被认为勇敢出众的百夫长和军团指挥官作了个别谈话。有关萨宾努斯和考达的灾难，他也从俘虏口中得到了更加确切的报道。次日，他召集了一次集会，解说了发生的事故，安慰并鼓励了士兵。他劝告他们要沉着地接受因为一个副将的错误和鲁莽而招来的这些损失，由于不朽的神灵的恩惠以及他们自己的英勇，灾难已经给弥补过来，敌人既没能够欢乐得多久，他们自己也不会再长此悲痛下去。

五三、同时，凯撒胜利的消息被雷米人以快得难以想象的速度报告给了拉频努斯。虽然拉频努斯离开西塞罗的冬令营有六十罗里，凯撒也直到这一天的第九刻时以后才到西塞罗那边，但在半夜以前，雷米人就已经在拉频努斯营寨门前发出一阵阵呼噪声，用来表示得胜和向拉频努斯的祝贺。当同一消息传到德来维里人那边时，本来已经决定在次日进攻拉频努斯营寨的英度鞠马勒斯连夜逃走，把他所有的军队都撤回德来维里邦中。凯撒派费庇乌斯带着军团回到他的冬令营去，自己则决定带着三个军团分为三处，环绕着萨马洛布里瓦过冬。由于高卢发生了这么大的动乱，他决定自己整个冬天一直留在那边，跟军队一起过冬。因为萨宾努斯死难的消息在他们中传布出去时，差不多全高卢各邦都在筹划作战，使者们和代表们被派到每一个地方，探询别人在做些什么，战争将从什么地方开始，夜间还在偏僻的地方偷偷开会。差不多整个冬天，凯撒的心情没有一刻不是在焦虑中度过的，也没有一刻不接到有些关于高卢人聚会和骚动的消息。这些消息之中，有由他任命统率第十三军团的财务官卢契乌斯·洛司久斯的报告，说有一大

批从被称为阿莫列克诸邦来的高卢人，已经集合起来进攻他，并且在距他的营地不到八罗里的地方驻扎下来，但在接到凯撒胜利的消息后，却像溃逃似的退走了。

五四、凯撒把各个国家的领袖都召到自己跟前来，有的加以恐吓，说他已经知道了他们所干的勾当；有的他又加以鼓励；终于使高卢的大部分地区都保持忠顺。不过，在高卢人中特别强盛和威望很高的森农内斯人，却在公开策划着要杀害卡伐林纳斯——这是凯撒在他们中所立的国王，在凯撒初至高卢时，他的兄长马利塔司古斯在担任他们祖先所担任过的王位——卡伐林纳斯发现他们的计谋后逃走，他们一直追赶他甚至追到边界上，把他逐出王位和家乡，然后派使者来向凯撒解释。当凯撒吩咐叫他们的全部长老来见他时，他们却又不服从命令。这时居然有人敢出来首先发难，发动战争，在蛮族中起了非同小可的影响，对大家的情绪起了极大的变化，除了凯撒始终特别给与面子的爱杜依人和雷米人——前者是因为他们对罗马人的古老而且始终不渝的友谊，后者是因为他们新近在高卢战争中的贡献——之外，差不多没有一个国家，不引起我们的怀疑。我始终认为这种情况是不足为奇的，在其他许多理由之外，特别因为这些国家曾一度在作战勇敢方面压倒过其他国家，但现在这种好声誉却因为屈服于罗马人的统治而消失，未免令他们极度痛心。

五五、为此德来维里人和英度鞠马勒斯整个冬天一刻都没安静过，他们不断派使者到莱茵河对面去邀请那些国家，答应给他们钱，宣称我军的大部已被消灭，留下来的只是很小一部分。但仍旧没有一个日耳曼国家被说服渡过莱茵河来。这些国家说：他们已

经在阿里奥维司都斯之役和登克德里人迁徙时试过两次,不想再来碰运气。英度鞠马勒斯的希望落空之后,还是积极招聚军队,加以训练,并到邻国去收买马匹,以极大的酬报把全高卢的亡命之徒和罪犯都吸引到他这里来。依靠这种方法,他确实替自己在高卢树起很大的声势,使得四方八路都有代表赶到这里来,为他们的国家或自己本人乞求恩宠和友谊。

五六、他看到他们都是出于自愿来到他这里的——一方面,森农内斯人和卡尔弩德斯人是由于自觉有罪,内心不安;另一方面,纳尔维人和阿杜亚都契人自己也正要准备对罗马人作战;因而他认为,如果他一旦从自己的领域里出兵,绝不用担心没有别国的军队自愿前来参加。于是,他宣布召集一个武装会议,根据公认的法律,所有成年男子都应该赶去参加,去得最迟的人,就在全体与会者面前,加以种种折磨之后处死。在这会上,英度鞠马勒斯宣布钦杰多列克斯为敌人,没收了他的财产。钦杰多列克斯是他的女婿,并且是另一党的领袖,如前所说,他已投身乞求凯撒的保护,至今没叛离他。这些事情做完后,他在会上宣称:他受到森农内斯人、卡尔弩德斯人和另外几个高卢国家的邀请,考虑穿过雷米人的领域,到他们那边去,并且一路走,一路破坏雷米人的田地,但在这样做之前,先要攻下拉频弩斯的营寨。接着,他把自己要他们做的事情嘱咐他们。

五七、拉频弩斯守在一座天然地势和人工设防都极好的营寨里,完全不用害怕会有什么危险落到自己头上来,他却也不愿意让任何可以取胜的机会错过去。因此,从钦杰多列克斯和他的亲属处得知了英度鞠马勒斯在会上的讲话后,就派使者到邻近诸邦去,

到处征集骑兵，指定一天作为他们集合的日子。同时，英度鞠马勒斯差不多每天都带着骑兵巡游到他的营寨近旁来，有时是为了了解营寨的地势，有时则是企图来谈判或恐吓，通常这些骑兵还向壕堑内发射矢石。拉频努斯把他的士兵关在防御工事里面，同时还用一切方法给敌人加强印象，使他们以为自己在害怕。

五八、英度鞠马勒斯带着与日俱增的轻视心，继续到我军营寨前来。直到有一天夜里，拉频努斯把他从所有邻近各邦设法调来的骑兵都接了进来，同时还设置了守卫，他极细心地把全部士兵都关闭在营寨里面，绝不让这件事情泄露出去，或者被报告给德来维里人。次日，英度鞠马勒斯却仍旧照每天的习惯到我军的营寨前来，把一天中的大部分时间花费在这里。他的士兵发射矢矛，并且用极傲慢的语言叫我军出去作战。到傍晚时刻，由于听不到我军一句答话，他们认为已经闹够了，便三三两两零散着退走。拉频努斯派他的全部骑兵突然从两个门冲出去，他给士兵们这样的指示和禁令：当敌人受惊，四散逃走时（他预先就料到将会发生这样的事，而且正如他所料），他们应当一起奔向英度鞠马勒斯，在没看到他被杀以前，任何人不准先忙着杀伤别人。因为拉频努斯不愿意让他在大家忙着追赶别人时，乘机逃脱，所以给能够杀死他的人设下了重重的赏格，还派出几个营去支援骑兵。事实证实了他的计划，因为所有的兵力都集中去追逐一个人，他们终于在渡河的地方捉住英度鞠马勒斯，并杀死了他，把他的头带回营来。在他们回营途中，骑兵们放手追逐，杀死尽可能追到的全部敌人。得知这个消息后，厄勃隆尼斯人和纳尔维人已集中了的全部军队都退走了。这件事情以后，凯撒感到高卢安静了不少。

卷　六

一、根据许多理由，凯撒预料高卢将发生一场更加严重的动乱，决定由他的副将马古斯·悉朗纳斯、该犹斯·安几司久斯·雷琴纳斯和季度斯·塞克司久斯着手征兵。同时，凯撒还向当时以代行执政官的头衔留在首都附近的克耐犹斯·庞培提出要求，既然他为了国家的利益继续掌握着军事大权，希望他能够命令在他任执政官时在山内高卢征召入伍的士兵[①]，报到编队后开到凯撒这边来。凯撒认为有必要今后在高卢人心目中造成一种印象，使他们觉得意大利的力量极为强大，即使在战争中遭到一些损失，不但能在短期内很快补上，而且还有更大的兵力来加以扩充。当庞培为了国家的利益和友谊答应了时，凯撒也很快由他的副将们完成了征兵工作，在冬天过去之前，组成三个军团，带来他这边，跟季度留斯一起损失的那几个营，现已加倍补足，在速度

① 公元前55年，庞培任执政官时，元老院通过一道决议，命令他在退任后，以代行执政官头衔，出任西班牙的行省长官，并授权他可以在国家的任何地方征集军队。庞培当时就在内高卢征集了一个军团。公元前54年，他本应赴西班牙就任，但他为了要进一步控制罗马，不愿离开意大利，就违反了一向的惯例，派自己的两个副将到西班牙去担任代理人。一面嗾使自己的同党在人民会议上建议授权自己一项监督罗马粮食供应的特别任务，使自己继续留在意大利合法化。但依照罗马的法律，持有兵权的人是不可以进入罗马城的，因此他只能逗留在罗马城附近。凯撒此时和他还没完全破裂，所以向他借用去年在内高卢下令征集、但还没报到编组的这个军团。——译者

上，力量上显示了罗马人无论从制度来说还是从资源来说，是何等不可轻侮。

二、如我们所说，英度鞠马勒斯已经被杀，领导权由德来维里人转授给了他的亲属，他们仍旧不停地煽惑邻居的日耳曼人，答应给他们钱。在邻近的人勾引不动时，又到更远的人身上去打主意。当他们寻到一些甘愿效力的国家时，他们彼此之间订下了共同遵守的盟誓，并且交换了人质，作为今后付钱的保证。他们还用结盟和缔约的办法，把安皮奥列克斯也吸引到他们的这一边来。凯撒得知了这些事情，还看到各处都在准备作战：纳尔维人、阿杜亚都契人、门奈比人，正跟莱茵河这边的所有日耳曼人联合着进行武装；森农内斯人也没听从命令到他这边来，却在跟卡尔弩德斯人和邻近的国家阴谋勾结；日耳曼人也在受德来维里人不断派去的使者诱惑。他认为自己应当比往常更早一些开始作战。

三、因此，在冬季还没结束以前，他集中了最近的四个军团出乎意料地迅速进入纳尔维人境内，在他们还没来得及集中或逃走以前，俘获了大批牲畜和人口，把这些战利品分给了士兵，又蹂躏了他们的田地，逼得他们不得不前来向他投降，交纳人质。这些事情很快办妥后，他带着他的军队仍回进冬令营。春初，按照他的惯例，宣布召集一次全高卢大会。除森农内斯人、卡尔弩德斯人和德来维里人以外，其他各族的使者都到齐了，他肯定他们的缺席就是武装叛乱的开始，为了让大家相信他把除战争以外的其他一切事情都放在次要地位起见，会议移到巴里西人的一个市镇卢德几亚去开。这些巴里西人是森农内斯人的近邻，祖上曾经跟他们合成一个国家，但一般都认为他们没有参加目前的这些阴谋。这个决

定在坛上宣布后[①]，当天他便带军团出发去讨伐森农内斯人，以急行军到达他们那边。

四、得知他到达后，发起这个阴谋的阿克果命令他们的人都集中到自己的城堡里去。但这事刚只着手，还没有完成时，就接到罗马人已经到来的消息。他们出于无奈，放弃了自己的计划，派使者来向凯撒恳求宽恕，由爱杜依人从中代为求情——因为他们的国家从古以来就是爱杜依人的保护国。凯撒看在爱杜依人面上，欣然宽恕了他们，接受了他们申述的理由，因为他认为夏天是解决目前战事的季节，而不是追查情由的季节。他向他们索取一百名人质，并把这些人质交给爱杜依人监守。卡尔弩德斯人也派使者和人质到他营里来，通过雷米人——他们是卡尔弩德斯人的保护者——向他恳请，也得到了同样的答复。凯撒结束了会议，向这些国家征集骑兵。

五、于是，高卢的这一带地区便被平定下来，凯撒自己也可以专心对德来维里人和安皮奥列克斯作战了。他命令卡伐林纳斯带着森农内斯人的骑兵跟他一起出动，以免他们的国家因为这个人的急躁性情或者他在那边引起的仇恨而发生骚乱。这些事情安排好以后，因为他相信安皮奥列克斯绝不会出来决一胜负，便进一步猜测他还有什么别的出路。在全部高卢人中，只有邻接厄勃隆尼斯人的门奈比人，因为有连绵不断的沼泽和森林作掩护，始终没派使者到凯撒这里来求和。凯撒知道安皮奥列克斯和他们之间有交

① 坛(suggestus)——罗马军营中广场上以石砌成或土堆成的高台，主帅对士兵们作报告时即站在上面。——译者

情，同时也发现他还通过德来维里人，和日耳曼人结上了友谊。他认为在跟安皮奥列克斯作战以前，先得把他的这些支援除去，否则他会在走投无路时，躲到门奈比人中去，或者被迫跟莱茵河那边的部落勾结起来。一经决定采取这个步骤，他就把全军的辎重都送到德来维里境内的拉频努斯那边，又命令两个军团也出发到他那边去。凯撒自己带着五个军团，轻装奔向门奈比人那边。他们没有召集军队，只倚恃自己的地形，一起逃向森林和沼泽，把自己的财物也都搬了进去。

六、凯撒把他的军队分给了副将该犹斯·费庇乌斯和财务官马古斯·克拉苏斯，在很快筑好一些桥梁以后，三路前进，焚烧他们的房舍和村庄，并捕获大量的牲畜和人口。这些行动迫使门奈比人派使者到他这边来求和。他接受了他们的人质，而且口气坚定地警告他们：如果他们接纳安皮奥列克斯本人或他的使者进入境内，他就把他们当做敌人看待。这些事情妥善地解决后，凯撒命令阿德来巴得斯人康缪斯带着骑兵留在门奈比人境内作为留守部队，他自己则出发到德来维里人那边去。

七、当凯撒正在这样做时，德来维里人已经集合起一支巨大的步兵和骑兵，准备攻击拉频努斯和在他们境内过冬的那个军团。当他们距他不到两天路程时，忽然听到凯撒派来的两个军团已经到达，他们也就在十五罗里以外扎下自己的营寨，决定在那边等候他们的日耳曼族援军。拉频努斯得知敌人的计划，希望能利用敌人的轻率，获得一次战斗的机会。他给辎重留下五个营作为守卫，自己带着二十五个营和一大批骑兵，迎着敌人赶上去，在距敌人一罗里的地方构筑了营寨。在拉频努斯和敌人之间隔有一条两岸十

分峭拔、难于渡过的河流。他自己不想渡过这条河去，估计敌人也不至于会渡过来，但他们会来援军的希望却一天一天在增加。拉频努斯在一个军事会议上公开宣称：由于据说日耳曼人即将来临，他不愿意把自己和军队的命运孤注一掷，决定就在明天清晨，拔营离去。这些话很快就被带给了敌人。因为在这么大的一支高卢人组成的骑兵中，自然免不了会有一些人出于天性，偏袒高卢人一方。晚上，拉频努斯召集了军团指挥官和首列百夫长，说明了他的计划，还说：为了使敌人更容易相信他在害怕起见，他命令在移营动身时，应当显得比罗马人向来的习惯更嘈杂、更混乱些。这样一来，他弄得他的撤走真正像是在逃走。因为离开敌营很近，这种情况，天明以前就由敌人的侦察部队报告给了敌人。

八、后队还刚刚离开工事，高卢人就互相鼓励：不要让盼望已久的战利品从自己手里滑走。他们说：正当罗马人在惊惶失措的时候，自己却长时期坐在这里等日耳曼人来帮助，空放着这么大的兵力，不敢去攻击这么一小撮敌人，对他们的荣誉来说，真是件难堪的事情，特别当敌人正在撤退，行李累赘，狼狈不堪的时候。他们毫不迟疑就渡过河来，在一个地形不利的地方开始战斗。拉频努斯本已估计到要发生这样的事，为要把他们全部引到河流的这一边来，他仍跟原来一样假装前进，安静地赶路。他把辎重送到前面不远的地方，安顿在一处高地上，然后说："士兵们，你们有了你们要找的机会了！你们已经把身负重荷、并且处在不利地形的敌人截住，就在我们的指挥下，把你们一向表现给统帅看的那种勇气，再表现一番给我们看，就只当统帅亲自在看着吧！"同时，他命令士兵们转过身来，面对着敌人，布下阵来。除了派少数几小队骑

兵去担任辎重的守卫外，他把其余的骑兵都安置在两翼。我军迅速发出一片喊声，把他们的轻矛掷向敌人。当敌人出乎意料地看到他们认为已在退走的人，张着进攻的阵形向他们杀来时，挡不住这种攻势，一接上手就纷纷溃散，奔向最近的森林。拉频努斯用骑兵追逐他们，杀死一大批，还捉到大量俘虏，几天以后就接受了这个国家的投降，至于赶来帮助他们的日耳曼人，一知道德来维里人投降时，自动退了回去。英度鞠马勒斯的亲属们，即倡导这次叛乱的那些人，也跟他们一起离开这个国家。领导的职位和统治的权力就转入钦杰多列克斯手中，正如前文所说，他是自始就保持着忠顺的。

九、凯撒在通过门奈比人的领土，进入德来维里人的领土后，为了两个原因，他决定渡过莱茵河去：第一是因为日耳曼人曾派军队来帮助德来维里人对他作战；第二是因为要防止安皮奥列克斯有退到他们那边去的可能。一经这样决定后，就在比上次带军队渡河的所在略许上流一些的地方，建造一座桥梁。计划一经通知大家，确定下来之后，在军士们的热情工作之下，几天就完成了。凯撒在德来维里这一边的桥头留下强有力的守卫，以防他们中间突然发生什么骚动，然后率领其余的军队和骑兵一起过了河。以前交过人质、投降过的乌皮人，这时为要洗清自己，派使者来见他，告诉他说：他们国内既没派军队支援德来维里人，也没背弃过誓约。他们请求他放过他们，免得在日耳曼人受到普遍痛恨的情况下，清白无辜的人也代犯罪的人受了处罚。如果他需要再加人质，他们也答应可以听命。凯撒听了他们的申述，而且确定援军是从苏威皮人中派出去的，他接受了乌皮人的申请，向他们探问到苏威皮人领域去的途径和路线。

一〇、停了不过几天，乌皮人报告凯撒说：苏威皮人已经把所有的兵力集中到一起，并且下令服属他们的各族都派步兵和骑兵去支援。接到这报告，他准备好军粮，选定一个适当的地方扎下营寨，又命令乌皮人把他们的牲畜都带走，把田野里的东西也都搬进要塞，希望缺乏粮食会逼得这些素无经验的蛮族在不利的条件下应战。他命他们不断派侦察人员到苏威皮人领域内去，探明他们的行动。乌皮人执行了他的命令，几天后即来回报。他们说：苏威皮人在接到罗马军队到达的确切消息后，带着所有他们自己的以及从同盟那边集合起来的军队，退到他们领域的最僻远的地区去了，那边有一片无边无际的大森林，叫做巴钦尼斯森林。它连亘不断地一直伸入内地，像一堵天然的城墙，挡住了苏威皮人向乞卢斯契人这一边入侵和劫掠，同样也挡住了乞卢斯契人向苏威皮人这样做。苏威皮人就决定在这片森林的边缘上等罗马人来。

一一、写至此处，我来叙述一下高卢和日耳曼的习俗，并说明这两族彼此间的不同所在，想也不能算是节外生枝。在高卢，不仅每一个国家、每一个部落、每一个地区，并且几乎每一个家族，都分成党派，担任这些党派领袖的，照他们的看法，是一些具有极高权力、一切事情和措施都得根据他们的意见和判断才能决定的人。这似乎是根据这样的理由，才从古代传下来的，即普通平民都要有一个人作依靠，借以抵抗比他强有力的人。而这些被人当作依靠的人也绝不肯听任自己的人受压迫和欺凌，如果他做不到这一点，在他们中间就不会有威信。同样的道理也通行于全部高卢，因此整个高卢的所有国家也分成两派。

一二、凯撒到高卢时，一派的领袖是爱杜依人，另一派的领袖是塞广尼人。后者的力量赶不上爱杜依人，因为最高的权威从古以来就属于爱杜依人，他们的属邦也极多。塞广尼人因此跟阿里奥维司都斯和日耳曼人联结起来，以极大的牺牲和诺言把他们拉到自己一边。在打了几次胜仗、把爱杜依人的贵族杀光以后，他们树立了极大势力，竟把爱杜依人的大部分属邦都吸引到自己这边，并接收他们的领袖们的孩子为人质，还强迫他们用国家的名义宣誓不加入任何反对塞广尼人的阴谋，一面又用武力强占邻国的一部分土地，掌握了全高卢的领导权。正是这种情况，迫使狄维契阿古斯动身到罗马去向元老院乞援，但却空手而返。凯撒的到来使形势发生了变化，人质还给了爱杜依人，不但他们原有的属邦重新恢复，而且因为凯撒的关系，还增加了新的属邦。那些跟他们建立了友谊、接上关系的国家，都发现自己受到的待遇比较好，统治得比较公平，因而爱杜依人的势力和地位，各方面都得到了加强。塞广尼人从此失去霸权，雷米人起来代替了他们的地位。由于大家看到雷米人在凯撒面前和爱杜依人有同样的地位，那些跟爱杜依人有旧怨、不能和他们联合的国家，便都投奔雷米人，雷米人也小心谨慎地保护着他们，由此他们获得一种新的、突然兴起的势力。因而，当时的局面是：爱杜依人被认为是占绝对优势的领导国家，而雷米人的地位则居于第二。

一三、全高卢中，凡是有一些地位和身份的人，都分属于两个阶层。至于普通平民，处境简直跟奴隶差不多，自己既不敢有所作为，也从来不和他们商议什么事情。他们大多数不是受债务或沉重的租赋压迫，就是被势力较大的人欺凌，只能投靠贵族们，贵族对他们，实际上就有主人对奴隶一样的权力。在前述的两个阶层中间，一个是祭司阶层，另一个是骑士阶层。前者专管有关神灵方面的事情，主持公私祀典，以及解释教仪上的问题。有大批年轻人，为了向他们学习，集中在他们周围，他们在这圈子中很受尊重。几乎一切公私纠纷都交给他们裁判。如果犯了什么罪行，或者出了人命案，以致继承、疆界等等有了争论，也由他们裁决，判定赏罚。假使有任何人，不问是个人还是公家，不遵从他们的判决，他们就排斥他不准参加祭祀，这是他们最严厉的惩罚，受到这种处分的人，被认为是得罪神明、十恶不赦，大家都回避他，拒绝跟他交往和谈话，以免在接近他时沾上罪恶，遇到他向法律请求保护时，也置之不理，什么荣誉都没有他的分。祭司中间有一个是首领，在他们之中掌握最高的权力。他死后，由余下来的地位最高的那个人继任，如果有好几个人地位相仿，就由祭司们选举决定，有时甚至用武力争夺。这些祭司们每年有一个固定的日子，集中在卡尔弩德斯——一般都认为它的领域是全高卢的中心——的一处圣地，举行会议。一切有争执的人，都从各地赶来，听候他们的决定和裁判。据传他们这套制度，原来起源于不列颠，以后才从那边传到高卢来的，直到今天，那些希望更进一步通晓它的人，还常常赶到那边去学习。

一四、祭司们向来不参加战争，也不跟其他人一样缴纳赋税，他们免除了兵役和一切义务。由于有这么大的好处，因此吸引了很多人去学习，有的是自动去的，有的是由他们的父母或亲属送去的。据说，他们要在那边学习背诵许多诗篇，有人竟因此留在那边学习达二十年之久。虽然他们在别的一切公私事务上都使用希腊

文字，但他们却认为不应该把这些诗篇写下来。我认为他们采取这种措施有两种用意，一则他们不希望这些教材让大家都知道，再则也防止那些学习的人从此依赖写本，不再重视背诵的工夫。事实上，很多人往往因为有了文字的帮助，就把孜孜矻矻的钻研和记诵都放松了。他们第一要反复论证的信条是灵魂不灭，人的死亡不过是灵魂从一个身躯转入另一个而已。他们认为这一条信条能摆脱人们的畏死之心，大大增加他们的勇气。此外，他们还有许多别的理论，探索星象和它们的运行、宇宙和大地的形体、事物的本质、不朽之神的能力和权力等等，把它们传授给青年们。

一五、另一个阶层是骑士，每当逢上机会，发生什么战争时——这在凯撒到来以前，几乎是年年发生的，不是他们去攻击别人，就是反击别人对他们的进攻——他们就全部参加战争。他们中间，出身最高贵、最富有的，身边跟随的仆从和门客也就最多，也只有这种威望和力量，才是他们知道敬畏的。

一六、所有高卢各族都异常热心于宗教仪式，因此，凡染上较为严重的疾病或是要去参加战争、冒历危险的，不是当时把人作为牺牲，向神献祭，就是许下誓愿，答应将来这样做，这种祀典都请祭司们主持。他们认为，要赎取一个人的生命，只有献上另一个人的生命，不朽的神灵才能俯允所请。有关国家的公务，也用同一方法献祭。另有一些人制成硕大无朋的人像，四肢用柳条编就，其中装进一些活人，放到火中去，让那些人被火焰包身，活活烧死。他们认为如能够用在偷窃、抢劫或犯别的罪行时被捉住的人作为牺牲供献，格外能讨好不朽之神，但如果这种人无法提供，便用无辜的人来充数。

一七、神灵之中，他们最崇敬的是麦邱利[①]，他的造像极多，他们尊他为一切技艺的创造者、一切道路和旅程的向导人。他们认为他在各种牟利的行业和买卖上，也有极大的法力。除他之外，他们还崇祀阿波罗、战神马斯、宙斯、明纳伐。他们对这些神灵的看法，大约跟别的民族差不多，阿波罗驱除疾疫、明纳伐倡导技术和工艺、宙斯掌握天堂的大权、马斯主持战争。当他们决定进行决战时，通常都对马斯神许下誓愿，答应把将在战争中掠得的东西献给他。胜利之后，他们就将所有获得的有生之物作为牺牲向他献祭，其他东西也都聚在一起。许多邦中，都可以看到这样一堆一堆的东西，积在他们的圣地上，从来很少发现有人敢于蔑视这种宗教禁律，随便把一件掠来的战利品私藏在家中，或者从堆上偷走一件东西，他们规定用最最严酷的刑罚来处理这种罪行。

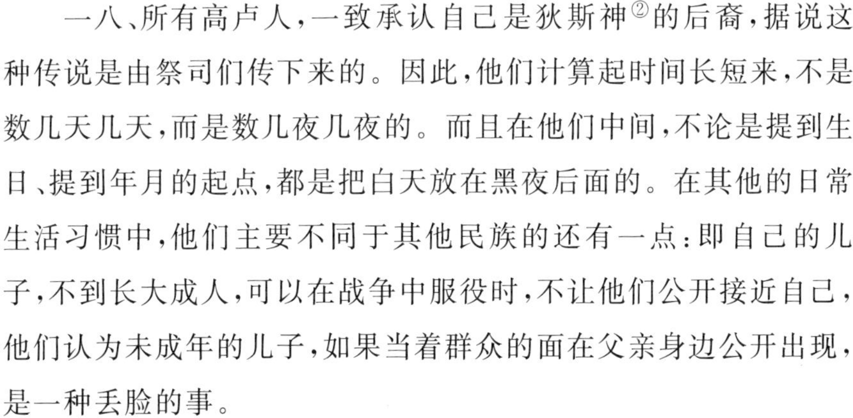

一八、所有高卢人，一致承认自己是狄斯神[②]的后裔，据说这种传说是由祭司们传下来的。因此，他们计算起时间长短来，不是数几天几天，而是数几夜几夜的。而且在他们中间，不论是提到生日、提到年月的起点，都是把白天放在黑夜后面的。在其他的日常生活习惯中，他们主要不同于其他民族的还有一点：即自己的儿子，不到长大成人，可以在战争中服役时，不让他们公开接近自己，他们认为未成年的儿子，如果当着群众的面在父亲身边公开出现，是一种丢脸的事。

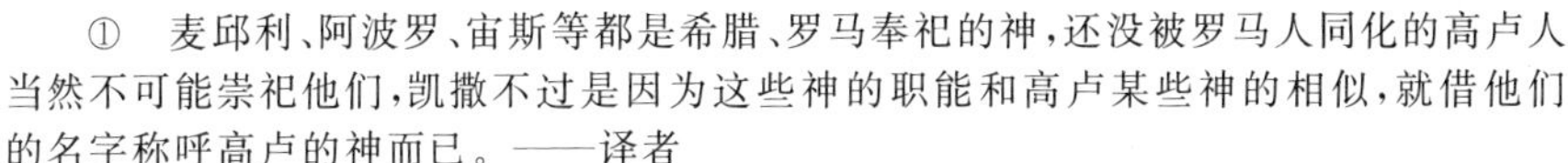

① 麦邱利、阿波罗、宙斯等都是希腊、罗马奉祀的神，还没被罗马人同化的高卢人当然不可能崇祀他们，凯撒不过是因为这些神的职能和高卢某些神的相似，就借他们的名字称呼高卢的神而已。——译者

② 狄斯——罗马的地狱和黑暗之神。凯撒也是借用罗马现在的神名来称呼高卢的神。——译者

一九、丈夫们不管从妻子那边接到多少作为嫁妆的钱财，计算过以后，也在自己的财产中取出相等的一份，放在一起，所有这笔款子的出入，全都记在一本公账上，连利息也都积存在一起。两个人中谁死得迟，这笔双方共有的钱，连带一向积起来的利息，就都归他。丈夫对妻子们也像对他们的孩子一样，有生杀大权。当一位出身显贵的家长死了之后，他的亲属们都聚集拢来，如果他的死状有可疑的地方，就对妻子进行询问，像审讯奴隶一样，一旦有所发现，即用火刑和别的一切酷刑，把她们处死。他们的葬仪，按高卢的生活方式来说，可以算作铺张靡费的了。他们把他们认为死者生前喜爱的一切东西都投进火中，连活的牲畜在内。距今不久以前，甚至连奴隶和仆从，只要认为是他的主人心爱的，在正式的葬仪完毕时，也跟它们一起烧掉。

二〇、那些国家，据云为了管理公务方便起见，以法令规定：凡从邻人那里听到有关国家大事的任何消息或谣言时，必须把它报告给官吏，不得泄露给任何其他人，因为通常性急、没经验的人，常常会受谣言惊吓，被迫犯罪，或者轻率地对重要的事情作出决定。官吏们把他们认为不应公开的事情隐瞒起来，可以告诉群众的则加以公布。至于发表有关国事的言论，则除了在会议上以外，一般都是禁止的。

二一、日耳曼人的习俗，与这有很大的差异。他们没有祭司替他们主持宗教仪式，对祭祀也不热心。他们视作神灵的，只有那些他们能直接看到的，或者能够明明白白从它们的职能取得帮助的，即：日神、火神、月神等等，至于其余的，他们全不知道，甚至连名字都没听到过。他们的全部生活只有狩猎和追逐战争。从孩子时代起，他们就习于勤劳和艰苦。保持童身最久的人，在亲友中能得到极大的赞扬，有人认为这样可以使人体格魁梧，又有人认为这样可以增强体力和筋骨。一个人二十岁以前就有关于女性的知识，被认为是极可耻的事情之一。这一类事情，在他们中间，本来没有什么秘密可言，因为男男女女同样都在河中洗澡，身上掩蔽的同样只是一片兽革或一块鹿皮遮布，身体的大部分都听其裸露在外面。

二二、他们对农耕不怎样热心，他们的食物中间，绝大部分是乳、酪和肉类，也没有一个人私人拥有数量明确、疆界分明的土地，官员和首领们每年都把他们认为大小适当、地点合宜的田地，分配给集居一起的氏族和亲属，一年之后，又强逼他们迁到别处去。对于这种做法，他们列举了许多理由：怕他们养成习惯，从而作战的热情转移到务农上去；怕他们从此孜孜追求大片田地，势力大的会把弱小的逐出自己的田地；怕他们从此为了避寒避暑，热心地大兴土木；还怕他们从此引起爱财之心，因而结党营私，纷争起来。他们的目的是要使普通人看到自己所有的，跟最有势力的人所有的完全相等，感到心满意足。

二三、他们的各邦，认为能蹂躏自己的边境，使本国外围有一圈愈大愈好的荒地包围着，是一件最最光荣的事情。他们以为邻人被逐出自己的土地，再也没人敢靠近他们居住，是勇敢的表示。同时，他们也相信，这样他们便从此高枕无忧，再没有遭到突然袭击的可能。一个国家遇到战争时，不管是别人对他们进犯，还是他们把战争加诸别人，总是选出握有生杀大权的首领来指挥战争，和平时期，他们就没有这种掌握全面的领袖，只有各地区和部落的头头，在他们中间主持公道、解决纠纷。抢劫事件如果是在各国自己

的疆界以外做的，就不以为耻。他们辩解说：这样做是为了训练青年们，使他们免于懒惰。当任何一个领袖在公众会议上宣布他愿意做首领，愿意去的人赶快声明时，那些赞成这件壮举或钦佩他这个人的，都站起来表示愿意效力，这样就可博得群众的赞扬，任何一个答应了没跟去的人，都被指责为逃避和出卖，以后什么事情都不再信任他。他们认为伤害宾客是伤天害理的事情，不问为什么原因，只要是逃到他们那边去求庇的人，他们都给以保护，把这些人当做是神圣不可侵犯的人，不让受任何伤害。对于这些逃亡者，所有的门都是开着的，还供给他们各种生活所需。

二四、过去有过一个时期，高卢人的英勇超过了日耳曼人，到他们那边进行侵略，而且还因为高卢人多，土地少，派人移植到莱茵河对岸去。于是，日耳曼的环绕着厄尔辛尼亚森林一带最肥沃的土地（我看，它是由于厄拉多司梯尼斯①和别的希腊人的报道，才被人知道的，他们称之为奥钦尼安森林），就被伏尔卡族的戴克多萨其斯人②所占领，并在那边定居下来。这一族人在那边的居住地一直保持到现在，并享有公正和英勇的声誉。正因为他们处在和日耳曼人同样的贫乏、穷困和艰苦环境之中，就也采取同样的食物和衣着。但在高卢人方面，因为既邻接着我们的行省，又很熟

① 厄拉多司梯尼斯（公元前276—前194）——博学的希腊作家，曾被埃及国王托勒密三世（行善者）任命为亚历山大里亚的图书馆负责人，著有天文、地理、哲学、几何、语法、诗等作品多种，但只有极少数残缺不全的片段留传到现在。——译者

② 伏尔卡族的戴克多萨其斯人——伏尔卡人是住在高卢西南部的一个强大部落，他们分为两支，一支是阿雷科米奇人住在行省的东部，首府是尼模塞斯，另一支是戴克多萨其斯人，本住在行省西部，首府是奈波，后来有一部分迁入厄尔钦尼安森林。——译者

悉海外的货品，无论奢侈品还是日用品都供应很充裕，就逐渐把失败视为常事，经过多次战争中一再被击败后，连把自己跟日耳曼人在勇敢方面相提并论的想法都没有了。

二五、前述的厄尔辛尼亚森林，宽度大约为一个空手没负担的人奔走九天的路程，此外他们再没别的办法可以估量，也不懂得别的计算路程的单位。它从厄尔维几人、内美德斯人和劳拉契人的边境开始，顺着多瑙河的走向，一直伸到达契人和安乃得斯人境上，就在那边开始跟该河分手拐向左边。由于它的苍茫浩瀚，一望无际，接触到许多国家的境界。据我们所知，在日耳曼人中，没有一个人敢说他曾经到过这森林的起端——虽然他赶过六十天路——或者听说过它在什么地方起始。一般人都相信那边生长着许多种别的地方没见过的野兽，其中，下列的几种尤其不同寻常，值得记述。

二六、有一种像鹿的牛，它的前额正中，即两只耳朵之间，长着一只独角。比起我们所知道的别的动物的角，要高大一些，挺直一些。从它的顶端，又分出许多伸得很长的杈枝，恰像一只伸开的手掌。雌的跟雄的形体相同，角的式样和大小也一样。

二七、还有一种动物称做麋，它的形状和斑斑点点的外皮，颇像山羊，但躯体较大一些，并且长着很钝的角。它们的腿没有关节或接骱，睡觉也不躺下来。如有什么意外使它们跌倒，就不能再直立或爬起来。对它们来说，树就是它的床，它们稍许倾斜一些，倚着它，就算休息。当猎人们根据它们的脚迹，认出了它们常常去休息的地方时，他们不是把那地方的树木统统连根挖掉，就是把它们锯得只剩下一点儿皮相连，仅在外表上看来还挺然立着。当麋按照它们的习惯向它倚靠上去时，它的体重压倒了那一触即倒的树，自己也跟着一同倒下去。

二八、其中第三种是一种称做乌里的动物[①]，躯体稍稍比象小一些，外形、颜色和大小却和牛相仿。它的气力很大，奔驰速度也极快，无论是人还是野兽，一被它们看到，就不肯放过。日耳曼人很热衷于利用陷阱捕杀它们。青年人也借此练习吃苦耐劳，通过这种狩猎锻炼自己。杀死它们最多的人，把它们的角带到公共场所去作为证明，博取极大的赞扬。但这种野兽即使在很小的时候就被捉住，也无法使它习于跟人相处，或者驯化它。它们的角，其大小、形状和外表，都跟我们公牛的角大不相同，他们很热心于收集它们，用银子沿着它们的边包镶起来，在最盛大的宴会上用作酒杯。

二九、当凯撒通过乌皮人的侦察人员发现苏威皮人已经退入森林后，他决定不再深入，因为所有日耳曼人都不重视农耕，已在前面说过，他深恐会有缺粮的可能。同时，为了不让蛮族消除他可能重来的顾虑，并且拖住他们的救兵起见，他在撤回自己的军队后，只把桥的一头，即接到乌皮人领土的一端，拆去约二百罗尺长的一段。他还在桥头造了一座四层高的木塔，派一支由十二个营组成的守卫队保护那座桥梁，并且用非常坚固的工事加强了这个据点。他派年轻的该犹斯·沃尔卡久斯·都勒斯负责这个据点和这支守卫部队，他自己则趁谷物开始成熟的时候，赶去跟安皮奥列克斯作战。他取道穿过了埃度恩那森林，这是全高卢最大的森林，

① 乌里(uri)——一种古代野牛(bos primigenius)，现已绝种。——译者

从莱茵河岸和德来维里人的领域一直伸展到纳尔维人领土,长达五百罗里以上。他派卢契乌斯·明努久斯·巴希勒斯带着全部骑兵走在前面,让他去试一下进军的神速和有利的时机,是否能带来一些好处。他告诫他不要在营中举火,免得让敌人老远就知道他到来,并告诉他说,自己也接着就跟来。

三〇、巴希勒斯按照他的命令行事,迅速完成进军,快得甚至超出了大家的预料,在田里捉住许多不曾防到他来的人。根据这些人的报告,他直接向安皮奥列克斯本人所在的地方奔去,据说他正和少数骑兵停留在那边。命运的力量毕竟极大,不但在每一件事情上都是如此,在战争上更为特出。事情十分凑巧,他居然能在安皮奥列克斯本人毫无防卫、毫无准备的时候撞上了他,而且他的到来也在任何人能够通风报信之前。但同样也由于命运播弄,虽然安皮奥列克斯经常带在身边的一切作战器械都被缴获,他的车辆和马匹也都被俘,但他自己却仍旧逃出了性命。在这上面起作用的还有他那四周都有树木围绕的房子,这些房子跟所有高卢人的房子一样,为了躲避暑气,大多隐蔽在森林和河流旁边。他的卫士和家属们在这个狭隘的地方对我军骑兵的攻击抵抗了片刻,正当在战斗时,他们中的一个人把他安顿在一匹马上,让他在密林掩蔽下飞奔逃去。就这样,在他遇险和脱险上,命运都起了很大作用。

三一、安皮奥列克斯之所以不召集他的军队,究竟是经过考虑后认为不应该跟我军作战,还是因为我军的骑兵来得太突然,并且还怕其余的军队也紧跟在后面,所以没时间召集军队,是件难于揣测的事情。可以确定的是,他派使者们到处奔走传告,叫大家各寻

生路,以防万一。他们一部分逃入埃度恩那森林、一部分逃入连亘不断的沼泽,距大洋最近的则躲入通常由潮汐形成的岛屿上,还有很多人离乡背井,把自己的性命财产完全托付给根本陌生的人。管辖半个厄勃隆尼斯的国王卡都瓦尔克斯,是一个年龄已经很大的人,原来也参与过安皮奥列克斯的计划,这时无论作战还是逃跑,都非他的精力所能堪当,在把这个阴谋的首倡者安皮奥列克斯当着所有的神灵诅咒了一顿之后,服柚树汁自杀。这种树在高卢和日耳曼极多。

三二、住在厄勃隆尼斯和德来维里人之间的塞叶尼人和孔特鲁西人,跟日耳曼人同出一源,通常也被认作是日耳曼人,他们派使者来见凯撒,要求他不要把他们当做敌人,也不要认为住在莱茵河这边的日耳曼人,彼此全是通同一气的,他们根本不曾起过作战的念头,也没派军队援助过安皮奥列克斯。凯撒经过审讯俘虏,证实了这种情况,便命令他们:如果有任何厄勃隆尼斯人在逃亡中投奔到他们那边去时,应该送回来交给他。他保证说,如果他们这样做了,他就不再侵犯他们的领域。于是,他把他的兵力分成三支后,把辎重全都集中到阿杜亚都卡去[①],这是一个要塞的名字,大约居于厄勃隆尼斯的全境中心,原来季度留斯和奥龙古来犹斯就是驻扎在那边准备过冬的。但凯撒之所以选中这地方,除了它具有其他一般优点外,还因为这里去年留下的工事,都完整无缺地保存着,故而可以减轻军队的劳动。他留下第十四军团守卫辎重,这

① 阿杜亚都卡(Aduatuca)——厄勃隆尼斯族的一个要塞,也许在今日法国北部的通格雷(Tongres),跟下文比尔及人中的阿杜亚都契人(Aduatuci)完全是两回事。——译者

是他最近从意大利带来的新征集的三个军团之一。他派奎因都斯·图里乌斯·西塞罗统率这个军团和营寨，并配备给他二百名骑兵。

三三、他把军队分开后，便命令季度斯·拉频努斯带三个军团向濒临大洋和门奈比人毗连的地区开去，该犹斯·德来朋纽斯带着同样的兵力去蹂躏邻接阿杜亚都契人的地方，他自己则决定带着其余的三个军团，到流入莫塞河的斯卡尔狄河边去，进入埃度恩那森林最僻远的部分，他听说安皮奥列克斯已带了少数骑兵逃到那边。他在出发时，考虑到第七天该是给留守在那边的这个军团发口粮的日子，他肯定地说，他此去将在第七天以前回来。他鼓励拉频努斯和德来朋纽斯，如果对公务没有妨碍，就也在同一天回来，以便大家可以再次商讨军略、探索敌人的意图、另行开始一次战事。

三四、正如我们上文所说，当地已经没有一支成形的军队、没有一个城堡或一个据点可以用武力自卫，人们都散处在四面八方。不问是一个隐蔽的山谷也好、茂密的林薮或者险阻的沼泽也好，只要有人认为可以提供一线保障或逃生的希望，就去躲藏在那边。对住在就近的人来说，这些地方都是他们熟悉的，但对我们说来，事情就需要特别留神，倒不是整个部队需要兢兢业业提防，惊骇四散的人从来不会危害到集中在一起的大军，该注意的是个别的士兵，当然就某种程度来说，也会牵涉大军的安全。因为劫掠的欲望会把许多人吸引到老远去，而密林中隐蔽的难于辨识的道路也不允许集中着的大队人马进去。因此，如果凯撒希望这次战争得以结束，这个万恶的族类得以歼灭干净，就必须把人马分散，一批批

派向四面八方去搜捕。如果他按照罗马军队向来的规矩和习惯，仍旧要士兵们保持着严密的队形行动，那地形本身就会成为蛮族的保障。同时他们中个别的人，也不乏勇气打些秘密埋伏，对我军分散的队伍来一个突然围攻。鉴于这些特殊困难，凡是出于谨慎、应该考虑到的一切都周密地考虑到了，虽然大家心中都燃烧着一股复仇的怒火，但凯撒还是放过了许多可以给敌人造成损害的机会，以免敌人反给我军一些伤害。他派使者去通知邻近各族，以劫掠的希望打动他们，要他们一起来参加掳掠厄勃隆尼斯人，这样，他可以让高卢人而不是军团士兵到森林中去冒生命之险，同时又可以利用大队人马的围歼来一举把这个罪恶滔天的族连人带名字消灭掉。大批人马很迅速地从各方来到。

三五、这工作在厄勃隆尼斯境内到处进行着。第七天靠近了，凯撒原来就决定在这天回到他的辎重和那个军团那边去。命运在战争中的力量有多大、它所制造的事故是多么难于捉摸，在这里便可以看出。敌人惊骇四散，已如前述，当时已没有任何部队足以稍稍引起一些恐慌。但厄勃隆尼斯人在被洗劫的消息已经传过莱茵河去，带给了日耳曼人，还说：不问是谁，都在邀请参加劫掠之列。住在离开莱茵河最近的苏刚布里人——就是我们前面说过接纳逃亡的登克德里和乌西彼得斯人的——便聚起二千骑兵，利用船只和木排，在离开凯撒筑桥并留置守卫部队的地方约三十罗里的下游，渡过莱茵河。他们先进入厄勃隆尼斯人的境内，捉住许多四散奔逃的人，并捕获大批牲口，这正是蛮族十分贪图的东西。劫掠的欲望把他们越引越远，沼泽也好，森林也好，全挡不住这些在战争和掳掠生活中成长的人。他们向俘虏探询凯撒的所在，知道凯撒已经出发到很远的地方去，而且军队也已全都离开。这时，他们的一个俘虏说：你们正逢上红运当头的时候，为什么只管追逐这些可怜而又微不足道的战利品呢？只要三个刻时，你们就可以赶到阿杜亚都卡，罗马军队把他们的所有财富都集中在那边，驻防部队少得光守城都不够，更没一个人敢跑到壕堑外面来了。日耳曼人被这种欲望煽动起来之后，把他们抢到的战利品藏在一个隐蔽的地方，就让那个报告消息给他们的人当向导，赶向阿杜亚都卡来。

三六、在所有前些日子中，西塞罗都遵照凯撒的命令，小心翼翼地把军队关闭在营中，甚至连军奴也一个不许越出壕堑。在第七日，由于他听到凯撒已经前进得更远，而且接不到他要回来的消息，他便不大相信凯撒真的能够按照与自己约定的日期回来。同时又受到了一些人冷言冷语的影响，这些人把他的耐心闭守说成是受围困。他认为，虽说不准任何一个人出门，但在现在的情况下——当时有九个军团和大批骑兵在对付那些业已溃散、而且几乎已全部就歼的敌人——派五个营到跟营寨只隔一个小丘、相距不过三罗里的田里去收集谷物，总不至于会出什么意外、遇到攻击的。各军团都有一些因病留下来的人，经过这几天，他们中有些人已经痊愈，约有三百人，也被编在一起，一同前去。此外还有许多军奴获得允许，带同大批留在营里的牲口，跟随前去。

三七、日耳曼骑兵凑巧就在这个时候赶到当地，随即以赶来时同样快的速度，试图从正门突进营寨。恰好这一面有一片树林遮住，直到他们接近营寨时才被发现，迅速得连那些在堡垒下搭着篷帐的商人，也没有机会可以撤进来。我军士卒出于意外，马上被这突如其来的事情弄得手足无措。正在值岗的那个营，几乎挡不住

他们的第一次冲击。敌人散向营寨的四周，去找寻可以冲进来的地方。我军苦苦支撑守住大门，其他所有可以进来的入口，都受到那地方的地形本身和壕堑的保障。营中一片混乱，各人互相探询吵吵嚷嚷的原因是什么，再没一个人关心队伍应该布置到哪里，各人应该集中到哪里。有人宣称说：营寨已经被占领，另外又有人坚持认为蛮族是歼灭了大军和统帅之后乘胜而来的。大部分人都由于所在的这个地方引起了奇怪的迷信，他们在自己眼前描绘出一幅考达和季度留斯遭到惨祸的景象，因为这两个人就是在这个要塞遇害的。正是由于这种恐惧而引起的慌乱，使敌人的信心更为坚定，以为真的像他们的俘虏所讲的那样，这里面没有守卫部队。他们努力想冲进来，还彼此鼓励不要白白让这样好的运气溜过去。

三八、跟这支守卫部队一起留在这里的，有一个伤病员，名叫布勃留斯·塞克司久斯·巴古勒斯，他曾经在凯撒手下担任过首席百夫长，我们已在前述的战斗中提到过他。他已经五天没有进食，这时他担心自己和大家的安全，就赤手空拳从营帐中跑出来；他看到敌人已逼到跟前，形势已是千钧一发，随即从就近的人手中抢过武器，自己首当其冲地把住大门。正在值岗的那个营的百夫长们都跟着他。在很短一段时间中，一同挡住了进攻。塞克司久斯在受了几处重伤之后昏晕过去，费了很多手脚才把他救出来，一个传一个地送到安全地带。就在这争取来的片刻喘息时间里，其他人才鼓起勇气，壮着胆子赶到壁垒上各自的位置，摆出防守者的姿态。

三九、同时，在收完谷物后，我军士卒听到了呼喊声，骑兵冲向前面，了解到了当时的危急情况，但这里没有工事可以容纳吓慌了的兵士，那些新近征集来的毫无作战经验的人，只能一起转过身来望着军团指挥官和百夫长们，看他们发出什么命令来。没有一个人在这种意料不到的形势下能够勇敢地镇静如常。另一方面，蛮族们在一看到老远的连队标志时，最初停止了攻击，误以为这就是他们的俘虏所说的远去的军团，现在回来了。后来看到这支人马数目很少，又轻视他们起来，四面八方向他们进攻。

四〇、军奴们奔到最近的一个高地，但很快就从那边被逐回来，又没头没脑地插入连队的行列，使本来就已惊骇不定的士兵们更加慌乱。他们中间有些人建议组成一个楔形的队形，迅速突围出去，离大营如此之近，他们相信或许有一部分人被包围歼灭，其余一定能够脱身。又有人建议坚持在一处高地上，大家生死相共，一起拼到底。这办法遭到老兵们的反对，我们前面已经说过，他们是混合编在这个队里一起去的。于是，他们互相鼓励着，在一个派去做指挥的罗马骑士该犹斯·德来朋纽斯的率领下，从敌人包围中冲出来，一人未伤地回到营寨。军奴们和骑兵们在这次突围中紧紧跟着他们，依靠这些兵士的勇敢，也一起安全脱险。唯独坚持在高地上的那一群人，丝毫没有作战经验，既没能坚持自己原来赞同的主张、在高地上进行自卫，又不能学习刚刚已经看到的、而且别人已经从中得到好处的勇气和速度，却在下了高地试探着向大营退去时，陷入一处地形不利的所在。百夫长中间有一些原来在别的军团里担任较低职位、因为勇敢才被提升到这个军团来担任较高的职位，这时恐怕失掉过去获得的英勇善战的声誉，相继在奋勇搏斗中牺牲了。一部分军队趁敌人被百夫长们奋勇冲开的时候，也出乎意料地安全到达大营，一部分被敌人包围歼灭。

四一、日耳曼人看到我军已经把守在工事上，感到袭取营寨已经无望，因而带着隐藏在森林中的战利品，退过莱茵河去。但当时营中惊慌得十分厉害，以致就在敌人离开之后的那天晚上，奉命带着骑兵前去的沃卢森纳斯到达营寨时，还是没有办法使士兵们相信凯撒已经带着安全无恙的军队即将到达。恐慌差不多占据了大家的心，简直达到令人疯狂的地步。他们一口咬定说：一定是全军覆没之后，单只是骑兵逃了出来，如果全军依然存在，日耳曼人绝不会来攻营。这种恐慌等凯撒到达之后才消除。

四二、当他回来后，了解了战事的一切情况，他只怪西塞罗一件事情，就是他派几营人离开值岗和守卫的工作到外面去，他指出：哪怕是最小的意外，也不应该让它有发生的机会。命运已经以敌人的突然来临证明了它的力量，又再把差不多已经要跑进营寨工事和大门的蛮族驱走，进一步显示了它的神迹。但所有这些意外中最最出奇的却是：存心想要破坏安皮奥列克斯的领土，因而渡过莱茵河来的日耳曼人，却被引到罗马的大营，给安皮奥列克斯帮了极大的忙。

四三、凯撒重新出发去骚扰敌人，他从四邻各国家征集了大批人马，把他们派到各个方向去。每一个村庄、每一座房屋，只要能看到的，就给纵火烧掉。牲口都给杀掉、战利品从各地带走，谷物不仅由于大批牲口和人员在消耗，而且因为时令和阴雨，倒伏下来。因而，即使有人能够躲过这一时，但在军队退走之后，仍然要因为什么东西都没有而死去。尽管有很大一支骑兵分散在四面八方，但还经常发生这样的事情：有些俘虏在被捕获时，眼睛还在凝视刚刚逃走的安皮奥列克斯，甚至他们还坚持说，还可以依稀看到

他的背影。捕获这个逃亡者的企图促使他们作了莫大的努力，特别因为他们都希望借此取得凯撒的最大好感，因而更激发起超乎人性的热忱。但他们似乎老是离开最后的成功只差一点儿，他总是依靠隐蔽的地方、森林、幽谷，逃出了性命，连夜再找别的地方去躲避。他携带着的只是四个骑兵组成的卫队，他们是他唯一敢托付性命的人。

四四、当这个地区经过了这样一番破坏之后，凯撒把损失了两个营的军团仍旧带回，到雷米人的一个城镇杜洛科多勒姆去。在那边召集了一个全高卢的会议之后，他决定对森农内斯人和卡尔努德斯人的叛乱事件，进行了一次审讯，给那个阴谋的主犯阿克果一个比向来更加严厉的惩罚，以我们的传统方式将其明正典刑[①]。有些人怕审判而逃走的，宣布他们为被剥夺了法律保护的人。于是，他把两个军团驻在邻接德来维里人的冬令营中，两个军团驻在林恭内斯人中，其余六个驻在森农内斯领域内的阿及定古姆，并且替这些军队安排好了粮食供应，然后按照决定，到意大利去主持巡回审判大会。

① 指由代行执政官的校尉(lictor)用棒斧(fascis)砍头。——译者

卷　七

一、当高卢平静下来后，凯撒仍按照决定，出发到意大利去主持巡回审判大会。他在那边接到克罗底乌斯遇害和元老院命令所有适龄青年都举行入伍宣誓的消息之后[①]，就决定在全行省实行征兵[②]。这些事情很快被传到山外高卢去，高卢人又自己根据当时形势，在这上面添枝加叶地增加上一些谣言。他们认为凯撒已经给罗马的骚动牵制住，在发生这么严重的纷争的时候，不会再回到军队中来。这个机会也鼓舞了那些本来就因为屈服在罗马的统治之下而感到气愤的人。他们开始更自由、更大胆地策划战争。高卢的领袖们彼此在密林中的偏僻地方举行商谈，他们对阿克果的死颇为愤愤不平，指出来说：这种命运迟早也会落到自己头上

---

① 克罗底乌斯（Clodius）——共和末年的著名煽动家，以放荡驰名，公元前 58 年任保民官。最初凯撒把他当做自己的工具，竭力扶植他，用他作为自己留在罗马的代理人。他用许多新的立法——像取消发给城市贫民口粮时收取的低微代价、废除禁止街会活动的法律等——获得城市游民的拥护，成为罗马城内的风云人物，拥有大批打手和武装奴隶，自此不但跟留在罗马的庞培发生公开的冲突，而且逐步脱离凯撒的控制。公元前 56 年，庞培、凯撒、克拉苏斯三人重新订盟后，他开始被凯撒摒弃，庞培并培养另一个煽动家米罗跟他对抗。他在一次械斗中被米罗一帮人杀死，这在罗马引起了轩然大波，愤激的城市游民到处报复，甚至纵火烧掉了元老院。凯撒此处所说的混乱指此。——译者

② 罗马这时已普遍实行募兵制，但在必要时还偶然征兵，青年从十六岁起开始入伍。——译者

来。他们对高卢的共同命运感到痛心，不惜用各式各样的诺言和酬报征求有人站出来，带头发动战争，为了高卢的自由，就冒生命危险也在所不惜。他们说：最重要的事情是必须在他们的秘密计划传出去以前，设法先把凯撒到军中来的路截断。他们认为这是一件轻而易举的工作，因为统帅不在，军团就不敢随便离开营地；统帅没有强有力的警卫，也不能赶到军团这边来。他们最后宣称说：丧生在战斗中，无论如何要比不能恢复旧日能征善战的声誉和继承历祖相传的自由好。

二、当这些事情在议论纷纷时，卡尔弩德斯人声称：为了大家的安全，他们不惜冒任何危险，愿意第一个出面发动战争。只是，在当时情况下，不可能互相交换人质，作为保证，因为怕事情会被泄露出去，他们要求大家按照传统的最最庄严的会盟形式，在集合着的军旗面前，用宣誓和荣誉来保证在他们开始战争之后，大家不袖手旁观，丢开他们不管。这时所有在场的人都异口同声地赞扬他们，并且宣了誓。在决定了一个起事的日期后才分手。

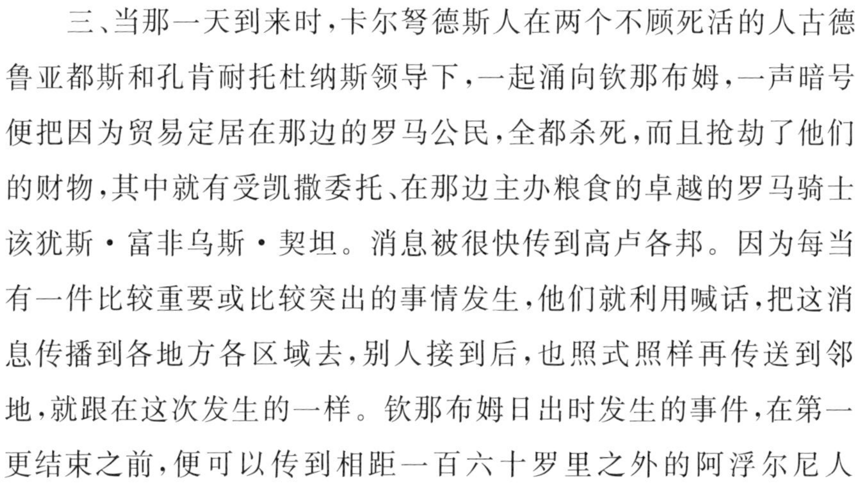

三、当那一天到来时，卡尔弩德斯人在两个不顾死活的人古德鲁亚都斯和孔肯耐托杜纳斯领导下，一起涌向钦那布姆，一声暗号便把因为贸易定居在那边的罗马公民，全都杀死，而且抢劫了他们的财物，其中就有受凯撒委托、在那边主办粮食的卓越的罗马骑士该犹斯·富非乌斯·契坦。消息被很快传到高卢各邦。因为每当有一件比较重要或比较突出的事情发生，他们就利用喊话，把这消息传播到各地方各区域去，别人接到后，也照式照样再传送到邻地，就跟在这次发生的一样。钦那布姆日出时发生的事件，在第一更结束之前，便可以传到相距一百六十罗里之外的阿浮尔尼人

境内。

四、一个势力极大的阿浮尔尼青年维钦及托列克斯[①]——他的父亲契尔季洛斯曾经掌握过全高卢的领导权，因为图谋王位，被他国内的人处死——也以同样方式召集起自己的部属，很容易地把他们煽动起来。他的打算一经传开去，大家都争着武装自己。他的叔父戈彭尼几阿和其他一些认为不该冒这种大风险的首领们，设法拦阻他，把他逐出及尔哥维亚镇。但他并不因此改变初衷，就在乡间征集贫民和亡命者，聚集起一大批这样的人之后，他又把自己的想法传播给国内所有跟他接触的人，劝他们为了全体的自由，拿起武器来。当他集合起一支很大的武装力量时，就把不久以前驱逐自己的仇人赶出国家，并被他的同伙们奉为国王。他派使者们到各处去，吁请他们效忠他，很快就把森农内斯人、巴里西人、庇克东内斯人、卡杜尔契人、都龙耐斯人、奥来尔契人、雷穆维契斯人、安得斯人以及所有其他邻接大洋的各族，都拉到自己一边。在一致同意下，领导大权授给了他。他得到了这种权力，便向所有这些邦索取人质，还命令他们必须要交给他多少数目军队。他又规定每个邦必须在国内制造多少武器，何时完成。他尤其重视的是骑兵。他处处极端的谨慎小心，再加上极端严格执行命令，还用最厉害的刑罚来压制动摇的人。对犯有严重罪行的人，他用烈火和其他一切酷刑把他处死，如犯的罪较轻，他便把犯者双耳割

① 维钦及托列克斯这个名字不知是不是这位高卢英雄的真正名字，它是从高卢语“Ver-cim-cedo-righ”转来的，原来只是大首领的意思。据狄奥·卡休斯说，他本来跟凯撒熟识，凯撒还曾经考虑过用他担任阿浮尔尼人的国王，大约跟爱杜依族的杜诺列克斯是一流人物，杜诺列克斯也在凯撒军中服务过。——译者

去或挖掉一只眼睛之后送回家去，给其他人做鉴戒，使别人对他的严刑峻罚有所畏惧。

五、他仗着这种刑罚，很快就征集起一支军队。他一面派一个极勇悍的卡杜尔契人名叫路克戴留斯的，带着这支军队的一部分，进入卢登尼人境内，一面自己出发去和别都里及斯人作战。当他到达那边时，别都里及斯人派使者到他们的保护人爱杜依人处请求救兵，以便更好地抵抗敌人。爱杜依人根据凯撒派去和军队一起留在那边的副将们的劝告，派骑兵和步兵去支援他们。这支军队赶到别都里及斯和爱杜依人分界的里杰尔河时，在那边停留了几天，没敢渡河就回转本国，报告我们的副将说：他们因为害怕别都里及斯人的阴谋，故而退了回来，听说别都里及斯人已经计划好等爱杜依人一过河时，他们就自己在这一边、由阿浮尔尼人在那一边将其包围。他们这样做，究竟真的是因为他们告诉副将们的这个原因，还是出于欺骗，我们没有确切的证据，不宜下结论。可是，别都里及斯人却在他们一转背时，马上跟阿浮尔尼人联合起来。

六、这些事情被报告给在意大利的凯撒时，他已经得知由于克耐犹斯·庞培的努力，罗马已经进入比较平静的状态，于是就向外高卢出发。一到那边，他发现当前最困难的问题是如何才能赶到军中去。他知道，如果把这些军团召到行省来，它们势必要在行军途中，自己不在场的时候，进行战斗；另一方面，如果自己竭力设法赶到军中去，那么，在他看来，即令有些族目前看来还属平静，但若把自己的安全托付给他们，也仍然是件欠妥的事情。

七、同时，被派到卢登尼人中去的卡杜尔契人路克戴留斯，已经替阿浮尔尼人把这个邦拉拢过去。然后他又赶到尼儿阿布列及斯人和迦巴里人中，接受了这两族的人质，并在征集了大量兵力后，很快朝奈波方面赶来，想冲进行省。凯撒接到这报告，认为应该先搁下其他别的计划，赶到奈波再说。他一到那边，鼓励了惊惶失措的人，并在属于行省的卢登尼人境内①、沃尔卡族的阿雷科米契人境内、托洛萨得斯人境内以及奈波四周等邻接敌人的地区，设置下驻防军。他又命令行省的部分军队和他从意大利征集了带来的补充兵员，集中到和阿浮尔尼人疆界相接的厄尔维人境内。

八、这些措施使路克戴留斯的进展受到阻碍，他认识到插进我军的一系列据点是十分危险的，因而又退了回去。凯撒得以进入厄尔维人境内。这时，把阿浮尔尼和厄尔维分隔开来的启本那山，虽然在这非常凛冽的季节中，有极深的积雪阻碍着行军，但他却在军士们积极努力下，清除了六罗尺深的积雪，打开通道，到达阿浮尔尼边境。他们毫没防备，大为吃惊，因为他们认为启本那山像一堵城墙似的保护着自己，在这样的季节，就连一个单身的旅客也从来没闯出路来过。凯撒命令骑兵把活动圈子拉得愈开愈好，给敌人造成的恐慌愈大愈好。因此谣言和报道，很快便传到维钦及托列克斯那边，所有的阿浮尔尼人都惊骇万分地包围着他，求他照顾他们的财产，别让它们遭到敌人抢掠，特别现在可以看到，整个战争都在对着他们进行了。他被他们的恳求打动了心，就把自己的大营从别都里及斯邦移到阿浮尔尼去。

九、凯撒本来就已经料到维钦及托列克斯势必这样做，在那边

① 卢登尼人被罗马人一划为两，一部分划进行省，凯撒称他们为“行省中的卢登尼人”，一部分留在行省外面，凯撒称他们为“阿奎丹尼的卢登尼人”。——译者

逗留了两天之后，就借口召集新征来的补充兵员和骑兵，离开了军队。他任命年轻的布鲁图斯统率这支军队，吩咐他要让骑兵四出活动，范围越广越好，还说：他要尽力设法在三天以内赶回来。把这些事情安排妥当后，他以急行军赶到维恩那，迅速得连他自己的军队都没事先料到。他在那边带起了自己多天以前派到那里的骑兵生力军，接着又日夜不停地赶路，通过爱杜依人领域，进入有两个军团在那边过冬的林恭内斯人境内，快得即使爱杜依人想在他的安全问题上玩花样也来不及。在他到达那边时，他派人通知其余别的军团，命令他们在他到达的消息尚未传到阿浮尔尼人那边去之前，集中到一起来。当维钦及托列克斯听到报告后，他领着自己的军队，重新又回到别都里及斯人境内，决定从那边出发去进攻波依人的一个叫戈尔哥宾那的要塞，这些波依人是在厄尔维几人的那次战役中被击败后，凯撒把他们安置在那边，作为爱杜依人的附庸的。

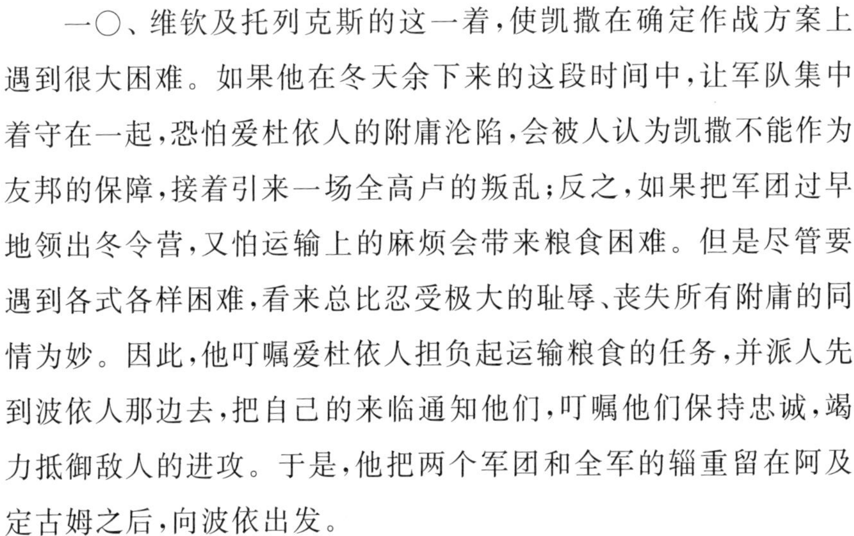

一〇、维钦及托列克斯的这一着，使凯撒在确定作战方案上遇到很大困难。如果他在冬天余下来的这段时间中，让军队集中着守在一起，恐怕爱杜依人的附庸沦陷，会被人认为凯撒不能作为友邦的保障，接着引来一场全高卢的叛乱；反之，如果把军团过早地领出冬令营，又怕运输上的麻烦会带来粮食困难。但是尽管要遇到各式各样困难，看来总比忍受极大的耻辱、丧失所有附庸的同情为妙。因此，他叮嘱爱杜依人担负起运输粮食的任务，并派人先到波依人那边去，把自己的来临通知他们，叮嘱他们保持忠诚，竭力抵御敌人的进攻。于是，他把两个军团和全军的辎重留在阿及定古姆之后，向波依出发。

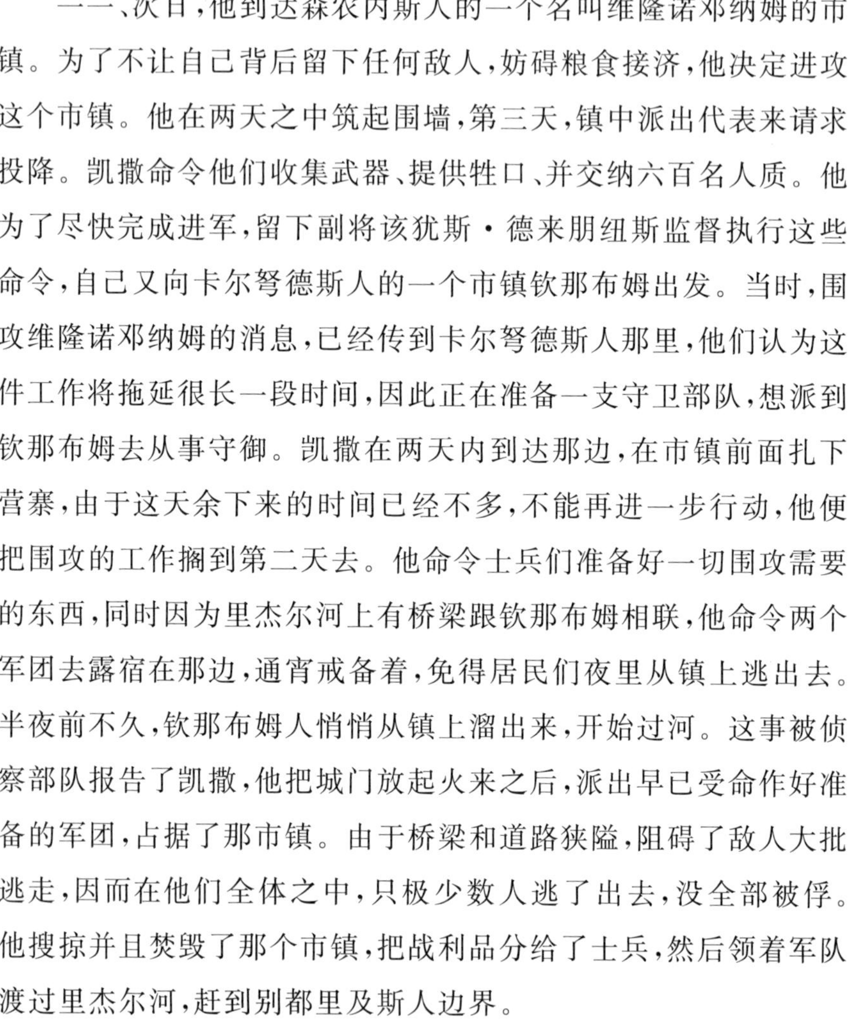

一一、次日，他到达森农内斯人的一个名叫维隆诺邓纳姆的市镇。为了不让自己背后留下任何敌人，妨碍粮食接济，他决定进攻这个市镇。他在两天之中筑起围墙，第三天，镇中派出代表来请求投降。凯撒命令他们收集武器、提供牲口、并交纳六百名人质。他为了尽快完成进军，留下副将该犹斯·德来朋纽斯监督执行这些命令，自己又向卡尔弩德斯人的一个市镇钦那布姆出发。当时，围攻维隆诺邓纳姆的消息，已经传到卡尔弩德斯人那里，他们认为这件工作将拖延很长一段时间，因此正在准备一支守卫部队，想派到钦那布姆去从事守御。凯撒在两天内到达那边，在市镇前面扎下营寨，由于这天余下来的时间已经不多，不能再进一步行动，他便把围攻的工作搁到第二天去。他命令士兵们准备好一切围攻需要的东西，同时因为里杰尔河上有桥梁跟钦那布姆相联，他命令两个军团去露宿在那边，通宵戒备着，免得居民们夜里从镇上逃出去。半夜前不久，钦那布姆人悄悄从镇上溜出来，开始过河。这事被侦察部队报告了凯撒，他把城门放起火来之后，派出早已受命作好准备的军团，占据了那市镇。由于桥梁和道路狭隘，阻碍了敌人大批逃走，因而在他们全体之中，只极少数人逃了出去，没全部被俘。他搜掠并且焚毁了那个市镇，把战利品分给了士兵，然后领着军队渡过里杰尔河，赶到别都里及斯人边界。

一二、维钦及托列克斯一知道凯撒到来，马上停止围攻，迎头向他赶来。凯撒却已经决定袭取在他进军路上的一个别都里及斯人的要塞诺维奥洞纳姆。当这个镇的使者赶出来恳求他饶恕他们，不要伤他们的性命时，他为了可以把余下来的事情像已经大部完成的事情一样迅速了结起见，命令他们把武器都收集起来，马匹也交出来，并且交出人质。在一部分人质已经交来，其余的各项要求也在执行的时候，有几个百夫长和少数兵士被派去收集武器和牲口，这时，作为维钦及托列克斯前锋的敌人骑兵，已经远远可以望到，市镇里的人一看到他们，以为有了得救的希望，一声发喊便抢起武器，闭上城门，上城把守起来。正在城中的百夫长们一看到高卢人的这副样子，知道发生了新的变化，就拔出他们的剑，抢着守住城门，让全体人员都安全退了出来。

一三、凯撒下令把骑兵带出营寨，跟敌人的骑兵战斗。当他的部下感到支持不住时，他又派四百名日耳曼骑兵去支援他们，这些日耳曼人是他一起始就决定留在自己身边的。高卢人经不住他们的冲击，被驱散逃走，损失了许多人之后退回大队。在他们被击溃的时候，镇中人又一次惊慌起来，捉住了那些被他们认为是煽动群众的人，把他们交给凯撒，自己也同时投降。这些事情办妥后，凯撒向阿凡历古姆镇赶去。这是别都里及斯境内最大、防御最好的市镇，坐落在一片极为肥沃的土地上。凯撒深信在重新占有这个市镇之后，就可以再次把整个别都里及斯族都拉回到自己这边来。

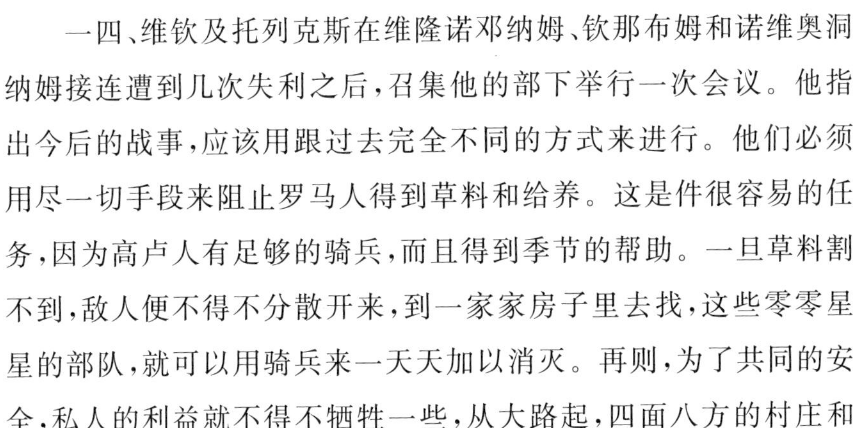

一四、维钦及托列克斯在维隆诺邓纳姆、钦那布姆和诺维奥洞纳姆接连遭到几次失利之后，召集他的部下举行一次会议。他指出今后的战事，应该用跟过去完全不同的方式来进行。他们必须用尽一切手段来阻止罗马人得到草料和给养。这是件很容易的任务，因为高卢人有足够的骑兵，而且得到季节的帮助。一旦草料割不到，敌人便不得不分散开来，到一家家房子里去找，这些零零星星的部队，就可以用骑兵来一天天加以消灭。再则，为了共同的安全，私人的利益就不得不牺牲一些，从大路起，四面八方的村庄和

房屋,只要敌人有可能闯去寻找草秣的,都应该烧掉。这些必需品,高卢人自己是有充分供应的,战事在哪一个族的境内进行,他们就会支援他们。但罗马人却经不起饥荒,不得不冒更大的危险,跑到离开大营更远的地方去找。对高卢人来说,无论杀死罗马人也好,夺取他们的辎重也好,反正都是一样,因为罗马人失掉辎重,也就没法再战。此外,任何市镇,如果防御工事和自然条件不足以保障它,使它不用担心一切危险的,都应该烧掉。一方面使它们不至于成为逃避兵役的高卢人的避难所,另一方面,也不至因给养和战利品堆得太多,招惹罗马人来劫掠。这些措施看来很残酷、很痛心,但他们应当考虑到,作为被征服者必然的下场,他们的妻子儿女会被拖去奴役、他们自己会被杀死,要比这更惨痛得多。

一五、这个主张得到一致赞同。别都里及斯有二十个以上市镇被纵火烧起来,别的邦也都这样做,四面八方都可以看到一片火光。这虽然使所有的人都感到很大的痛苦,但他们都安慰自己说,他们的胜利已经万无一失,自己的损失很快就可以得到补偿。他们在一次全体大会上考虑阿凡历古姆这个市镇应该烧掉还是守住时,别都里及斯人爬在全体高卢人脚下恳求这些人,千万不要强迫他们亲手烧掉这个差不多是全高卢最美丽的城市、他们国家的安全保障和掌上明珠。他们声称:他们可以很方便地利用它本身的地形来保卫自己,因为它差不多四面都由河流和沼泽包围着,只有唯一的一条狭窄的小路可以通向它。他们的要求得到了允许。虽然维钦及托列克斯最初反对,但后来也被他们国人的恳求和群众的同情说服了,给这个市镇挑选了适当的守卫者。

一六、维钦及托列克斯抄近路紧跟着凯撒,选定一个离阿凡历古姆十六罗里、由沼泽和森林障蔽着的地点，作为自己的营地。由于一天之内的每个刻时都有排定的探报人员，他能够随时知道阿凡历古姆发生的事情，并且把所要做的工作布置下去。他做到了使我军的采牧部队和收集谷物部队的一举一动都处在他的监视之下。这时我军因出于无奈，不得不越跑越远，他就趁他们分散开来的时候进攻他们，使他们遭到很大的损失，尽管我们在这方面也采取尽可能事先设想到的一切措施，作好预防，像行动的时间不固定、走不同的路等等。

一七、凯撒把自己的营寨扎在那市镇没有被河流和沼泽围拢起来的这一面，正如前面所说，有一条狭路可以通到镇上。他着手准备壁垒、建造盾车、架起两座木塔，但限于当地的地形，无法筑起长围来。他不住地催促波依人和爱杜依人解决粮食供应问题。爱杜依人对这件工作缺乏热情，帮助不大，波依人则苦于没有较大的积储，因为他们的国家又小又弱，很快就把他们所有的全耗光了。由于波依人的贫乏、爱杜依人的冷淡、再加上房舍的被焚毁等等，使我军的粮食遭到很大困难。军士们竟多天没有粮食，不得不用远处村庄驱来的家畜，应付极度的饥饿。但从他们的口中，绝对听不到任何一句跟罗马人的尊严不相称、跟他们过去的胜利不相称的话。相反，当凯撒分别对正在工作的各个军团谈话，宣称如果缺乏粮食的情况真使他们无法忍受，他可以停止围攻时，大家异口同声要求他别这样做。他们说，他们在他的统率下已经服役了多少年，从没受过耻辱，也从没干过一件事半途而废；他们认为把已经开始的围攻中途息手，是一件可耻的事。随便吃什么样的苦，总比不给被高卢人玩弄阴谋杀死在钦那布姆的罗马公民报仇好。他们

把这种意见告诉了百夫长和军团指挥官们，通过他们转告凯撒。

一八、那时，木塔已经靠近城墙。凯撒从俘虏口中知道，维钦及托列克斯已经耗光了牧草并且把他的营寨移到稍稍靠近阿凡历古姆的地方来，现在他已亲身带着骑兵和习于夹在骑兵中作战的轻装步兵，到一个地方去埋伏，他相信我军明天一定要到那边去放牧。得知这消息后，凯撒在半夜中悄悄进军，早晨时到达敌军的营寨。他们很快就从侦察人员口中得知凯撒的来临，在将车辆和辎重藏于森林中比较隐蔽的地方后，又把全部军队在一个高高的、空旷的地方列下阵来。接到这消息后，凯撒下令迅速把行囊集中堆在一起，准备好武器。

一九、那边有一座从山脚平缓地上升的小山，差不多每一面都围有极危险、极难于通行的沼泽，其阔不超过五十罗尺。高卢人很信赖这处地形，拆掉桥梁之后，把人马按国别分开，布列在这山上，还分别用可靠的守卫把守住那沼泽的每一个渡口和小径，决定如果罗马人企图突过沼泽，就趁他们涉渡时行动艰难，从高处冲下来压倒他们。因此，人们一看到双方相距那么近，都会以为高卢人已准备在势均力敌的形势下决战；但任何人只要一注意到双方所处的地势不相同，就都会知道他们只是在装模作样，虚张声势。士兵们看到敌人居然敢在离自己这样近的地方不动声色地面对着我们，都非常愤慨，要求发出战斗的信号。但凯撒向他们指出；这场胜利必然要以极大的损失、极多勇士的性命去换得来。他说：他已经看到，为了他的声誉，他们已经下定决心，不避任何危险，但在这种情况之下，如果他也不把他们的性命当一回事，不把他们看得比自己的安全更可贵，那就该被认为是毫无心肝的人了。在这样抚

慰过士卒之后，他在当天把他们领回营寨，开始把围攻那市镇需要的其余东西都安排妥当。

二〇、当维钦及托列克斯回到他的同伙那边时，被他们指控为叛徒，因为他不但把营寨移近了罗马人，而且带走全部骑兵，走的时候又没指定一个统帅，让这么大的一支军队留在那边没人统率；特别因为在他一离开之后，罗马人就利用这个极好的机会迅速地进逼过他们。他们相信，所有这些事情，都不会是没有事先布置，偶然发生的。他们说他宁愿由凯撒赏给他高卢的王位，却不愿意通过他们的爱戴取得它。他对这些指控，用下列的话作了回答：他的移动营寨，是因为缺乏草料，就连他们自己也曾劝说过他；他所以移近罗马人，是因为那地方的地形给他的启发，这是一处可以利用本身的有利条件来保卫自己的地方。再则，在沼泽地带，骑兵不再十分需要，而在他赶去的那地方却很有用。他离开的时候没把最高指挥权交托给别人，也是有用意的，为的是怕那个代表他的人经不起大家的热情催促，贸然作战——他知道，由于大家意志不坚，再也忍受不住艰苦，所以都在盼望作战。如果罗马人在这地方的出现纯是出于偶然，高卢人就应该感谢幸运之神，即使罗马人是某些人故意召来的，高卢人也该谢谢这些人，因为他们使高卢人能够居高临下地观察一下罗马人，看看他们的数目是如何少得可怜，他们的勇气也是何等可鄙，临阵不敢一战，却可耻地退回营寨去。他不想用背叛祖国的办法到凯撒手里去取得首领的地位，他可以凭借一场自己和全高卢的胜利来取得它，反正这是已经拿稳了的。他说：但是，如果你们给我这个称号，为的是想给我锦上添花，增加些虚荣，而不是要依靠我获得安全，我宁可把它还给你们。你们试

听听这些罗马兵士的话吧，你们就可以相信我的这些话是出于一番真诚了。他领来几个奴隶，他们是几天以前在打草时被截获的，已经饱受饥饿和镣索之苦。他们事先就被教过一番，如果人家问时，该怎么回答。他们说：他们是军团中的官兵，迫于饥饿和困乏，偷偷跑出营，到四野中瞧瞧能不能找到谷物或者牲口的。全军人员都在遭受同样的饥荒，再没有人剩下一点精力，也再没人能负担体力劳动，因此统帅决定，如果攻拔那市镇的工作仍不能取得进展，三天内就把军队撤回去。维钦及托列克斯说：这些就是你们沾我的光，而你们却在控告我背叛。由于我的努力，你们看到这样强大、这样战无不胜的军队，没有要你们流一滴血，就被饥饿摧毁了，在这支军队从这地方可耻地逃出去时，也已由我作了安排，将没有一个国家肯接受它到自己的领土里去。

二一、全体人员齐声叫喊，同时还像平常他们同意人们发言时那样，敲击他们的武器。他们叫着说：维钦及托列克斯是最最伟大的领袖，他的忠诚绝对没有可以怀疑的地方，战事也不可能有更英明的策略。他们决定应该在全军中挑选出一万人来，送进市镇里去，免得把大家的共同安全单单交给别都里及斯人负责。因为他们认为整个战争的胜利与否，全决定在能否保牢这个城市上面。

二二、我军无可比拟的勇敢，却遇上高卢人层出不穷的诡计，因为他们原是一个极机灵的民族，最善于模仿和制作别人传去的任何事物。这时，他们用套索拉开我们的挠钩，一旦它们被捞住，就用绞盘把它们硬拖进去。他们还通过坑道来挖断壁垒，特别因为他们国家有极大量铁矿，懂得并且采用过各种坑道，所以在这方面有专长。再则，他们还在城墙上四周都筑起了木塔，上面覆盖着毛皮。在他们日夜经常突围出击的时候，他们不是试图纵火焚烧我军的木塔，就是攻击正在忙于工作的士兵。不管我军的木塔由于壁垒在每天增高而抬高了多少，他们总也是在自己的木塔上支起新的木架，使它跟我们的一样高。他们同时还开掘反坑道来挖通我军的坑道，用熏硬并削尖的木材、炽热的树脂和极重的石块来阻止它向前伸进和接近城墙。

二三、所有高卢的城墙，大致都用这样的方式建成：沿着城墙所需要的长度，把直的木材各各隔开两罗尺，平行着横置在地上，它们靠里的一端，互相接牢，上面覆盖大量泥土，前述的两罗尺间隔，用巨石堵塞住它的前端。把这些木材放好并且联牢以后，上面再加上第二排，木材与木材之间仍跟上述的一排一样，也留有两罗尺间隙，但上下两排之间的木材互相错开着，避免彼此相遇。彼此间既都有相等的间隔分开，每一间隔中又各有石块牢牢地嵌紧，整个结构就这样接成一气，一层接一层，直到城墙所要达到的高度为止。这工程由于木柱和石块一直排一直排都很整齐，在外形上并不单调难看，而且它在实际保卫市镇上有明显的效用，它的石头可以防止火攻，木柱可以防止撞锤，由于它的内部通常有四十罗尺长的一列列木材联牢，因此它既打不穿，也拉不倒。

二四、这些情况妨碍了围攻，部队虽然整个时间内都受到严寒和连续不断的阵雨阻碍，但由于不断的努力，他们仍旧能够克服所有这些困难，在二十五天中，造起一座宽三百三十罗尺、高八十罗尺的壁垒，这差不多一直接到了敌人的城墙。凯撒仍照他的习惯，为监视着那工程而露宿，督促士兵们一刻不停地工作。但在快近三更的时候，忽然看到壁垒冒起烟来。原来敌人已通过一个反坑

道把它纵起了火。同时，沿着城墙到处发出一片喊声，敌人突然在罗马木塔两面的城门中突围出来，另外一些人又在城墙上面距离很远的地方将火把、干柴掷到壁垒上来，并且把各式各样树脂和能引火的东西倒下来，因而一时简直无法考虑军队究竟应该先赶到哪一边或者先去帮助哪一部分才是。幸亏由于凯撒事先指令两个军团不分昼夜地在营寨前执行着警戒，他们中间正有很多人轮班守在工事上，马上就布置一些兵士去抵御那些突围出击的敌人，另外一些人去把木塔拖回来，并把壁垒的一部分挖断。全军都从营中冲来扑灭火焰。

二五、当这一夜的其余时间都已度过时，战斗还在各处进行着。敌人因为看到木塔前的行障已经烧掉，没有掩护，我军难于赶上去支援，他们这面却不断有生力军来替换疲乏了的人，因而他们可能获胜的希望又重新恢复了，同时他们还深信，全高卢的安危都系在这一瞬之间。于是，就在我们亲眼目睹之下，发生一件我们认为颇值得一叙、不应该略去的事情。有一个立在市镇城门前的高卢人，把别人递给他的树脂和油膏，一团团的投掷到正在焚烧的一座木塔的火焰中去，当他被一架弩机射过去的矛洞穿右肋，倒地死去时，这批人中站在他后面的另一个人，跨过他的尸体，继续这一工作，当这第二个人又被弩机以同样的方式射死时，又有第三个人接了上去，接第三个人的是第四个人，那地方防守的人始终没中断过。直到那壁垒上的火被扑灭，四面的敌人都被逐走，战斗告结束时才止。

二六、高卢人试尽各种方法，仍一事无成，他们就决定按照维钦及托列克斯的劝告和命令，于次日逃出市镇。他们准备在半夜静寂的时候行动，希望能避免自己的人大量损失，因为维钦及托列克斯的营寨离开这个镇不远，而且在他们跟罗马人之间到处有连亘不断的沼泽隔开着，可以阻碍罗马人追逐。当黑夜到来，他们已经准备好这样做时，妇女们突然冲出门来，啼哭着爬在她们男人们的脚下，用各种哀求的话求他们不要让她们以及他们共有的孩子——这些因为性别和体力无法逃走的人——落到敌人手里去吃苦。通常在极端危险时，恐惧总是不容有怜悯之心的。当她们看到男子们坚持自己的主张时，她们便开始齐声喊叫，把他们要逃走的打算泄露给罗马人。于是高卢人惊慌起来，害怕被罗马骑兵赶在他们前面把路截住，便放弃了这计划。

二七、次日，当木塔已移向前方，凯撒决定建筑的工事也完成时，忽然来了一场很大的暴风雨，他看到这时安置在城墙上的守卫注意力已经稍许松懈了一些，认为这场暴风雨对于执行自己的计划是有利的，便命令他的部下在工事里故意懒洋洋地逛荡着，同时把他希望做的事情告诉他们。军团士兵们在行障后面秘密作好行动的准备。他鼓励他们说：现在他们辛勤劳动换来的胜利果实终于要收获了。他又对首先登上城墙的人许下酬奖，然后向士兵们发出号令。他们突然从各方冲出来，城墙上很快就到处是人。

二八、敌人被这突然的行动吓慌了，从城墙上和木塔上溃退下去，在市场上和别的比较开旷的地方排成楔形阵势，他们想，不管敌人从哪一方面来攻击，他们就用已经摆好的阵势迎击。但当他们看到敌人没有一个人跑下平地来，却在沿着城墙四面散开去时，恐怕逃走的希望被断绝，就抛掉自己的武器，一路横冲直撞，向市镇最偏僻的地方逃去。其中一部分在城门狭隘的出口处拥挤成一

团时，被我军步兵杀死，一部分已经走出了城门的，也被骑兵歼灭。这时谁都不忙于获取战利品，钦那布姆的屠杀和长期围攻的辛苦，使士兵激怒得不顾一切，无论是年迈的老人、妇女还是儿童，概不饶过。最后，在数达四万的居民中，只勉强剩下了最初一听到喊声就跑出市镇的八百人，安全到达维钦及托列克斯处。这时已经是深夜，他悄悄接待了这些逃到他这边来的人，免得因为他们一大群人涌入营寨，再加上兵士们的怜悯之心被激发起来后会引出一场变乱来，在把他的熟人和这些邦的首领们安排到路比较远的地方去之后，又设法把他们分开，带到原先按族分配营地时就分给他们自己人的那一部分去。

二九、维钦及托列克斯在次日召集了一个会议，安慰和鼓励他的兵士，叫他们不要意志消沉，也不要为了失败而烦恼。罗马人所以取得胜利，既不是依靠勇气、也不是在堂堂正正的战斗中获得的，只是全凭谋略和攻城的技巧，这些却正是他们高卢人不懂的东西。如果他们希望在战斗中能够到处一帆风顺，自然不可能。他本人就从来没同意过要保卫阿凡历古姆，这件事，他们自己可以做他的证人。只是由于别都里及斯人的轻率和其余人的随声附和，才引来这样一场惨祸。虽则如此，他很快就会用更大的成就来补偿它，他会凭仗自己的努力，把和高卢其他各国不合作的那些国家都拉到自己这边来，产生一个全高卢统一的行动计划。全高卢一联合，全世界都将无法阻挡，这一点，他几乎就要将其实现了。同时，为了共同的利益，他们应当听从他的要求，动手给营寨筑上防御工事，以便更有效地抵御敌人的突然攻击，这才是合理的做法。

三〇、对高卢人来说，这番话是相当动听的。首先因为他本人就没有由于他们遭到惨败而垂头丧气，也没有躲起来，跟大家避而不见。他被大家认为是比别人更有远见和卓识的人，在事情的成败还未定局时，他就是第一个倡议把阿凡历古姆烧掉、后来又主张把它放弃的人。因此，在别的指挥官身上，厄运往往会削弱他们的威信，但他的威信却相反地因为遭到失败而一天比一天更加提高。这时，因有他的保证，高卢人都相信会把其余诸邦也一起拉到自己这边来，于是，他们破天荒第一次动起手来为自己的营寨建筑防御工事。虽然他们不习惯劳动，但这时在惴惴畏惧的心情之中却认为无论什么样的命令都得执行和忍受了。

三一、维钦及托列克斯果然说到哪里就做到哪里，竭尽力量争取其他各邦，用礼物和诺言拉拢它们的一些领袖。他并且为这个目的遴选了合适的人员，他们都是一些能用巧妙的辞令和私人友谊轻轻易易把每一个首领拉拢过来的人。在阿凡历古姆沦陷时逃出来的那些人，他也设法发给了武器和衣服。同时，为要补充减少了的军队，他分别向各邦索取一定数目的兵员，规定了他所需要的数目以及送他们来营的日子。他又命令把所有的弓弩手——在高卢有很多这种弓弩手——都送到他这里来。通过这些方法，阿凡历古姆遭到的损失很快就弥补过来。同时奥洛维果的儿子、尼几阿布罗及斯的国王都托马得斯——他的父亲曾由罗马元老院给予“友人”的称号——也带了大批骑兵，来到他这里，这些骑兵有的是他自己的，有的是他从阿奎丹尼人中间雇来的。

三二、凯撒在阿凡历古姆停驻了几天，在那边发现数量极大的谷物和其他给养，使他的军队在疲劳和匮乏之后，得到恢复的机会。这时冬天几乎已经过去，大好季节正在召唤他把战事进行下

去。他决定向敌人进军，试一下是不是能把敌人从沼泽和森林中引出来，或者用围困的方法把他们压垮。正当这时，爱杜依族的一些领袖负了一个使命来见他，要求他在他们国家万分危急的时候，援助他们。他们说：事情真是千钧一发，危险到极点，因为按照他们自古以来的习惯，总是选出一年一任的一个首领来掌握国王一般的权力，但现在却有两个人在行使这个职权，各人都自称是合法选出来的。其中一个是孔维克多列塔维斯，是个富裕、卓越的青年，另一个是科德斯，出身于一个极古老的家族，本人有很大的势力，亲属戚党也都很显赫，他的兄长瓦雷几阿克斯在前一年已经担任过这一个职务。全国都处于备战状态，元老院分裂了，人民也分裂了，他们各人都有自己的一批追随着，如果再拖延下去，国家的一部分必然要和另一部分自相残杀起来。只有依靠凯撒的力量和权威，才能阻止这种事情。

三三、虽然凯撒知道搁下这边的战事和敌人而到别处去，是一件很有害的事，但他也很了解这种争执通常会引起多大的麻烦来。因而，为要防止跟罗马关系这样密切的一个大国——而且也是他自己爱护备至、用尽方法奖饰和推崇的一个国家——动起武来自相残杀、甚或自觉力量不敌的一方向维钦及托列克斯求救起来，不得不事先采取一些预防的措施。因为爱杜依人的法律不准掌握最高领导权的人离开国家，他为了免得被人们当成是轻蔑他们的制度和法律，决定亲身赶到爱杜依人境内，并召集他们的全体长老和争执的双方，到特乞儿亚来会见他。差不多全国都集合到那边。他接到报告说，这两个争王位的人，其中一人是在一个只有少数人参加、而且时间和地点都不合法的秘密会议上，由他的兄弟宣布他当选的，而他们国家的法律却不但禁止一个家族中同时活着两个曾经担任首领的人，甚至还不许一个家族中有两个人同时作为长老院的成员。因此，他强迫科德斯辞去最高统治权，并命令那个由祭司们按照国家首领缺位时的惯例选出来的孔维克多列塔维斯接掌大权。

三四、在他们中间作出这个裁决之后，他叮嘱爱杜依人忘掉纠纷和嫌怨，停止一切争执，全心全意投入目前的这场战争，只要等他征服了高卢，就会把他们那份应有的酬报给他们。他吩咐他们迅速把所有的骑兵和一万名步兵派到他那边去，以便把他们分派在各个据点上保护粮运。他于是把军队分成两部分，四个军团交给拉频努斯带去讨伐森农内斯人和巴里西人；六个军团他亲自率领着，沿厄拉味尔河，直抵阿浮尔尼人境内的及尔哥维亚镇。他把骑兵的一部分分给拉频努斯，一部分留给自己。维钦及托列克斯一听到这个，马上把那条河上的全部桥梁都拆掉，开始在河流的对岸沿着河前进。

三五、两军互相看得到对方，而且差不多面对面安下了营。敌人为要防止罗马人筑起桥来，领着军队过河，到处都布置了岗哨。因此凯撒遭到很大的困难，看来他有大部分夏天都要被阻止在河这边的危险，因为厄拉味尔河通常在秋天以前是不能涉渡的。为要避免这一点，他把营寨筑在一片林中，正对着维钦及托列克斯命令拆去的一座桥。次日，在命令两个军团隐藏好以后，他让其余的军队按照习惯，带着全部辎重前进，他把几个营故意拉得很开，使军团的数目看来仍旧像往常一样。这支军队奉命走得愈远愈好。当他根据天色，估计到他们已经安全进入营地后，便开始在原来的

桥基上——它的下部仍旧完好——重新建筑桥梁。这工程很快就告完成，军团被带过河去，选定一个适当的地点扎营后，他又把其余的军团重新召回来。维钦及托列克斯接到这件事情的报告后，就将他的军队以急行军的速度带到前面去，避免违反自己的意愿被迫接受战斗。

三六、凯撒从那地方出发，经过五天行军，赶到及尔哥维亚。就在这天，骑兵发生了小规模的接触。该镇的地形也已经探明，它建立在一座非常高峻的山上，所有上山的道路都很陡急。他估量到绝不可能用突击的方式攻下它，在自己的粮食供应没安排妥当之前，也不可能围困它。维钦及托列克斯却傍着市镇，在山上安下营寨，把军队按照国别，各自相距一段适当的路程，环绕着自己布开，将可以俯瞰罗马营寨的山头都占据了，显示出一副声势浩大的样子。他命令那些选出来供自己咨询军务的各国首领们，在每天天明的时候到他这里来，以便讨论或者布置什么事情。差不多没有一天他不用夹杂着一些弓弩手的骑兵来作些小接触，借此考验他的每一个部下的意志和勇气。山脚下面，正对着城市的地方，有一座小丘陵，形势非常险要，四面也都很陡，假使我军能把它占领下来，看来就可以把敌人的大部分水源切断，并且阻止他们自由放牧。但这地方却有他们的一支不很强大的驻军守卫着。凯撒在深夜中悄悄出营，在镇上还来不及赶来援助以前，赶走了驻军，占有这个地点。他派两个军团驻扎在那边，又挖了一条双重平行的防护沟，各宽十二罗尺，从大营直达这个小营，因此，即使一个单身的兵士，也可以安全地来来去去，不怕敌人的突然攻击。

三七、战事正在及尔哥维亚附近进行时，爱杜依族的那个孔维

克多列塔维斯——即我们上面所说，凯撒把首领的职位判定给他的那个人——受了阿浮尔尼人的金钱贿赂，跟一些年轻人在一起商谈，这些人中最主要的，是出身于一个极显赫的家族的李坦维克古斯和他的兄弟。他把贿赂分给他们，还鼓励他们不要忘记自己生来就是自由的，而且是统治别人的人。爱杜依邦是阻碍高卢获得必然胜利的唯一一个国家，其他各邦都在爱杜依的势力控制之下，一旦把它争取到手，罗马人在高卢就将无立足的余地。他自己虽然在凯撒手中得到过一些好处，但凯撒判给他的，本来就是他有最正当的理由得到的东西，而他对全国的自由，却负有更大的责任。为什么爱杜依人要凯撒来决定有关他们本身权利和法律的事情，罗马人的事情却不由爱杜依人来决定呢？这些年轻人很快就被首领的这番话和贿赂勾引过去了，答应说，他们要做这个计划的带头人。但他们不敢相信他们国里的人马上就能够被贸然牵到战争中去，便开始探索一个实现这计划的方法，决定把李坦维克古斯派做遣送到凯撒那边去助战的一万军队的司令，由他率领着前去，他的兄弟提前一步先到凯撒那边去。这计划的其他部分该怎样做，也拟订了办法。

三八、李坦维克古斯接过了军队，当他距离及尔哥维亚大约三十罗里时，他突然召集部下，哭着对他们说："兵士们，我们赶到哪里去呢？所有我们的骑兵、所有我们的贵族，全都已经遇害了，我们国家的领袖厄朴理陶列克斯和维理度马勒斯，也被罗马人指控为叛逆，没有经过审问就处死了。你们可以从逃出这一场屠杀的人口中了解这件事情的真相。至于我，我的兄弟和所有的亲戚都已经被杀，悲痛已经哽得我没法再对大家诉说发生的事情了。"经

他教导过应该怎么说的那些人被领了出来，把李坦维克古斯已经讲过的话，对大家又讲了一遍，说爱杜依的许多骑兵，因为被控跟阿浮尔尼人有往来，被处了死刑，他们自己全靠躲在大伙兵士中，才能从屠杀中逃出了性命。爱杜依人异口同声嚷着要求李坦维克古斯为大家的安全着想，出出主意。他叫着说："难道事情就只要出出主意吗？难道没有极端的必要让我们迅速赶到及尔哥维亚，去参加阿浮尔尼人一伙吗？我们还相信罗马人在犯下这样的滔天罪行之后，不会正在赶来屠杀我们吗？因此，假使我们还有三分志气的话，就应该给那些死得最最冤枉的人报仇，杀死这些强盗！"一面说，他把那些因为信赖他们的保护，跟着他们一起走的罗马公民指给他们看，他抢劫了大量谷物和粮食，用残酷的刑罚杀死了这些罗马人。他派使者周历爱杜依全境，用骑兵和领袖们遭到屠杀的谣言来煽动他们，嗾使他们也照他已经做的那样来给自己报仇。

三九、跟骑兵一起来的人中间，有由凯撒指名召唤来的那个叫厄朴理陶列克斯的爱杜依人，这是一个家世极显贵、在他们国内势力也极大的青年人，跟他一起来的还有那个维理度马勒斯，年龄和势力都和他相仿，就只家世比较差些，是经过狄维契阿古斯推荐，由凯撒把他从微贱中提拔到显要的位置上去的。因为争夺领导地位，他们两个人之间存在着争执，在新近为了选举首领而发生的纠纷中，他们一个竭力支持孔维克多列塔维斯，一个竭力支持科得斯。这两个人中的厄朴理陶列克斯，一听到李坦维克古斯的计划后，就在半夜里把这事情报告给凯撒。他恳求凯撒千万不要让这个国家跟罗马的友谊，被这些年轻人的阴谋葬送掉，但他预料到这种情况可能是会发生的，只要那成万兵士一加入敌军，他们的亲戚便免不了要关心他们的安全,国家便也不会当它无足轻重了。

四〇、由于凯撒往常对爱杜依人总是特别关怀,因此,这报告引起他极大的忧虑。他毫不犹豫地立刻把四个轻装的军团和全部骑兵都从营寨里领出来。这时,成败关键全在于行动迅速,因而他连把营寨相应地缩小一些的时间都没有。他把副将该犹斯·费庇乌斯和两个军团留下来,作为营寨的守卫,一面命令把李坦维克古斯的兄弟拘留起来,但发现他已在不久前逃到敌人那边去了。他鼓励士兵们说,这种行军是迫于时机,万不得已的,千万不要因为疲劳,感到苦恼。于是,在全军极大的热情之下,一口气赶了二十五罗里路,到达看得见爱杜依军队的地方。他派骑兵迎上前去挡住敌军,阻止他们前进,同时又禁止大家杀伤任何一个人。他还命令被对方认为已经遇害的厄朴理陶列克斯和维理度马勒斯在骑兵队伍里往来走动,并招呼他们自己国里的人。当他们被认出来以后,李坦维克古斯的谎话马上被拆穿,爱杜依人开始伸手作出投降的姿势,并掷下自己的武器,请求饶恕。李坦维克古斯带着自己的部属逃到及尔哥维亚去了(高卢的习俗把部属抛弃自己的主子视作罪恶,即使在完全绝望的时候也是如此)。

四一、凯撒派使者到爱杜依邦去报告说:他本来可以根据战时的权利把他们都杀死,由于他开恩,都已经保全了性命。然后,在夜里给军队休息了三个刻时后,拔营向及尔哥维亚赶去。大约走到半路,费庇乌斯派来的一些骑兵,向他报告说:他们的处境非常危险。营寨正受到一支极其强大的敌军围攻,而且有源源而来的生力军替换疲乏了的人,我军士兵却因为不断劳碌,困顿不堪。由于营寨的面积太大,士兵们不得不一刻不离开壁垒。他们说:许多

人都被大量的箭和各式各样投掷武器射伤，幸亏弩机在抵抗上面起了很大的作用。在敌人退走后，费庇马斯除了留下两个门外，已把其他的门都堵塞住，壁垒上也加上了胸墙，为明天再发生同样的事情作下准备。凯撒接到这报告后，便在军士们极大的努力下，于日出前赶到营寨。

四二、正当及尔哥维亚发生这些战斗时，爱杜依人接到李坦维克古斯派去的第一批使者的报告。他们简直没让自己有查明真相的时间，有些人是受贪心的诱惑，又有些人是被愤怒和他们这个族所特有的轻率脾气所激动，毫无根据的传说也被当成事实。他们抢劫罗马公民的商品，有些人遭到杀害，其余的被拉去当了奴隶。孔维克多列塔维斯乘势推波助澜，煽动平民的怒气，他认为只要大家犯下罪，便会自己羞于回到清醒的道路上来。他们甚至以保证给予安全的诺言欺骗一个正在赶回自己军团途中的军团指挥官马古斯·阿里司几乌斯，让他离开卡皮隆弩姆镇，同样他们也逼着因经商而住在那边的人这样做，然后在路上不断的攻击他们，夺取了他们的全部行李，当他们动手自卫时，又对他们进行了一昼夜围攻。双方都死了许多人之后，他们招来更大一批武装部队。

四三、正在这时，消息传来说：他们的全部军队，都已成为凯撒手中的俘虏。他们马上都赶到阿里司季乌斯跟前，向他保证说，这些计划和行动都不是他们的国家授意做的。他们命令追查被劫去的财物，没收了李坦维克古斯和他兄弟的财产，并派使者到凯撒那边去为自己洗刷罪名。他们这样做，为的是想把自己的亲人弄回去。但是，罪恶已经玷污他们，从抢劫货物中得到的好处——这事牵涉很多人——也使他们迷了心，再加他们还怕受到惩罚，心中惴

惴不安。于是他们开始偷偷地策划战争，并派使者们到别的国家去煽动。虽然凯撒完全了解这一点，他仍然对他们的使者尽可能表示和蔼，对他们说：老百姓的无知轻率，并没使他对这个国家产生什么看法，也没有减少他本人对爱杜依邦的好感。他自己预料高卢即将发生一场比较严重的变乱，为了不让自己受到所有的国家包围，他正在计划怎样才可以从及尔哥维亚退出去，重新集合全部军队，但又不至于让这次因担心叛乱而作出的撤退，被敌人当做是逃跑。

四四、当他正在考虑这些事情时，一个一举成功的机会似乎自己送上门来。他到那小营去视察工事时，注意到敌人所占领的一处山丘，前些日子还到处拥满人，几乎把它遮得无法观察清楚，这时已经没人守卫。他在惊奇之下，向逃亡来的人询问原因——每天都有大批人逃亡前来——他们回答得完全一样，和凯撒从自己的侦察人员那里得到的报道也完全相符。他们说：那座山后面的山坡，差不多完全是平坦的，只是有很多树木，又很狭隘，那边有一条路可通到市镇的另一边。他们说：高卢人十分担心那地方，他们不怕别的，就只怕罗马人已经占有这座山，如果再失掉那一座，他们就将陷入包围，所有出路和采牧都被切断，为此，维钦及托列克斯把所有的人都召到那边去筑工事了。

四五、听到这报告时，凯撒就在刚过半夜时，派几队骑兵到那边去，他命令他们到各处去驰驱奔走，故意比平时更加大声地喧闹。天明时，他又命令把大批运辎重的骡于从营里赶出来，叫骡夫们去掉骡子身上的驮子，戴上头盔，装扮成骑兵的样子，骑着它们故意很招摇地满山遍野兜圈子。他还派少数骑兵混在他们一起，

更广泛地到处驰突，故意张大声势，让别人看到，并叫他们在到处兜转之后，全部到一个地方去集中。因为及尔哥维亚是可以俯瞰我军营寨的，这行动马上就被镇上老远看到，但由于隔着这么大的一段距离，无法看出真相。他派一个军团，也向那山脊走去，当它刚走了不多路时，又叫他们在一处低地停下来，躲进林中。高卢人的疑虑更为增加，他们的所有兵力都转到那地方去构筑防御工事。凯撒注意到敌人的营寨已经空虚，便命他的部下掩好军中的表饰[①]，藏起连队标志，把士兵们分成一小队一小队的从大营移向小营，以避免镇上人注意。他把他的意图告知派到各军团去担任指挥的副将们，特别告诫他们要把自己的兵士控制在自己身边，千万别让他们因为热衷于战斗或者贪图战利品，跑得太远。他说明地形不利可能造成的困难，说：只有迅速才可以补救它，这不是一个如何战斗的问题，而是如何出其不意的问题。在作了这样的说明后，他发出行动的号令，同时派爱杜依人从右面另一条上坡的路奔上山去。

四六、那市镇的城墙距平地——也就是山坡开始隆起的地方——如以直线计，不算中间的弯曲，约为一千步，但如果为了减少上坡的困难而作一些迂回，便不免要增加路程。大约从半山开始，高卢人用大石筑起一道六罗尺高的长墙，尽可能随着山势伸展开去，以阻挡我军的进攻。除山的下半部听其空着外，上半部一直到市镇的城墙，全布满了他们的营寨，密密攒集在一起。号令一发

① 表饰(insigne)——指区别一个人身份的一切标记和装饰，如百夫长盔上的羽毛饰物，士兵盾上的盾心花饰等。——译者

出，军士们很快跑近工事，越过了它，占领了三座营房。在占领营房时，他们的行动十分迅速，突然逮住了正在自己的营帐中午睡的尼几阿布罗及斯的国王都托马得斯，他光着上身，从抢夺战利品的兵士们手中逃了出去，马也受了伤。

四七、达到自己的目的之后，凯撒下令吹起退军的号子。这时伴随着他的第十军团立刻停止行动，但其余军团的士兵们，因为中间隔着一个很大的山谷，听不到军号的声音，虽然军团指挥官和副将们都在按照凯撒的命令，竭力阻止他们，但是，迅速取胜的愿望、敌人的奔逃以及前一时期的顺利战斗，都在激励着他们，使他们认为再没什么事情会困难到自己的勇气不能克服的程度。他们一直不停步地追，直到靠近城墙和市镇的门口才止。于是，市镇里到处都一片喊叫声。那些离开较远的人，被这种突然的叫喊声吓得惊慌失措，信以为敌人已经进了城门，飞奔逃出市镇。妇女们把衣服和银器从城墙上掷下来，敞开胸，伸出手，探身出来，要求罗马人饶过她们，不要像在阿凡历古姆那样，连妇女和儿童也不放过。有些妇女们手拉手吊下城墙，自动投向我军士兵。第八军团的一个百夫长卢契乌斯·费庇乌斯，据说那天曾在同伙中宣称：他已经被在阿凡历古姆获得的战利品打动了心，绝不让任何人比他先爬上城墙。在他那一个连中找到三个人作为伙伴，由他们把他抬起来爬上城墙，然后他又转过来把他们三个人也一一拉了上去。

四八、这时，前面所说的集中在市镇另一面建筑工事的那些高卢人，最先听到喊声，接着不断传来市镇已经被罗马人占领的消息。于是他们先派骑兵急急奔来，然后自己也大队赶来这边。首先赶到的人便抢着在城下站定下来，加入战斗人员的行列。在他

们聚起了大批人之后，不久以前在城上向罗马人伸手哀求的那些妇女，又开始恳求起她们自己的人来，并且按照高卢的风俗，露出乱蓬蓬的头发，把她们的孩子们也带到大家眼前来。罗马人在战斗中，无论就地势还是就人数讲，都不能跟敌人相比，他们还因飞速的奔跑和长时间的战斗而疲劳不堪，很难和新来的、精力充沛的人对抗。

四九、凯撒看到战斗在不利的地形上进行，而且敌人的兵力在源源增加，不禁为自己的部下担忧，就派人到他留下来防守小营的副将季度斯·塞克司久斯那边去，叫他迅即带出几个营来，布置在山脚下面敌人的右侧。这样，如果他看到我军被驱逐下来，就可以防止敌人恣意追逐。他自己也带着那个军团，从停驻的地方略略推进了一些，等候战斗的结局。

五〇、战斗正在短兵相接，激烈地进行，敌人倚仗着地势和人数，我们则凭仗着勇气。突然，凯撒为了分散敌人的兵力，命令从山坡右面另一条路上去的爱杜依人，在我军暴露着的侧翼出现。他们跟高卢人一式一样的武装，引起我军极大的惊慌，虽然也曾注意到他们按照一般公认的记号把自己的右肩袒露着，但军士们还不免怀疑这是敌人故意装出来欺骗他们的。与此同时，那百夫长卢契乌斯·费庇乌斯和那些跟他一起爬上城墙的人，都被包围杀死，从城上掷下来。同一军团的一个百夫长马古斯·彼得隆纽斯试图砍开一道城门，但却受到多数敌人围攻，陷于绝境。虽然受了许多伤，他还是对他那一连的跟着他的人说："既然我和你们不能一起脱身出去，我无论如何要保全你们这些因为热心博取光荣、却被我带进绝境来的人。一有机会，你们就各自设法保全自己吧！"

及尔哥维亚战役图

① 第十军团的第一次阵地　② 第十军团的第二次阵地　③ 第十军团的第三次阵地　④ 塞克斯久斯的第一次阵地　⑤ 塞克斯久斯的第二次阵地　⑥ 六英尺高的城墙　本图系根据洛布丛书复制，图中高地上标明的数字是海拔公尺数。

说完这些，他冲入敌丛中，杀死两人，把其余的逼得从城门口后退了一段路。当他的部下企图救他时，他说："别浪费时间救我，我已经血枯力竭，不能再动了，趁还有机会，快走，回到军团去吧！"一会儿后，他战死了，但把部下都救了出来。

五一、我军各方面都受到重重的压力，从那地方被驱逐出来，损失了四十六个百夫长。但驻在略较平坦的地方作为声援的第十军团却阻止了高卢人的恣意穷追。这第十军团又受到副将季度斯·塞克司久斯从小营带出来的、占据地势较高的地方的第十三军团的一些营的接应。军团一踏上平地，他们便把标志掉过头来，指向敌人，停下脚步，维钦及托列克斯带着他的部下，从山脚回进工事里去。那天我军损失了将近七百名士兵。

五二、次日，凯撒召集了一个会议，责怪兵士们的鲁莽和轻率任性，他们自己想前进便前进，想做什么便做什么，发了后退的号令也不停步，连军团指挥官和副将们也约束不了他们。他指出地形不利所能引起的后果，提到当他在阿凡历古姆突然赶上敌人既没司令、也没骑兵的时候，本来作过什么打算，但就是因为地形不利，为了避免在战斗中遭到哪怕是极微小的损失，他宁可放弃了十拿九稳的胜利。尽管他很赞赏他们的巨大勇气，营寨的工事也好，高山也好，市镇的城墙也好，全都挡不住他们，但他也同样要责怪他们的目无纪律和傲慢，自以为在胜利上面，在战斗的结局上面，懂得比他们的统帅要多一些。他说：他要求他的士兵们有纪律、能自制，并不亚于要求他们勇往直前、热情奔放。

五三、凯撒举行了这次集会，并且在结束谈话时鼓励士兵们，千万别因为这次事件就士气沮丧，也不要把这次因为地势不利而造成的损失，归之于敌人的勇敢。虽然他和前次一样，有意离开当地，但他仍旧把军团带出营寨，在合适的地方摆下战斗的阵势。维钦及托列斯照常把军队闭守在工事里，不下山到平地上来，只发生了一场小小的骑兵接触，我军占了上风之后，凯撒重把军队带回营寨。次日又重复了这样的一次战斗之后，他认为已经足够挫折高卢人的傲气，鼓舞士兵们的斗志，便移营进入爱杜依人境内。就这样，敌人也没来追赶，第三天，他重又修理了厄拉味尔河上的桥梁，把军队带了过去。

五四、他在那边会见了爱杜依的维理度马勒斯和厄朴理陶列克斯，从他们处知道李坦维克古斯已经带着全部骑兵去煽动爱杜依人。他们说，他们必须抢在前面，赶去抚慰这个邦，使它保持忠诚。凯撒已经有很多证据可以证明爱杜依人的狡诈，还了解到这两个人赶去，只能促使那个国家的叛乱爆发得更快些。但他还是决定不留他们，免得被人认为是伤害了这个国家，或者被人家当成是害怕。在他们动身时，他把自己带给爱杜依人的好处简单地提醒他们，说明爱杜依人最初是在什么样的情况下、什么样的屈辱状态之下遇见凯撒的。那时，他们被逼困守在要塞中间、失去了土地、丧失了全部财富、身上被强加着贡赋、还被用极端侮辱的方式抽去了人质，他却带给了他们什么样的好运和什么样的繁盛，不仅使他们回复到原来状态，而且在地位上、势力上还超过了过去一切时代。谈过这番话后，他遣走了他们。

五五、诺维奥洞纳姆是爱杜依人的一个市镇，处在里杰尔河畔一个地势很好的地点，凯撒把所有高卢的人质、粮食、公款以及他自己和士兵们的大部分行李都集中在那里。他还把为了这次战争

从意大利和西班牙买来的马，大批放在那边。当厄朴理陶列克斯和维理度马勒斯赶到那边时，知道了国家的情况，得悉李坦维克古斯已经被毕布拉克德——这是他们中间势力最大的一个城市——的爱杜依人接纳进去，他们的首领孔维克多列塔维斯和大部分长老也都已经赶到他那边去参加，还正式派使者到维钦及托列克斯那边去寻求和平和友谊。这两人认为千万不可失去这样一个良好时机，因而，他们杀死守卫诺维奥洞纳姆的部队和集中在那边贸易或正好路过的人，把钱财和马匹两个人分了，还设法把各国的人质都带到在毕布拉克德的他们的首领那边去。他们估计到没法守住这个市镇，便纵火把它烧掉，免得让它被罗马人去利用。凡是他们能立刻运走的粮食，通通都搬到船上，其余的全部被投入河中或火中毁掉。他们自己开始从邻近地区征集军队，并且在沿里杰尔河岸各地布下驻军和岗哨，为了威胁罗马人，他们又把骑兵派到各地去炫耀力量，希望能把罗马人的粮食供应切断，借饥饿来拖垮他们，把他们逐回行省去。有一件事情大大助长了他们这种希望，原来里杰尔河已经在雪后涨了水，似乎所有的渡口都已经绝对渡不过去。

五六、知道这事后，凯撒认为自己必须赶快争取时间，即或要冒些危险先造一顶桥梁也在所不计，一定要趁敌人还没在那边聚起大量人马以前作一次决战。他还感到自己绝不可以改变计划，掉过头来转入行省，谁也不会认为这是一件出于必要的事，一则这件事本身可耻丢脸，二则还得考虑到启本那山的险阻和道路的困难，更何况他派出去分别行动的拉频弩斯和跟他在一起的军团，特别使他刻刻挂念。因此，他就日夜不停、极迅速地赶了很长一段路

程，出乎大家意料地到达里杰尔河，利用骑兵找到一处适合当时需要的渡口，恰好士兵们可以让手臂和肩头露出水面，举着自己的武器过河。他把骑兵散开安置在河里，借以挡掉一部分水流的冲力，趁敌人刚一看到我军，惊愕失措时，把我军安然带过河去。他在田野里发现了谷物和大批牲畜，把这些物资补给了军队之后，他决定进入森农内斯人境内。

五七、当凯撒在这方面做这些事情时，拉频努斯把新近从意大利来的补充兵员留在阿及定古姆守卫辎重，自己带着四个军团出发到卢德几亚去，这是巴里西人的一个市镇，坐落在塞广纳河中的一个岛上。敌人得到他来临的消息，马上从邻近各邦集合起一支大军。最高指挥权被授予了奥来尔契人康慕洛勤纳斯。虽然他已经年龄很大，但由于他有卓越的军事知识，因此被授予了这个荣誉。他注意到那边有一片连续不断的沼泽流入塞广纳河，增加了这个地区地形上的困难，便决定把军队驻扎在那边，阻止我军渡过去。

五八、拉频努斯最初树起盾车，用柴把和泥土填没沼泽，试图拦出一条路来。后来他发现这工程太艰巨，就在第三更悄悄离营，仍由来的那条路赶到梅鞠塞杜姆，这是森农内斯人的一个市镇，跟我们刚提到过的卢德几亚一样，也坐落在塞广纳河的一个岛上。在捕获到五十艘左右船只、把它们很快联结在一起之后，他把他的一些士兵迅速载在船上过河，乘镇上的居民——他们已有很大一部分被召去参加战争——吓呆了的时候，没经战斗就占领了该镇。他修复了敌人前些日子拆毁的桥梁，把军队带了过去，开始沿河下行，赶向卢德几亚。敌人已由从梅鞠塞杜姆逃出去的人报告了这

件事情，他们命令纵火烧掉卢德几亚镇，拆掉这个镇上的那些桥，一面离开那沼泽，赶到塞广纳河边，就在卢德几亚对面朝着拉频努斯的营寨安下营来。

五九、这时，大家已听到凯撒从及尔哥维亚撤退的消息。关于爱杜依人叛乱和高卢起事成功的传说，也已经开始流布，高卢人在谈话中一口咬定说，凯撒的行军和渡过里杰尔河，已经遇到阻碍，粮食的缺乏，逼得他迅速退向行省。原先就心怀不良的俾洛瓦契人，一听到爱杜依人叛乱的事情，就开始集中军队，公开准备战争。形势变化得如此之大，使拉频努斯认识到他必须采取一套跟原来的打算截然不同的做法，他就不再考虑怎样获得进一步的成就，或者怎样挑动敌人出来应战，开始计划怎样才能把军队安然无恙地带回阿及定古姆去。这时，全高卢以最勇悍驰名的俾洛瓦契人紧追着他的这一边，康慕洛勤纳斯又带着一支准备齐全、部伍井然的大军夹住他的另一边，而军团和它的辎重以及守卫这些辎重的部队，却被一条巨大的河流横贯在中间，分成两处。突然面临这些严重的困难，他了解到只有依靠自身的坚毅，才能脱身出去。

六〇、傍晚时候，他召集了一次作战会议。他叮嘱部下必须小心谨慎、干劲十足地完成他所交给的任务。他把他从梅鞠塞杜姆带来的船只，分配给骑士们，各人一只，命令他们在第一更末时，悄悄顺流航下去四罗里，在那边等他。他把他认为作战能力最差的五个营留下来，作为营寨的守卫，命令这一军团的其余五个营带着全部辎重，在半夜时大声喧嚷着向河流的上游方向奔去。他又集中一些小船，跟他们同一方向前进，在鼓桨航行时故意弄得一片响声。不久之后，他自己也带着三个军团悄悄离开营寨，朝着他命

令船只航到那边去的地方前进。

六一、在他到达那边时，敌人布满河岸的岗哨，由于忽然发生一场暴风雨，在猝不及防中全都落在我军手里。军团和骑兵很快就在负责此事的罗马骑士指挥下，被送过河去。差不多就在同时，约摸天亮以前，敌人得到报告说：罗马营中发出异常的喧嚷声，而且有一支大军正在沿着河流逆流而上，同一方向还听到有划桨声，河流下游不远的地方又有军队正在由船只渡送过河。当他们听到这个时，他们认为军团正在分三路过河，又认为这是因为爱杜依人叛变，引起了大家的恐慌，所以正在准备逃命。于是，他们也把自己的军队分成三支，一支留在拉频努斯的营寨对面，作为守卫，一小支被派到梅鞠塞杜姆，直趋船只即将到达的地方，其余的由他们领着去对抗拉频努斯。

六二、刚天亮时，我军已全部带过河来，敌人的行列也开始看得清楚了。拉频努斯鼓励士兵们别忘记自己向来的勇敢和在战斗中取得过的多次光辉胜利，要和经常领着他们击溃敌人的凯撒亲自在场看着他们一样。于是，他发出战斗的号令。在第一个回合里，第七军团所处在的右翼，敌人被逐了回去，并且被击溃，而第十二军团防守的左翼，虽然第一列敌人被轻矛戳死倒下，其余的仍旧非常勇敢地对抗着，没有一个人露出要逃走的样子。敌人的领袖康慕洛勤纳斯亲自在那边鼓励着他的部下，最后胜利直到这时还不见分晓。当第七军团的军团指挥官们得到关于左翼情况的报告时，他们带着他们的军团，在敌人的身后露面出来，向敌人发动攻击。就这样他们还是没有一个人退缩，直到全部被包围歼灭为止。康慕洛勤纳斯也遭到同样的命运。至于留在拉频努斯营寨对面作

为守卫的那支高卢部队，一听到战斗开始时，就赶来帮助他们的同胞，占领了一处小山，但却挡不住已经获胜的我军的进攻，因而也就一起混到逃跑的人中间去了。凡是没受到森林和山岭掩蔽的，全都被骑兵杀死。拉频弩斯完成了这件事，回到存放全军行李的阿及定古姆，又从那边带着全军出发，在第三天到达凯撒那边。

六三、爱杜依人叛乱的消息一传出去，战争的范围就扩大起来。他们派代表到各方面去，凡是可以利用来拉拢煽动各国的手段，恩惠、权威、金钱等等，统统都用上了。在攫取了凯撒寄放在他们那边的那些人质之后，他们就以处死这些人来恐吓那些动摇的人。爱杜依人邀请维钦及托列克斯到他们这里来，商谈作战的计划。当他们的要求得到同意后，他们坚持要求把指挥作战的最高大权交给他们，在这件事情上发生了争论。于是在毕布拉克德召开了一个全高卢的大会，许多人都从各地赶来，集中到那边。这问题被提交给大家表决，全体一致同意由维钦及托列克斯担任统帅。其中只雷米人、林恭内斯人和德来维里人没参加会议。前两个邦是因为考虑到跟罗马人的友谊；德来维里人则因为离开太远，而且自己正在受到日耳曼人的沉重压力，这就是他们所以没有参加战争，也没派人帮助任何一方的原因。爱杜依人被夺走了领导权，大为懊丧，抱怨自己背运，还失掉了凯撒对他们的关怀爱护。但由于已经参加了战争，不敢再背着其余各邦单独作自己的打算。至于年轻而又野心勃勃的厄朴理陶列克斯和维理度马勒斯，则更是万分无奈地听命于维钦及托列克斯。

六四、维钦及托列克斯向别的国家索取人质，还指定了具体的交到日期。又命令把数达一万五千名的全部骑兵，很快集中起来。

他说：他本来不想试运气，也不想面对面作一次正式决战，原先有的步兵，已经可以满足了，但如果有足够的骑兵，就可以很容易地阻止罗马人取得粮食和草料。他还说：只要他们肯下定决心毁掉自己的谷物，烧掉自己的房子，这些家财的损失，将使他们换来永久的主权和自由。他作了这些安排后，向爱杜依人和毗连行省的塞古西阿维人索取一万兵士、外加八百骑兵，把厄朴理陶列克斯的兄弟派做他们的指挥，命他们去跟阿罗布洛及斯人作战。另一方面，他又派伽巴里人和靠近他们的几个阿浮尔尼人的地区去跟厄尔维人作战。同样，他派卢登尼人、卡杜尔契人去蹂躏沃尔卡族的阿雷科米契人的领土。同时他还企图通过秘密的信使和代表，把阿罗布洛及斯人拉拢过去，极希望他们在最近那次战争之后①，激动的心情仍还没安定下来。他答应送钱给他们的领袖，又答应把整个行省都给他们的国家。

六五、可以应付这一切事变的驻防部队，一共只有副将卢契乌斯·凯撒从全省集中起来的二十二个营。厄尔维人自告奋勇地跟他们的邻人作战，却被击败了。这个邦的首领卡布勒斯的儿子该犹斯·瓦雷留斯·堂诺道勒斯，跟别的一些人都战死，被迫撤进自己的要塞和城堡。阿罗布洛及斯人沿着罗唐纳斯河络绎不绝地布置下大量岗哨，极小心、极辛劳地保卫着自己的边界。凯撒注意到敌人在骑兵数目上占有优势，而他自己则由于所有的交通线都被切断，没有办法从行省和意大利得到援助，就派人渡过莱茵河到日

① 指公元前61年的那次阿罗布洛及斯人起义。罗马的奈波行省，主要就是侵夺他们的土地，已见卷一第六节注。——译者

耳曼去,向前年战争中被他征服的那些国家索取骑兵和习于跟骑兵一起作战的轻装步兵。在他们到达时,他发现他们用的马不合适。他命令把军团指挥官和其余的罗马骑士以及留用老兵[①]的马都拿出来,把它们分给日耳曼人。

六六、同时,这些事情正在进行时,敌人从阿浮尔尼来的步兵和从全高卢各地征集来的骑兵正在集中。当凯撒在向塞广尼进军时,为了支援行省比较方便些,特地从林恭内斯人领土的边缘穿过。维钦及托列克斯把部队大量集合起来以后,在距罗马人约十罗里处,筑下三座营寨。他召集骑兵指挥官们举行一次会议,向他们指出:胜利的时刻已经到来,罗马人正在离开高卢逃向行省。照他的看法,如果只想取得一时的自由,这样也够了,但如为将来的太平和安宁着想,那还只是一个非常小的成就,因为罗马人在集合起一支大军之后,必然还会回来跟我们战个不完的。因此高卢人必须趁他们进军途中、辎重累赘的时候,攻打他们。这样一来,如果步兵赶回来救自己人,就不能再赶路;反之,如果他们只顾自己的安全,抛弃行李——他相信他们大概要这样做——他们就不仅光损失了必需的物资,而且连自己的名誉也一下子一起失掉。至于敌人的骑兵,他们自己应该相信,绝没有一个人哪怕敢离开行列跑出来的。为了使他们可以更加放心大胆行动,他准备把他们的全部兵力都陈列在营前,威慑敌人。骑兵们齐声大喊说:他们都应

① 留用老兵(evocatus)——服役期满本来可以退役的老兵,应长官的邀请或自己申请仍留在军中服役的志愿人员,他们大都免除了日常的打扫、值班等工作,专门担任教练、工程技术指导或长官的警卫队等职务,薪金和待遇都高于普通士兵,成为军团中仅次于百夫长的一个特殊的等级。——译者

当用最最庄严的誓言来约束自己，任何一个人，如果没有两次驰马穿过敌人的行列，便不准被接进自己的屋子，也不准接近孩子、父母和妻子。

六七、这件事获得赞同，所有的人都宣了誓。翌日，骑兵被分做三支，两支列好阵势，摆在两侧示威，一支开始拦在头里，截阻我军的行列。凯撒接到报告时，把他的骑兵也同样分成三支，命令他们前去抵抗敌人。战斗同时在各处展开，行列停了下来，辎重也被拉回到军团中间。当发现有什么地方我军似乎支持不住或者压力较重时，凯撒就命令把标志移向那边，阵势也转过去，这样一来，不仅阻止了敌人的追逐，也使我军因为有救援的希望而得到鼓励。最后，右翼的日耳曼人占领了一个山头，把敌人驱逐下来，一直追到维钦及托列克斯和他的步兵驻扎的河边，杀死很多人。其余的人看到这事，害怕他们会受到包围，便纷纷逃散。我军到处都大肆斩杀。三个有显赫地位的爱杜依人被俘虏，送到凯撒这边，一个是在最近这次选举中和孔维克多列塔维斯发生争执的科得斯，是骑兵指挥；一个是卡伐里勒斯，是在李坦维克古斯叛乱之后，指挥军队中的步兵的；还有一个是厄朴理陶列克斯，在凯撒没到来以前，爱杜依人跟塞广尼人的战争就是由他领导的。[①]

六八、当所有骑兵都被驱散时，维钦及托列克斯把他的军队仍旧按照在营门口布列的次序领了回去，立刻开始出发到孟杜皮人的一个市镇阿来西亚去，并命令迅速把辎重从营里带出来，紧跟着

① 厄朴理陶列克斯——这是另一个人，只此一见，跟上下文的厄朴理陶列克斯不是一个人。——译者

他。凯撒把自己的辎重撤到就近的一座山地，留下两个军团守卫之后，紧紧钉住他，尽这天余下来的时间向前追去。敌人的后队约有三千人被歼。次日，他靠近阿来西亚安下营寨，观察了那边的地形。这时敌人由于他们十分信赖的骑兵被击溃了，非常惊恐。凯撒鼓励自己的士兵积极劳动，用一道围墙来包围阿来西亚。

六九、阿来西亚这个要塞本身建立在一座山顶上，地势非常高峻，因此看来除了围困以外，没别的法子可以攻取。那座山的脚下，有两面分别受到两条河流的冲刷，市镇前方伸出一片长达三罗里的平原，其余几面，在相距不很远的地方，都有山岭环绕着，高度跟市镇相仿，城墙下面和山岭朝着东方的那一面，隙地上满布着高卢军队，并在正前方筑有一条壕堑和一道六罗尺高的护墙。罗马人开始着手建筑的包围工事，周围长达十一罗里，他们的营寨安扎在一个地形很有利的所在，而且在那边建了二十三座碉堡，白天在里面安置了哨兵，以防突然的突围，晚上则驻扎了监视岗哨和坚强的警卫。

七〇、当围城的工事开始动手时，在我们前面所说的夹在山岭中间的那片伸长达三罗里的平原上，发生了骑兵接触，双方都极奋勇地搏斗着。凯撒看到我军渐渐支持不住，就把日耳曼骑兵派了出去，又把军团布置在营前，以防敌人步兵突然冲击。我军因为有军团在身后支援，精神突然振作起来，敌人被赶了回去，但他们的人数太多，留下来的出入口又极狭小，在那边彼此挤成一团，于是日耳曼人奋勇一直追到防御工事边，放手屠杀。有些敌人放弃了马，企图越过壕堑爬上城去。凯撒下令布置在壁垒前的军团稍稍向前推进，高卢人在工事里的，便也和其他人一样地乱成一片，

认为敌人正在直向着他们杀来,连声叫“武装起来”,有些还吓得冲进了市镇。维钦及托列克斯下令闭起城门,以免营寨被大家弃置不顾。日耳曼人在杀掉大批敌人、捕获大批马匹以后,才退下来。

七一、这时,维钦及托列克斯决定在罗马人完成封锁工事之前,先把他的全部骑兵遣走。在临行时,他告诫他们:各人都须回到自己国里去,促使所有年龄已够服兵役的人,起来参战。他把自己替他们立下的功绩,摆了一下,要求他们顾念他的安全,不要把一个为共同的自由作出这么多贡献的人,送给敌人去残害。他又向他们指出:如果他们真的不加重视,八万名精选出来的壮士,就将和他一同牺牲。还说:经过计算,他只有勉强够用三十天的粮食,但是,如果能够节省些使用,还可以希望多拖延几天。给了这些指示以后,他在第二更时,遣这些骑兵从我军的工事还留着缺口的地方,悄悄溜走。他下令把所有的谷物都运到他这里来,规定用死刑来处罚任何违抗命令的人。孟杜皮人曾经把大量家畜驱到那边去集中,也被一一按人作了分配。他规定粮食要极省俭地一点点发放出去,又把布置在城前的所有兵力都调进城内。

七二、凯撒由逃亡者和俘虏告知这事,决定建筑下列形式的工事:他挖了一条二十罗尺宽的沟,两边垂直,即它的底部两边之间和顶上两边之间宽度是一样的。他把所有其他的围困工事都撤到距离这条沟四百罗步之后,因为他既不得不把这么大的一片地方包围在里面,却又没有这么多的兵力把它团团守住,这样一来,就可以避免夜间大股敌人突然扑向工事,或者白天向我军正在忙于工作的部队发射矢石。就在这段中间地带,他又挖了两条壕沟,顶上和底下都是十五罗尺阔,靠近里面的一条,地形比较平坦低下,

他把河里的水引来灌在里面。这两条沟后面，他又筑了一道十二罗尺高的防堤和壁垒，上前再加上胸墙和雉堞，胸墙和防堤衔接的地方，向外斜列着像鹿角似的削尖的木桩，用来防止敌人向上爬。此外，环绕着整个工事，他又每隔八十罗尺筑一座木塔。

七三、这时，一方面要搬运木材，准备粮食，一方面又要筑这么长大的防御工事，我军士卒必然要走到离开营寨较远的地方去，数目上便不能不有所减少。高卢人不时用很大的兵力从城墙的几道门里同时突围出来，攻击我军的工程。因此，凯撒认为应当在这些工事之外，再适当的增加一些工事，使这道防线可以由更少的兵力防守。因而，采伐了许多树干和坚韧的树枝，把树枝顶端的皮剥去以后再削尖，在挖掘了一道五罗尺深的连亘不断的沟之后，把这些木桩直立着排在沟内，把它们的底部钉牢，使人无法拔掉它，只有树干的尖端伸出在地面上。它们一共有五行，一层一层地连在一起，互相衔接，又互相穿插，任何人冲进它们，必然会使自己被这些极尖锐的木桩戳穿。他们把这叫做“阴阳界”[①]。在这前面，又挖有像梅花形似的斜对角的坑[②]，深三罗尺，逐渐向坑底收缩倾斜。里面安放着人腿粗细的圆木桩，顶上削尖，且用火熏硬，有一部分伸出地面，高度不超过四指宽。同时为了使它们坚韧和牢固起见，在它们底下垫有一罗尺厚踩得很结实的土。坑的其余部分放着树枝和柴草，用来掩盖这个圈套。一共挖了八行这样的坑穴，相距各三罗尺。根据它们的外形，他们称之谓“百合花”。在所有这些工

① 阴阳界——原文 Cippus，既可释作界碑，又可释作墓碑，士兵们借此双关语来开玩笑。——译者

② 梅花形——原文是 quincunx，指骰子上五点的图样（⁙）。——译者

程前面，又有一罗尺长的木材，顶上钉着坚固的铁钩，彼此相隔不远地整个埋在土中，布满各地，他们叫它做“踢马刺”。

七四、当所有这些设施都完工后，凯撒又依着当地的地形，尽可能选择便利的自然条件，照式照样又造了一道周围十四罗里的工事，面向着另一边，以防从外面来的敌人。这样，即使由于敌人骑兵突围出去，从而可能有敌人从外面来攻击，不管他们人数有多少，都不能把我军守卫工事的部队围困。同时，为了避免被迫冒险出营，他又命令所有部下都收集足够三十天用的粮食和草料。

七五、当这些事情在阿来西亚进行时，高卢人召集了一个首领们的会议，决定不依照维钦及托列克斯建议的那样，把所有能参战的人都征集起来，只向每一个国家索取一定数目的人员。因为他们害怕集中起一支十分庞杂的大军以后，纪律无法保持，部属无从识别，再加粮食也供应不上。他们向爱杜依人和他们的属邦塞古西阿维人、安皮瓦来几人、奥来尔契人、勃朗诺维契人和布冷诺维人，索取三万五千人；向阿浮尔尼人和一向归他们管辖的厄吕德几人、卡杜尔契人、伽巴里人和味拉维人，一共也要了这样一个数目；向塞广尼人、森农内斯人、别都里及斯人、桑东尼人、卢登尼人和卡尔弩德斯人，各索了一万二千人；向俾洛瓦契人讨了一万人，向雷穆维契斯人也讨了这个数目；又向庇克东内斯人、都龙耐斯人、巴里西人和厄尔维几人各讨了八千人；向苏威西翁内斯人、阿姆比安尼人、梅狄阿麦特里契人、彼得洛科里人、纳尔维人、莫里尼人和尼几阿布罗及斯人各讨五千人，奥来尔契族的钦诺孟尼人数目跟他们一样；向阿德来巴得斯人讨了四千人；向维略卡萨斯人、维洛孟都依人、安得斯人和奥来尔契族的厄布洛维契人各讨三千人；向劳

拉契人和波依人各讨二千；又向沿大洋各国、即通常称做阿莫列克诸邦的，讨了一万人，他们中间包括古里阿沙立太人，雷东内斯人、安皮巴利人、卡来几人、奥西丝米人、文内几人、勒克索维人和文内里人。其中俾洛瓦契人没有交出他们的名额，因为他们声称：他们宁可自己和罗马人作战，自己作主，不愿受任何别人领导。当康缪斯出面向他们索取时，他们看在他的私人情面上，派出了两千人。

七六、这个康缪斯，正如我们前面所说，在前年远征不列颠时，曾经忠实地、得力地替凯撒效过劳，因为他的这些功绩，凯撒命令免掉他的国家的贡赋，还给他恢复了自己的权利和法律，并把莫里尼邦给他们做纳贡的属邦。但高卢人在争取自由、恢复旧日的英勇善战的声名这件事上，是那么齐心，竟至无论什么样的恩惠、无论什么样的友谊，都不能影响他们，所有的人都全心全力地投到目前的战争中去。当八千骑兵和二十五万步兵征集起来以后，在爱杜依境内作了检阅，并进行了一番清点，任命了骑兵指挥官。最高的领导大权被授予了阿德来巴得人康缪斯、爱杜依人维理度马勒斯和厄朴理陶列克斯以及维钦及托列克斯的一个表兄弟阿浮尔尼人维尔卡西味朗纳斯。他们还给配备了一批从各国选出来的代表，根据这些人的出谋献策来进行战争。他们出发到阿来西亚去时，人人都生气勃勃，信心十足，没有一个人不认为只要看到这么一大批人，就足以吓退任何敌人，特别是在一场两面受敌的战斗中，既要和市镇中突围出来的人作战，外围又将出现这么大的一支骑兵和步兵的时候。

七七、然而，当被包围在阿来西亚的高卢人预期救兵将到的那一天过去时，他们的粮食已全部耗光，又不知道在爱杜依发生的事

情，他们召集了一个作战会议，考虑自己的前途。他们在会上提出各种各样的不同意见。一部分人主张投降，另外一部分人主张趁体力还够的时候突围，但最最残忍得出奇、伤天害理到极点的，莫过于克里多耶得斯的一番话，颇值得一述。他出身于高贵的阿浮尔尼家族，被认为有很大的势力。他说："对于那些把最可耻的奴隶生活叫做投降的人，他们的意见，我不想多说什么。我认为他们不应该被当做同胞，也不应该请他们来参加会议。我是站在那些主张突围的人一边的，他们那个得到你们一致赞同的计划，似乎还保留着对昔年英勇善战的一些回忆。不能忍受短时期的匮乏，正是你们的软弱，而不是你们的勇敢，慷慨就义的人总要比忍耐受苦的人容易找到些。正因为对我来说，荣誉是一种很大的动力，所以，如果我能预见到，除了我们的生命之外不致再损失别的，我就会同意他们的计划。但是，我们在作决定时，还该回过头来看看整个高卢。为了求救，我们已经把它全发动起来。你们想，当有八万人在一块儿被屠杀，而我们的亲戚朋友们，又将被迫几乎就要踏在他们的尸体上进行决战时，他们将鼓起什么样的勇气来吧！千万不要让这些为了你们的安全而不顾自己生死的人，失掉你们的援助；也别因为你们的愚昧、轻率和意志软弱，害得全高卢趴在地上，世世代代当奴隶。难道你们只因为他们至今未到，就怀疑他们的忠诚和他们的决心吗？难道你们以为罗马人天天忙着造外层的壕堑，只是为了寻开心吗？假使因为路都被切断了，你们得不到朋友们那边来的信使你们增强信心，那么只要看那些罗马人就可以证明他们是愈来愈近了，正是由于害怕他们，罗马人才忙着夜以继日地筑工事的。我的建议是什么呢？我要求照我们的祖先跟钦布里人和条顿人战争时的样子做，虽然那次战争绝不足以和这次相比，但当时，他们在同样的饥饿压力之下，闭守在市镇里，就以那些年龄不适于作战的人的尸体维持生命，绝不向敌人投降。即使我们没有这样一个先例，为了争取自由，给后世树立这样一个先例，我也不得不认为这是一件极端光荣的事情。那次战争有什么地方跟这次相像呢？钦布里人破坏了全高卢，给我们带来了极大的灾难，但他们终于离开我们的国家，去找寻别的领土，把我们的主权、法律、土地和自由还给了我们。至于罗马人，他们再也没有别的动机和要求，只是被妒忌推动着，在那些他们素知其声名烜赫、作战勇敢的人的国土上住下来，把万劫不复的奴役加在他们头上，此外再没什么别的作战原因。如果你们不知道老远在别的民族发生的事情，且看看近在身边的高卢吧，它已被降为行省，权利和法律全被改掉，被迫在斧头下过着世世代代的奴隶生活了。”

七八、当各种意见都发表了之后，他们决定凡是健康和年龄不适于作战的人，都应该离开市镇，克里多耶得斯的建议留待一切办法都试尽之后才行采用，如果形势进一步紧迫，而援军却还不来，便宁可采取他的建议，绝不屈辱投降或求和。把这些人接纳进自己市镇的孟杜皮人，被迫带着妇女和孩子离开它。当他们走到罗马人的防线时，他们哭哭啼啼说了许许多多恳求的话，要求收留他们下来做奴隶，给他们吃的。凯撒在壁垒上安置了岗哨，阻止他们进来。

七九、同时，康缪斯和接受了最高指挥权的其他领袖们，带着全部兵力到达阿来西亚，占领了外围的一个山头后，便在离我军壕堑不过一罗里的地方驻扎下来。次日，把他们的骑兵带出营寨，布满了我们已经提到过的伸长三罗里的那片平原，又把他们的步兵安置在比他们稍后一点的一个较高的地方。从阿来西亚镇上可以俯瞰这片平原，一眼看到这些援军时，他们聚拢来彼此互相庆贺，每个人又快乐、又激动。于是，他们也把军队带出来停驻在镇前，把离他们最近的壕堑，用柴把填没，并投入泥土，为突围和一切偶然事故作下准备。

八〇、凯撒把全部军队分别布置在工事的两面，以便一旦发生事故时，各人都能知道自己的岗位、并且能够坚守岗位。然后，他命令把骑兵带出营寨作战。因为营寨都处在周围的山头上，到处可以俯瞰下方，所有的士兵都焦急地等待着战斗的结局。高卢人在骑兵中间分散地插进一些弓箭手和轻装步兵，以便在他们的骑兵被赶回去时给予援助，防止我军骑兵冲击。我军中一部分人便出乎意外地被他们杀伤，退出战斗。当高卢人相信他们自己人在战斗中已经取得上风、而且看到我军受到多数人的压力时，所有各部分，无论被围在工事里的还是外面来援助的，都用他们的呼喊和吼叫来鼓舞自己同胞的斗志。由于战斗是在众目睽睽之下进行的，不论光荣的行为还是可耻的行为，一样地逃不开大家的注意，彼此都为了博取赞扬和避免丢脸而鼓起勇气。战斗从中午一直拖到日落，胜利还不知谁属。于是，我军中的日耳曼人在战场的一边，把骑兵密集在一起，向敌人进攻，击溃了他们。当他们被驱散时，那些弓箭手也被包围歼灭。同样，在战场的另外一部分，我军也追赶撤退下去的敌军，直抵他们的营寨，不令他们有重新集中的机会。从阿来西亚镇上出来的那些人，看到胜利已经无望，重又退回镇中。

八一、隔一天之后——这一天里，高卢人制造了大量木栅、梯子、挠钩——他们在半夜里悄悄离开营寨，赶到平原上的工事边，突然发出一片喊叫声，向被围困在镇中的人示意他们来了之后，就开始把木栅投入壕堑，用投石、箭和石块把我军逐下壁垒，一面准备其他一切攻击用的东西。同时，一听到他们的叫喊声时，我军仍像前天一样，各人都赶到工事站到指定给自己的位置上，用一磅重的投石以及在工事上准备好的木桩、铅球，驱走高卢人，弩机也发射了大量矢矛。由于黑夜无法远望，所以双方都伤了许多人。于是，奉命坐镇这一带地方的副将马古斯·安东尼和该犹斯·德来朋纽斯发现哪一个地方我军受到的压力比较沉重时，就把距离较远的碉堡中的兵士调出来支援他们。

八二、当高卢人离开壕堑还有一段距离的时候，因为有他们的大量矢石掩护，比较能占据上风，但一到他们靠近的时候，不知不觉便被踢马刺钩牢，或者掉入穴中被尖桩刺穿，再不然就被壁垒和木塔上的弩机射中，因而死亡者累累，到处都有许多人受伤，壕堑却一个地方也没被突破。在天快亮时，他们深恐自己暴露着的侧翼，会被从高处营中出来突击的我军包围，因此便向他们的同胞们那边退去。同时，市镇里出来的军队，带着维钦及托列克斯准备好突围用的东西，动手填没最里面的一层壕堑，但他们在这项工作上时间拖得太久了，在还没靠近工事时就知道他们的援军已经退走，于是也一事无成地退入镇内。

八三、高卢人两次被击退，损失惨重，就商议该怎么办？他们召来了对那一带地形十分熟悉的人，从他们口中探知了高处那个营寨的形势和防御工事。在那边北面，有一座山，由于它的周围太大，我军没能把它圈进我们的工事，只勉强把营寨扎在比较平坦、但地势却很不利的坡面上。这营寨由副将该犹斯·安几司久斯·雷琴纳斯和该犹斯·坎宁纽斯·雷比勒斯率领两个军团守卫着。通过侦察人员探清形势后，敌人的领袖们从全军以最勇敢闻名的各族中选出六万人来。他们在秘密商定应该做些什么和怎样做后，决定在约摸近中午的时候发动进攻。他们指定由四个领袖之一、阿浮尔尼人维尔卡西味朗纳斯——维钦及托列克斯的亲戚——担任这支部队的指挥。他在第一更时离开营寨，在天还刚亮时就几乎赶完全部路程，隐藏在山岭后面，给通宵奔波的士兵们略事休息。在约摸近中午时，他很快向前述的营寨推进，骑兵们同时开始逼近平原上的工事，其余的军队都布列在营前，以张声势。

八四、当维钦及托列克斯在市镇中的卫城上注意到他们同胞的行动后，也带着木栅、长杆、盾车、长钩，以及一切准备突围用的东西，赶出镇来。战斗一刹那间在各处同时展开，各种手段都在尝试，而且什么地方看来最脆弱，人们便都集中涌向那边去。罗马士兵分散在这样长的工事上，有好多地方感到难于应付。士兵们听到背后发出的喊声，心里就不免惶恐不安，觉得自己的安全竟须完全依靠别人的勇敢了。因为在通常的情况之下，在别处的危险，常常比眼前的更使人心慌意乱。

八五、凯撒找到一个合适的地点，在这里可以观察到每个地方的情况，他一发现什么地方我军吃紧，就派援军赶去。双方心里都觉得这是作出最后努力的唯一机会，高卢人认为除非突破工事，否则一切脱身的希望都告断绝了，罗马人也认为只要这一天能守得住，所有的辛劳都从此可告结束。最艰苦的斗争发生在山上的工事边，即我们提到过的那个维尔卡西味朗纳斯被派去的地方。那地方不利的下坡地形却产生了极大的影响。敌人有的发射矢石，有的在盾龟掩护下向前推进。疲劳的人马上有生力军来替换。所有这些人合力向壕堑投过来的泥土，给高卢人造成一条向上爬的通道，罗马人埋在地下的设备全被盖没，我军这时既没有了武器，体力也支持不住了。

八六、凯撒得知此事，派拉频努斯带六个营来援助这些苦苦支撑的人。凯撒命令他如果实在坚持不下去时，可以带这几个营突围冲出来，但如果没有必要，就不应该这样做。他自己跑到其余的部队那边去，鼓励他们不要看到艰难畏缩，告诉他们，所有过去的一切战斗，都要在这一天和这一个时辰里决定最后分晓。包围在里层的敌人，因为我们的工事巨大，感到在平地已经没有成功的希望，就去试探那些陡拔的地方，带着他们准备好的用具，奔向那边去。他们用大量的矢石，驱走木塔中的守卫部队，以泥土和木栅填没壕堑，并用挠钩拉倒壁垒和胸墙。

八七、为了接应他们，凯撒先派年轻的布鲁图斯带去几个营，后来又派副将该犹斯·费庇乌斯带去另外几个营，最后，当战斗进行得非常激烈时，他亲自带了生力军赶到那边。战斗重新恢复起来，敌人被驱了回去。凯撒又急急赶向拉频努斯被派去的地方。他从离他最近的碉堡中抽出四个营，还命令骑兵的一部分跟随着他，另外一部分绕道走工事的外围，从敌人的后方向他们进攻。拉频努斯发现无论壁垒还是壕堑，都挡不住敌人的冲击，便把从最近的几个据点里抽出来的、凑巧在那里的十个营集中起来，一面派使者把自己认为应该做的事情去报告凯撒。凯撒也匆匆赶去参加战

斗。

八八、凯撒的到来是从他的罩袍的颜色上辨认出来的[①]，他习惯在战斗中穿着它，作为特殊的标记。奉命跟着他的几队骑兵和那几个营也被注意到了，因为斜坡和低平的地方，在高处是一目了然的，因而敌人马上发动了攻击。双方都发出一片喊声，这阵喊声又被壁垒上和整个壕堑里的战士接着回应下去。我军掷出他们的矛，开始用剑挥砍。突然后方的骑兵被看到了，别的一些营也在逐渐逼上来，敌人转身便逃，骑兵在他们奔跑中追上他们，接着便是一阵屠杀。雷穆维契斯人的首领塞杜留斯被杀，阿浮尔尼人维尔卡西味朗纳斯在逃走中被生俘，掳来交给凯撒的军旗达七十四面之多。大批敌人中只有少数人无恙回到营中。那些在镇上遥望着他们的同胞被屠杀和击溃的人，感到安全已经绝望，便把他们的部队从防御工事上撤了回去。高卢人一听到刚才发生的情况，马上从营寨里四散逃走。要不是由于部队不断的接应和全天的辛劳，因而筋疲力尽，敌人的全部军队都可能被歼灭。骑兵在刚半夜时被派出去，掩袭他们的后队，擒获和杀死大批敌人，其余的都飞奔逃回各人自己的国里。

八九、次日，维钦及托列克斯召集一个会议，在这会上，他指出：他之所以进行这次战争，不是为了自己本人的需要，而是为了大家的自由。既然他们不得不向命运屈服，他愿把自己交给他们，

① 凯撒此时披的大约是罗马统帅专用的一种叫做 paludamentum 的披风，系用一块方形的厚羊毛织品制成，染成白色或紫色，从脖子上围起，拖到膝盖，上面两只角搭在右肩上，用一只别针扣住，右臂露在外面。因为它的颜色太显目，所以在真正临阵时，一般都避免穿着，但凯撒因为一向泼辣大胆，即使在前线也穿着它，因而士兵能凭他衣服的颜色辨认出他。——译者

阿来西亚战役图

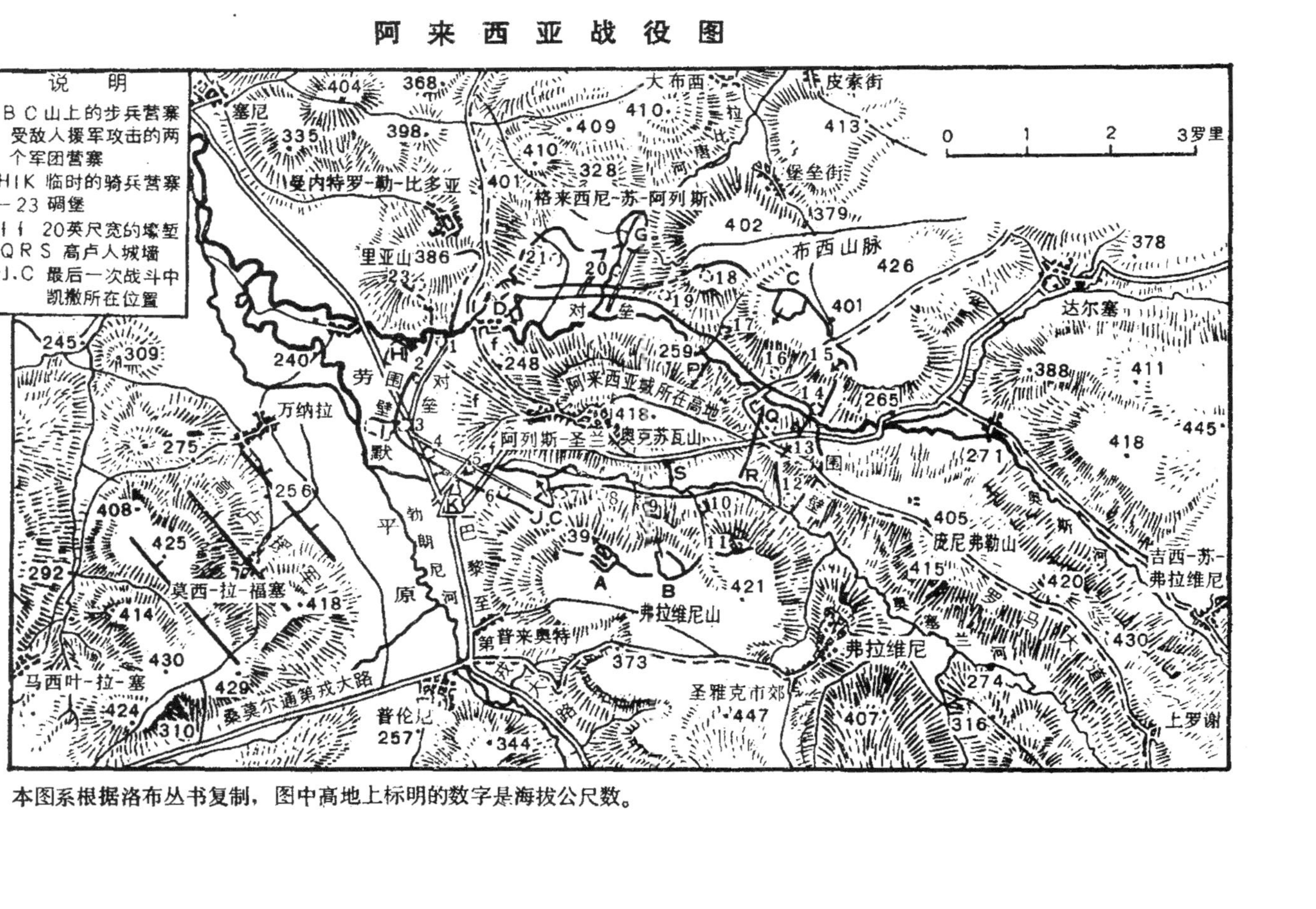

本图系根据洛布丛书复制，图中高地上标明的数字是海拔公尺数。

任凭他们怎样处理——以他的死亡来满足罗马人也好，或者把他活着交出去也好。使者被派到凯撒那边去谈判这件事。凯撒命令他们交出武器，并且把首领们送出去。他自己在营寨前面的工事里坐定，那些领袖们都被带到那边去交给他。维钦及托列克斯也被交了出来[①]，武器都被投了下来。他只留下爱杜依人和阿浮尔尼人，因为他企图通过这些人把他们的国家重新争取过来。他把其余的俘虏在全军作了分配，每人一个，作为战利品。

九〇、安排好这些事后，他赶到爱杜依去，重新接受了这个国家的投降，阿浮尔尼也派使者到那边去看他，答应执行他的指示。凯撒向他们索取了大批人质，把大约二万名左右的战俘还给了爱杜依人和阿浮尔尼人，然后把军团遣入营地。他命令季度斯·拉频弩斯带两个军团和骑兵进入塞广尼人的领域，把马古斯·森布龙纽斯·路几留斯也交由他调遣。他派副将该犹斯·费庇乌斯和卢契乌斯·明弩久斯·巴希勒斯带两个军团驻扎在雷米人邦内，以免他们受到毗邻的俾洛瓦契人的侵凌。他派该犹斯·安几司久斯·雷琴纳斯进入安皮瓦来几人邦内；季度斯·塞克司久斯进入别都里及斯；该犹斯·坎宁纽斯·雷比勒斯进入卢登尼人邦内，各带一个军团。他又命令奎因都斯·图里乌斯·西塞罗和布勃留斯·塞尔匹鸠斯驻扎在爱杜依邦内沿着阿拉河的卡皮隆弩姆和麦几斯哥，以保护粮运。他自己则决定在毕布拉克德过冬。当罗马

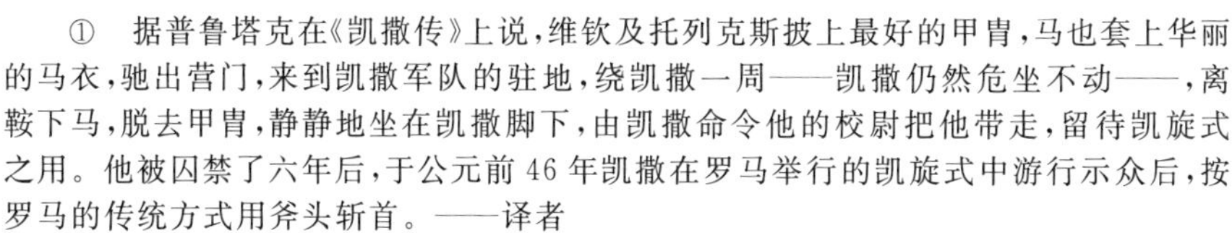

① 据普鲁塔克在《凯撒传》上说，维钦及托列克斯披上最好的甲胄，马也套上华丽的马衣，驰出营门，来到凯撒军队的驻地，绕凯撒一周——凯撒仍然危坐不动——，离鞍下马，脱去甲胄，静静地坐在凯撒脚下，由凯撒命令他的校尉把他带走，留待凯旋式之用。他被囚禁了六年后，于公元前46年凯撒在罗马举行的凯旋式中游行示众后，按罗马的传统方式用斧头斩首。——译者

城里从他的信中得知这次战事的消息时,通过了一次为时二十日的谢神祭。

卷　八[1]

（奥卢斯·伊尔久斯补）

巴尔布斯[2]，你不断责备我，似乎认为我天天谢绝执笔，不是由于知难而退，而是由于偷懒，这种责备使我不得不担起这件最艰巨的任务来。我给我们伟大的凯撒所著的关于高卢战争的记载，接上了一个续编，因为若不如此，他前面的著作和后面便衔接不起来[3]；而他的最后著作，从亚历山大里亚战争以后未写完[4]，我也给它续到结束——这所谓结束，当然不是指内争，内争看来是永远不会结束的，我说的只是凯撒生命的结束。我相信，今后读这本书的人，会体谅我承担写《战记》的任务是出于多么无奈；否则我因为插手凯

① 奥卢斯·伊尔久斯——凯撒所提拔的许多出身于贫寒的得力助手之一，往往被凯撒委任给最机密的使命，如公元前50年，曾作为凯撒的使者到罗马和庞培举行过谈判。内战中，他曾随凯撒转战于西班牙和东方。公元前47年担任高卢行省长官。凯撒死后，他当选为公元前43年的执政官。这年安东尼和元老院决裂，围攻穆金那，元老院派他和另一个执政官该犹斯·维比阿斯·邦舍跟屋大维一起去解围，结果伊尔久斯阵亡，邦舍也在负伤后死去，屋大维却跟安东尼结成联盟，回过头来进军罗马。因此当时颇有谣传，认为这两位执政官是被屋大维阴谋害死的。伊尔久斯除续完《高卢战记》以外，据大多数学者相信，《内战记》的续篇《亚历山大里亚战记》也是他的手笔。此外他还有跟西塞罗的《通信集》九卷，已全佚。——译者

② 卢契乌斯·高乃留斯·巴尔布斯——西班牙人，由庞培给予罗马公民权。凯撒在西班牙任代行司法官时，他担任凯撒军中的工务总管（praefectus fabrum），后随凯撒回意大利，成为他私人事务的代理人。公元前56年，被控非法骗取公民权，由西塞罗代为辩护，辩护词尚存。凯撒死后，他成为屋大维的重要幕僚，被任为公元前40年执政官，为归化罗马的外国人中第一个担任这个职务的人。——译者

③ 指《高卢战记》和《内战记》两书之间的一年多空缺。——译者

④ 《亚历山大里亚战记》——接《内战记》的另一部分，一卷，记公元前48—前47年凯撒在埃及以及后来在小亚细亚跟博斯普鲁王国国王法尔那契斯三世的战事，相传也是伊尔久斯所作。——译者

撒的作品而招来无知、狂妄等等指责就不难避免了。因为人们一致认为，即使别人极精心撰写出来的作品，都无一不在这部《战记》的优美文笔之下。这部《战记》的出版，虽说是要使史学家不致缺乏有关这些伟大事业的知识；但它所博得的众口一词的赞扬，反倒弄得史学家好像失去了一个机会，而不是得到了一个机会。不过，我们在这里给它的赞扬，要比别人给它的赞扬更多些，因为一般人只知道他怎样出色地、完善地写成了这些战记，但是我却知道他写作时是多么得心应手、一挥而就。凯撒不仅有最流畅和最雅致的文笔，而且还有最确切的技巧来表达自己的意图。我自己不曾有机会亲身参加亚历山大里亚和阿非利加战役。那些战役的一部分情况我是直接从凯撒本人的谈话中得知的；但是，我们在听新奇动人、使我们着迷的事情时，与听将要记述下来作为将来印证的事情时，注意方面总是有所不同的。虽然，尽管我事实上作了种种解释，希望不要把我跟凯撒相比，但我的这种想法，即居然敢认为有人会把我和凯撒相提并论，还是免不了要被指谪为狂妄的。

再会。

一、高卢当时已全部敉平，凯撒因为去年夏天以来，战争始终没停止过，希望能让军队在极度的辛劳之后，在冬令营中休息一番，恢复体力。但消息传来说：有许多国家，同时在策划新的战争，结成联盟。采取这种行动是有一定的理由的，据说，全高卢都知道，一方面，不管他们有多大数目的人员，要在一起集中着抵抗罗马人，总是办不到的；另一方面，如果有若干国家同时分别在几个地方进攻他们，罗马人就不会有足够的援助、足够的时间和兵力来应付这一切。因此，即使有什么困难要落到某一个国家的头上，但为了其他国家可以趁此机会获得自由起见，也应当把它担当下来。

二、为了不让高卢人的这种想法得逞，凯撒派他军中的财务官马古斯·安东尼主持冬令营，自己在十二月的最后一天，带了一部分骑兵卫队，从毕布拉克德出发，赶到驻在别都里及斯境内、距爱杜依人边境不远的第十三军团的营地去，一面把驻在就近的第十一军团跟它联合起来。在各留下两个营守卫辎重之后，他带着其余部分进入别都里及斯最富饶的地区。正因为他们是占有大片领土和无数市镇的国家，所以只驻扎一个军团，绝不足以防止他们准备战争和缔结同盟。

三、凯撒的突然到来，给毫无准备、散漫杂乱的人带来了必然的结果。当骑兵突然杀奔他们时，他们正无忧无虑地在田里耕种，连逃进要塞去都来不及。因为就连敌人来袭击的最通常的征兆——一般以焚烧村落来识别——也都因凯撒的命令而受到禁止，他认为一则免得自己在进入敌境较远时就缺乏草料和谷物，再则也免得火光惊走敌人。成千上万人被俘虏，吓坏了别都里及斯人。那些一眼望到罗马人到来就首先飞奔逃脱的人，都躲进了邻近各邦，托庇于私人友谊或政治上的同盟。但毫无用处，由于极迅速的行军，凯撒横扫到所有各个地方，使每个国家除了为本身的安全着急之外，再没时间去关心别人的事情。由于这种行动迅速，他一方面使友邦保持着忠诚，同时也使那些动摇的人出于恐怖而接受了投降条款。别都里及斯人看到凯撒的仁慈，重新回到友好的道路仍旧敞开着，而且邻近各邦都没受到任何处罚，只要交纳了人质，便可以重新受到罗马的保护，因而，这种条件向他们一提出，他们便也照样做了。

四、凯撒看到兵士们在这样隆冬的时候，经历了行军路上的巨大困难，在难于忍受的严寒之中，仍旧以极大的耐心在艰苦的条件

下坚持工作，为了酬劳他们，答应给他们每人二百塞斯退司[①]，每个百夫长二千，作为代替战利品的奖金。他于是把军团仍旧遣回冬令营，自己也在离开四十日之后回到毕布拉克德。正当他在那边主持审判时，别都里及斯人派使者来求他帮助抵抗卡尔弩德斯人，他们抱怨卡尔弩德斯人对他们发动了战争。接到这报告，他在冬令营中大约耽搁了不到十八天，就把第十四和第六两个军团从阿拉河上的营地中——正如《战记》的上一卷所说，这些军团是驻在那边保护粮源的——领出来，带着这两个军团，去讨伐卡尔弩德斯人。

五、军队到达的消息传到敌人那边时，卡尔弩德斯人鉴于别人遭到的灾祸，放弃了村庄和市镇——这些都是在匆忙中建造起来应急的简陋的建筑，他们就躲在里面过冬，因为最近这次失败，使他们失去许多市镇——向四方逃窜。在这段时期里，暴风雨来得特别厉害，凯撒不愿让自己的军队遭受它的侵袭，便在卡尔弩德斯人的市镇钦那布姆扎下营，把他的军队一部分安顿在高卢人房子里，一部分安顿在用茅草作屋顶掩覆着帐篷的建筑里，只骑兵和辅助部队的步兵还被派到据报有敌人出没的各地去。他们也并不徒劳往返，每次总是带着丰富的战利品回来。卡尔弩德斯人受不住冬天的艰苦，还需时刻提防危险，既被迫逃出家乡，又不敢在任何地方逗留时间过长，在正当暴风雨猖獗的季节，他们在森林中也找不到躲藏之处，

① 塞斯退司(sestertius)——罗马货币，为一特乃留司(denarius)的四分之一，值两个半阿司(as)，共和末年时还是一种小银币，帝国时即改为铜币。凯撒以前，一个罗马军团士兵的年饷为480塞斯退司，但其中要扣除口粮等费用，实际所得远少于此数，后来虽由凯撒改为900塞斯退司，仍嫌过于菲薄。当时罗马城里的一个普通手工业者的工资，即约每天三个塞斯退司。因而，赏赐和劫掠所入，成为士兵的主要收入来源，军饷反被认为无足轻重。凯撒这次给每个士兵的赠与，约当他们三个月的饷给。——译者

漂泊在外损失了大部分人之后，四散逃到邻近各邦去。

六、这是一年中最艰苦的季节，凯撒认为目前能把集中了的一股股敌人驱散，免得爆发新的战争，已经足够了，而且根据种种理由推测，可以断定夏天以前，绝不会引起重大的战斗，因之就派该犹斯·德来朋纽斯率领他那边的两个军团，驻扎在钦那布姆的冬令营中。他从雷米人频频派来的使者们那里得知俾洛瓦契人——他们以骁勇善战的威名震慑全高卢和比尔及——及其邻近的国家，正在俾洛瓦契人科留斯和阿德来巴得斯人康缪斯的领导下，组织军队，并把它集中起来，企图以他们的全部兵力侵入雷米人的属邦苏威西翁内斯邦。凯撒认为绝不可以听任这种灾难落到对共和国十分忠实的同盟者头上，这不仅仅牵涉自己的荣誉，甚至关系到自己的安全问题。他重新把第十一军团从冬令营中召出来，此外，他又送信到该犹斯·费庇乌斯那边，叫他带着在他那边的两个军团进入苏威西翁内斯境内，并把季度斯·拉频努斯的两个军团调来一个。这样，尽冬令营的条件许可和战略需要，经过他不断的苦心调度，使得出征的任务由各军团分别轮流担负起来。

七、当这支军队集合起来时，他向俾洛瓦契邦出发，在他们境内扎下了营。他派骑兵到四面八方去，把俘虏到的任何人带回来，以便从他们口中探询敌人的计划。骑兵完成了自己的任务，回报说，在房屋里只找到很少人，即便这些人也不是留下来种地——因为敌人的迁徙工作到处做得很彻底——而是被派回来做密探的。当询问他们关于俾洛瓦契人的大队人马在什么地方、他们在作什么打算时，他发现，所有能拿起武器来的俾洛瓦契人都集中在一个地方，同他们在一起的还有阿姆比安尼人、奥来尔契人、卡来几人、维略卡萨

斯人和阿德来巴得斯人,他们选择一个有沼泽包围的林中高地作为营地,还把所有的辎重都集中在一处更远的森林中。负责战事的领袖有几个,但绝大多数人却都听从科留斯的指挥,因为他们知道他对罗马人怀着最深刻的仇恨。几天以前,阿德来巴得斯人康缪斯离开营寨,到领土离他们最近、人口也最多的日耳曼人那边讨救兵去了。俾洛瓦契人在全体领袖的一致同意和平民们的热情拥护之下,决定如果凯撒此来,真如传说的那样,只带三个军团,就跟他作战,免得以后被迫在更艰难、更不利的条件下跟他的全部军队作战。如果凯撒带来的军队不止这一些,他们决定就坚守现在选定的那个地方,一面试用伏兵骚扰罗马人,不让他们取得目前因时令关系本已很稀少、很分散的牧草、谷物和其他一切给养。

八、凯撒从许多俘虏彼此一致的报告中得知了此事,他认为他们提出来的计划,堪称十分谨慎,跟蛮族平时的轻率绝不相同,他就决定用一切可能的方法来引诱敌人,使敌人轻视他的兵力单薄,很快出来作战。事实上,他手头现有第七、第八、第九三个由勇猛无比的老兵组成的军团,以及由精选的极有前途的青年组成的第十一军团,它现在正在服第八年兵役,跟其余三个军团比起来,只是服役年限还没它们长,勇敢的声名还不及它们响。因而他召集了一个作战会议,把他获得的一切消息告诉了大家,然后对大家鼓励了一番。为要试一下是否可以伪装作只有三个军团,引敌人出来决战,他把进军的行列安排如下:第七、第八、第九三个军团走在辎重的前面,第十一军团则给全部辎重作后卫——按照远征的常例来说,这次带的辎重是极少的——免得敌人一眼就看出我军大于他们准备迎战的数目。他这样一安排之后,就把军队排成一个差不多像矩形的阵列，在敌人还没预料到之前，已经带到他们面前。

九、那些高卢人还不知道他们充满自信的计划已经被凯撒探悉，当他们突然看到军团以战斗的阵形部伍森然地前进时，也把自己的部队在营寨前布列下来。然而，他们也许因为觉得战斗有些冒险，也许因为我军到得过于突然，或许还因为想看看我军作何打算，所以不离开那片高地。虽然凯撒急于战斗，但对他们的人数之多，也感到惊奇，就隔着一条虽然不阔、但却很深的峡谷，跟敌人的营寨面对面安下营来。他命令筑一道十二罗尺高的壁垒保卫住营寨，它上面再加上一道胸墙，高度跟它相称。又挖了两条宽各十五罗尺的壕沟，沟的双边都是垂直的。相隔不远就有一座三层高的木塔，彼此间由覆有盖顶的悬桥联结着，悬桥的正面也有一道树枝编的胸墙保护。他希望这两条壕沟再加上两列守兵，就能阻挡敌人对营寨的攻击，一列守兵安置在悬桥上，因为它的位置高，从而也比较安全，可以更无顾虑、更远地发射矢矛；另一列布置在距敌人比较近的壁垒本身上面，有悬桥可供掩护敌人的矢矛。他在进出口处安上了门，并且造了高耸的瞭望塔。

一〇、这项工事有双重意义。他希望这项防御工程的巨大和自己显出胆怯的模样，会引得蛮族更加自信，再则，当为了牧草和粮食，他不得不跑到更远的地方去时，这些工程使得守卫营寨的工作，只要少数人就可以担负下来。这时，双方常有少数人越过彼此营寨之间的那片沼泽，发生接触。有时我军的高卢人和日耳曼人同盟军，越过沼泽，猛烈地追击敌人，有时敌人也会冲过沼泽，逼得我军后退。加之，在每天的采牧活动中，也出现了不可避免的现象，即我军士兵不得不一点半点地到分散得老远的私人房舍中去

找寻草料，散开的队伍就会在不利的地方受到包围，这种遭遇虽然只使我军的牲口和奴隶受到一些微不足道的损失，却激起了蛮族愚蠢可笑的幻觉，特别因为上面所说的到日耳曼人中去求救兵的康缪斯，这时已带了一些骑兵回来，他们的数目虽然不过五百人，但日耳曼人的到来，却给了蛮族一些可以信赖的东西。

一一、凯撒注意到几天以来，敌人一直闭守在营寨里，而那营寨又有沼泽和它自身的地形捍卫着，不经过非常危险的激战，便不能攻占它，要用围困工事封锁它，也得有更大的兵力才行。因而他派人送信到德来朋纽斯那边去，叫他尽快把副将季度斯·塞克司久斯统率着在别都里及斯境内息冬的第十三军团先召到他自己那边，然后再由他带着三个军团，以急行军赶到凯撒这里来。他自己曾经在雷米人、林恭内斯人以及别的邦中召来大批骑兵，这时他们轮流出去作采牧部队的护卫，以抵御敌人的突然袭击。

一二、这事情天天在做，终由于任务的单调乏味，开始放松了平常的警惕，这正是在拖延时日的事情上常常会发生的。这时，俾洛瓦契人已经摸准了我军斥候骑兵的日常岗哨的位置。他们选出一支步兵，埋伏在一个有密林掩蔽的地方。次日，又派一支骑兵到那地方去，先引诱我军进入包围圈，再进行攻击。这条诡计正好落在雷米人头上，恰巧这天轮到他们去执行这任务，当他们突然看到敌人骑兵时，轻视他们人少，倚仗自己人多得多，便过分热心地穷追猛赶，被敌人步兵四面围住。一遇到这意外，他们比之平常骑兵战斗时更快地陷入混乱，败退回来时丧失了他们国家的一个领袖维尔几司克斯，他也正是这批骑兵的指挥。虽然他已年迈，几乎连马都坐不住了，但依照高卢人的习俗，他不能以年龄为借口，推诿

指挥的责任，而且他自己也不放心战斗时他不亲自在场。敌人在这次战斗中取得胜利，又杀掉一个雷米人的指挥官，马上精神振奋，得意洋洋起来。我们自己的军队却从这次灾难中吸取了教训，在布置岗哨之前，更加小心搜索各地，追逐敌人时也更加有克制。

一三、这时，双方营寨都可以看见的战斗每天都不断，而且常常在沼泽的小径上和渡口发生。凯撒为了要配合骑兵作战而从莱茵河那边带过来的日耳曼人，有一次在这种交锋中越过沼泽，杀死了坚持不退的少数敌人，顽强地追逐其余敌军。这事引起了一场惊恐，不仅离开比较近因而被追到了的以及虽在远处却也受了伤的，甚至停驻在很远一段路以外作为后援的也一样。他们的这场可耻的溃败并不就此终止，直到几次错过有利地形，一直被追到营寨门口才止，有的甚至出乖露丑地逃到更远的地方。他们的危险使全军陷入极度混乱，因此在他们中究竟小胜以后的傲慢算是主流、还是小败之后的恐怖算是主流也分不清了。

一四、在这个营寨中度过几天后，俾洛瓦契人的领袖们得知副将该犹斯·德来朋纽斯率领的军团正在逼近，害怕也发生像阿来西亚那样的围困，就决定在夜间把那些年龄或体力不适于作战以及没有武装的人送走，其余的辎重也跟他们一起离开。当他们正在把这些惊慌失措、乱作一团的队伍——高卢人总带有大量车辆，即令在轻装前进时也是如此——编排起来时，天色已经大亮，他们害怕罗马人会趁这支辎重行列还没来得及赶出去一段路之前追赶他们，因而把武装部队带出来，列在营寨前面。然而凯撒却认为由于那上坡的路太陡，如果他们坚守不动，就绝对不应去攻击他们，但一定得把军团向前推进，距离他们近一些，不让他们不担丝毫风险地把队伍

撤回去。他看到自己的营寨跟敌人的营寨被一片很深的沼泽分隔开,难于通过,使我们无法迅速追逐,而沼泽那边的那条山岭,山坡却几乎一直伸到敌人的营寨,营寨跟山岭之间只隔一个不大的山谷。他于是在沼泽上架起一顶便桥,把他的军团带了过去,马上赶向那山岭上最高处的一块平地,它的两面都有陡峭的崖壁保护着。他在那边整队后,又向山岭的尾端那一头推进,在一个可以利用机械向敌军大队发射矢矛的地方,按战斗的阵形布列下来。

一五、蛮族信赖那地方的地形,虽然如果罗马人试图登上那山时他们也不会拒绝一战,但他们却不敢把自己的军队一部分一部分地分开来遣走,怕分开之后会被冲乱,所以他们坚定地保持着阵列。凯撒注意到他们的固执,一面仍以二十个营列成战阵,一面就在那边量出地方来扎营,还命令给它筑上防御工事。工程完毕后,他把他的军团在壁垒前布下阵势,将骑兵布置在前哨,马也都给扣上笼头。当俾洛瓦契人看到罗马军队准备追逐他们、他们又不能在那地方整夜地守下去,而且再等下去也难保不出危险时,他们决定用下述的计策退走。他们营中有大量草把和柴捆,这时他们在坐的地方——凯撒在前面的《战记》中已经提过,高卢人在战斗的阵伍中是坐着的[①]——把它们一个接一个传到前方,堆在队伍的最前一列。当天色渐渐暗下来时,一声号令便把它们一起点起火

① 这里虽说,凯撒在前面《战记》中提到过高卢人在战斗的阵伍中是坐着的,但在现存的前七卷中并未见到过有这项记载。因此有人怀疑这里是古时传抄时弄错的,因为原文 ubi consederant(他们坐于其上的)另外一个抄本作:ut consueverant(按照他们的习惯)。namque……declaratum est(凯撒在前面战记中说过)之句,有些编者就弃而不用。所以原文的意思似乎是:他们把坐在下面的草束手传手地传到阵前,因为假如他们站起来,就会引起罗马人的注意。——译者

来。连续不断的火焰突然遮掩了他们的全军，使罗马人无法望见他们，蛮族便以极快的速度，乘这机会逃走。

一六、凯撒虽然隔着火焰，看不见敌人撤退，但也猜到这是为了逃走而采取的计策，他推动军团前进，并且派骑兵队追上去，但由于害怕中伏，深恐敌人也许竟留在原地未动，只是想法把我军引到不利的地方去，因而他前进得十分缓慢。骑兵不敢进入浓密的烟火地带，即使勇敢得不惜一试的人，也几乎连自己的马头都看不见。由于害怕敌人的阴谋诡计，只得让俾洛瓦契人从从容容地撤走。于是，他们在胆怯和狡猾兼而有之的情况下，毫无损失地逃出十罗里左右路程，在一个地势很险要的地方扎下营。在那边，他们屡次把骑兵和步兵布置埋伏，给罗马的采牧部队造成很大的损失。

一七、这种事情一连发生几次以后，凯撒从一个俘虏口中了解到，俾洛瓦契人的首领科留斯在全军中挑出最勇敢的六千步兵和一千骑兵，埋伏在一个富有谷物和牧草、估计罗马军队要派人去采牧的地方。得知这个计划时，凯撒带出比平常更多的军团，一面仍照他的习惯，派骑兵前去作为采牧部队的护卫，同时在他们中间混进一些轻装的辅助部队。他自己带了军团尽可能靠近地紧跟着他们。

一八、那些布置作为伏兵的高卢人，选定一片四面伸展不过一罗里宽的平地，作为行动的地点，平地的每一边都有茂密的森林或很深的河流包围着。他们布置了重重埋伏，像一张网似地包围着这地方。我军识破敌人的计划后，思想上和行动上都作下了战斗的准备，一队队行列井然地进入那块地方。有军团在他们背后，他们绝不怕一战。他们的到达，使科留斯认为动手的机会来了，第一个现身出来，带着少数人向最靠近的骑兵队发动攻击。我军奋勇抵抗伏兵的进攻，还注意到不挤拢到一起去，通常在骑兵战斗中，因为惊恐而发生这种拥挤现象时，光战斗人员太多这一点，就足以造成损失。

一九、我军的骑兵就这样配置在各个地方，分散而又轮流地投入战斗，不让他们的同伙遭到包围。科留斯正在战斗时，其余的敌人也从树林中冲出来，在战场的各个地方开始了剧烈的搏斗。战斗不分胜负地拖延了一会儿之后，一支列成战斗队形的步兵从树林中一步步走出来，迫使我军骑兵败退下去。这时我们提到过的在军团之前派去插在骑兵中的轻装步兵，马上赶来支援他们，勇猛地战斗起来。战斗又经过一段时间没有分晓，于是，正像这次战斗的性质所决定的那样，已经挡住伏兵第一次冲击的骑兵队，并没因为缺乏预见而招来任何损失[①]，这时开始占得上风。同时军团也已步步逼近，我军方面和敌人方面同样不断地接到报告说：统帅已经带着列成战阵的军队到来。当听到这消息时，我军士卒仗着有军团前来协助，战斗得格外骁勇，唯恐行动得慢了一些，胜利的光荣会被军团分了去。敌人的斗志消沉下去，试图由不同的路溜走。但毫无用处，他们已经被那地方险阻的地形——他们本来是想利用它来围困罗马人的——紧紧封闭住。尽管他们已经被击败而且溃不成军，人员死伤了一大半，在万分惊惶中仍旧四散逃生，有的经由森林，有的奔向河边，但这些在奔逃中的人却都被热情追逐的我军所杀。不过，这时科留斯并没被灾难吓倒，既不肯听从劝说脱离战斗，退进森林，又不肯接受我们的号召投降，只顾奋勇地战斗，

① 指上文所说的没有因惊慌而挤成一团。——译者

颇伤了一些人,激得因胜利而鼓舞着的我军愤怒地把他们的武器都集中着向他投去。

二〇、事情刚以这种方式结束,战斗的痕迹还宛然未动时,凯撒赶到了当地。他估计到这次惨祸已经使敌人一败涂地,在接到这消息后,他们也许会把离开这次大屠杀的场所不过八罗里的营地放弃掉。他明知有河流阻碍着他的路,但仍旧把军队领着过了河,向前推进。只是,已经有少数逃兵和受伤之后托庇于森林、没遭到这场灾难的人,突然逃到俾洛瓦契人和其他各邦人那边,使他们知道了自己的灾难。看到一切都对他们不利,科留斯已经被杀,他们的步兵和骑兵中最精锐的人也都已失去,特别当他们想象到罗马人已在向他们这里推进时,他们匆忙地用军号召集了一个会议,喧嚷着要派使者和人质到凯撒那边去。

二一、当这个建议被大家采纳时,那个阿德来巴得斯人康缪斯逃到他曾去讨救兵来助战的日耳曼人那边去了。其余的人马上派使者来见凯撒,要求他满足于敌人已经受到的惩罚,他们相信,根据他一向的仁慈和宽大来说,即令他在他们的实力完整时,不经一战就能惩罚他们,也不至于罚得如此之惨。他们说,俾洛瓦契人的实力已经在骑兵战斗中丧失殆尽,好几千精选的步兵也被歼灭,几乎连一个逃出来报告这次惨祸的消息的人都没有剩下。只是,尽管这次灾难十分深重,俾洛瓦契人却也从这次战争中得到一桩好处,即那发起战争、煽动人民的科留斯被杀死了,因为当他在世时,长老会议在这般粗野的人民中间,从来也没得到过这么大的权力。

二二、凯撒对作这番呼吁的使者们指出:前一年也是在这个时候,俾洛瓦契人跟别的许多高卢人一同发动了战争,在所有各邦中，只有他们最顽固地坚持自己的主张，就在其他各邦都已投降之后，他们的头脑还没清醒过来。他很清楚地知道，把罪责推到死人身上去是最方便的事情，但是，要是首领们不同意，长老会议反对，再加上有身份地位的人一致拒绝，肯定不可能有什么人，一个人的力量大得单靠一批力不足道的乌合之众就能煽起、并进行一场战争的。虽说如此，他还是可以以他们自取的这场惩罚为满足的。

二三、在翌日晚，使者们带着他的答复，回到自己国人那边去，准备人质。许多别的正在观望，想看看俾洛瓦契人弄出个什么结果来的国家，也都纷纷派来了使者。他们交纳了人质，执行了他的命令。只除了康缪斯，由于害怕，再不敢把自己个人的安全信托给任何人。因为在前一年，当凯撒在内高卢主持审判时，季度斯·拉频努斯发现这个康缪斯在煽动一些国家，合谋反对凯撒。拉频努斯原来也认为自己犯不着要什么手段就可以惩罚他的不忠实。但是，他估计到康缪斯绝不肯应召到他营里来，他也不愿轻易作任何尝试，使之更增加戒心，因此派该犹斯·沃卢森纳斯·夸特拉德斯借会谈为名，设法除掉他。拉频努斯给了他一群被认为是适于这项工作而挑出来的百夫长。当他们到会上时，按照事先的安排，沃卢森纳斯执着康缪斯的手，一位百夫长不知是因为素没经过这种事所以慌乱，还是受到康缪斯的友人的迅速拦阻，没有能结果他，只是出手一剑，使他头上受了很重的伤。双方的剑都拔了出来，但双方都认为与其说是战斗要紧不如说是逃开要紧，因为我方的人相信康缪斯已经受了致命之伤，高卢人则已经认识到这是陷阱，深恐还有更多的阴谋在后头。经过这一番波折，据说康缪斯就下定决心永不再跟罗马人照面。

二四、最最好战成性的那几个族就此被征服，凯撒看到已经再也没有一个国家会准备以战争来反对他，只是还有少数人离开城镇、逃出自己的国土，以躲避目前的屈服，他决定把军队分别派到几个地方去。他把带着第十二军团的军中财务官马古斯·安东尼留在自己身边；派副将该犹斯·费庇乌斯带二十五个营进入高卢最最边远的部分，因为他听到那边的某些国家正在兴兵起事，认为带着两个军团在那边的副将该犹斯·坎宁纽斯·雷比勒斯力量不够。他又召季度斯·拉频努斯来到他这里，把跟拉频努斯一起在冬令营的第十五军团派到长袍高卢[①]去保护罗马公民的殖民地，防止有蛮族入侵，造成灾害，免得也跟去年夏天的塔吉斯几尼人那样，由于匪徒的突然侵入遭到灾难。他自己则动身去摧毁和掳掠安皮奥列克斯的国家，但鉴于他已经绝没有办法再把这个饱受惊吓的逃亡者弄到自己手中，认为为顾全自己的威信起见，最好能把他领土上的人民、建筑物和牲口弄个净绝，使那些幸而逃出性命的人，因为安皮奥列克斯给国家引来这样大的一场灾祸，对他恨之入骨，从而断绝了他回来的机会。

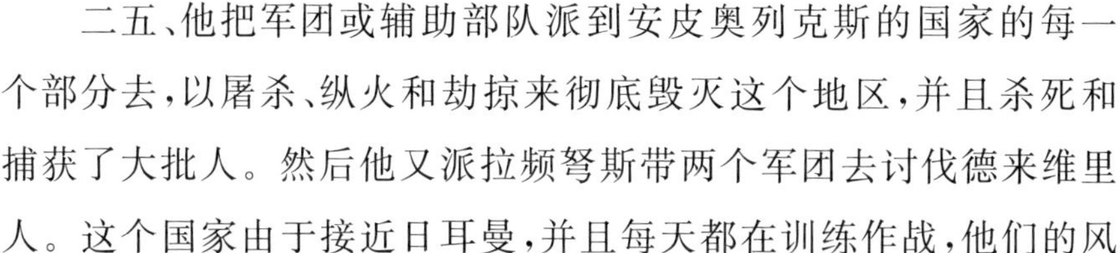

二五、他把军团或辅助部队派到安皮奥列克斯的国家的每一个部分去，以屠杀、纵火和劫掠来彻底毁灭这个地区，并且杀死和捕获了大批人。然后他又派拉频努斯带两个军团去讨伐德来维里人。这个国家由于接近日耳曼，并且每天都在训练作战，他们的风

① 长袍高卢(Gallia Togata)——指已获得罗马公民权的山内高卢波河以南地区，即河南高卢，他们在同盟战争中(公元前89年)获得公民权后即穿上罗马公民穿的长袍(toga)，故称“长袍高卢”，河北高卢此时也已罗马化，不久后即同样获得公民权(公元前49年)。外高卢居民此时还没得到公民权，罗马化程度也不深，仍披着长发，因此被称为“长发高卢”(Gallia Comata)。——译者

俗，差不多跟日耳曼人同样的野蛮，除非在军队的直接压力之下，从来也不肯俯首听命过。

二六、同时，副将该犹斯·坎宁纽斯从杜拉久斯那边来的信件和使者口中得知，有大批敌人聚集在庇克东内斯人国内。杜拉久斯本国虽然有一部分已经叛变，但他还是始终保持着对罗马人的友谊。坎宁纽斯因此向勒蒙纳姆这个市镇赶去。当他走近它时，又从俘虏口中得到更确切的报道，知道杜拉久斯已经被安得斯人的首领杜姆奈克斯率领大批人马，围困在勒蒙纳姆城内，遭受攻击。坎宁纽斯不敢把力量单薄的军团跟敌人照面，就在一处形势险要的地方扎下营来。杜姆奈克斯知道坎宁纽斯到来，把他的全军调过头来对付军团，准备攻打罗马的营寨。攻营这件事情费了他好几天时间，虽然损失了大批人，工事却没有一处被突破了的，于是他又再转过头去围攻勒蒙纳姆。

二七、这时，副将该犹斯·费庇乌斯已经使许多国家重新投归罗马保护，且交了人质作为保证，在接到该犹斯·坎宁纽斯·雷比勒斯的信时，才知道发生在庇克东内斯邦内的事情。根据这报告，他出发去援助杜拉久斯。但杜姆奈克斯一听到费庇乌斯到来的消息，感到如果自己一面被迫要抵御外来的敌人罗马人，一面又要时时反顾、警惕着城里的敌人，自己的安全难保，便突然带着自己的全部军队撤离那个地方。他认为自己只有把队伍带过那条非常宽阔、必须通过桥梁才能渡到对面的里杰尔河之后，才能真正得到安全。费庇乌斯虽还没赶到能被敌人看见的地方，也还没跟坎宁纽斯会师，但一经十分熟悉那边地势的人指点之后，就估计到在惊惶中的敌人一定会赶到他们现在确实要去的地方。于是他便也急急

向那顶桥赶去，命令骑兵走在军团的行列前面，中间相隔的距离，以能赶回来跟自己一同宿营而不致使马匹过于疲乏为度。我军骑兵就按照命令一路赶去，攻击杜姆奈克斯的行列。这些在惊慌失措中奔逃的人，在辎重累赘的途程中受到攻击，被我军骑兵杀死许多人，还虏获了大批战利品。他们出色地完成任务后返回营寨。

二八、第二天夜里，费庇乌斯又把骑兵派出去，指示他们去攻击和阻挠敌人的全部行列，直到他自己赶上来为止。为要按照指示完成任务，骑兵指挥官奎因都斯·阿几乌斯·瓦勒斯——一个极为英勇、沉着的战士——在鼓励了他的部下之后，扑向敌人的行列，把他的骑兵队一部分安置在一个适当的地点，另一部分投入战斗。敌人的骑兵因为有他们的步兵支援，战斗得比较勇敢，那些步兵把整个行列都停了下来，帮助骑兵抵御我军。随即发生一场激烈的战斗。我军骑兵本不把昨天被自己打败的敌人放在眼里，再加还记得有军团正在跟上来，羞于后退，急着要由自己来结束这场战斗，因此极勇敢地和步兵搏斗。敌人则依据他们前一天得到的报告，相信后面再没部队在赶上来，认为他们已得到一个歼灭我军骑兵的机会。

二九、战斗极激烈地进行了一会儿之后，杜姆奈克斯把部队布列开来，以便他的步兵轮流着支援骑兵。这时，军团突然以密集的阵列进入敌人的视线之内。一看到他们，蛮族的骑兵慌乱起来，敌人的步兵行列也惊惶不止，一声发喊就四面乱窜逃生，把他们自己的辎重队冲得七零八落。于是，不久以前还在和顽抗的敌人英勇搏斗的我军骑兵，被胜利的喜悦所鼓舞，到处发出一片喊声，把想撤退的敌人四面围住。在这一役中，他们一直尽自己坐骑的力量

所能追逐和尽自己的臂力所能砍斫，放手追杀敌人，因而大约有一万两千以上敌人，包括武装着的或在惊恐中抛掉武器的都被我军所杀，全部辎重也都被截获。

三〇、在这次溃败之后，人们才知道有一个森农内斯人特拉丕斯，在高卢叛乱刚爆发时，就从各地招募亡命之徒，并用自由号召奴隶，一面又啸聚各国的逃亡者，而且窝藏了许多匪盗，就用这股兵力，切断罗马人的辎重和给养。这时，他带着从溃兵中聚集起来的二千左右人，向行省出发，《战记》前一卷告诉过我们的那个在高卢叛乱一开始时就想进攻行省的卡杜尔契人路克戴留斯，跟他勾结起来。因而，副将坎宁纽斯带着两个军团，急急赶去追赶他们，免得行省由于这帮憨不畏死的匪徒的暴行，引起伤害和惊恐，招来极大的耻辱。

三一、该犹斯·费庇乌斯带着其余军队，出发去征讨卡尔弩德斯人和一些据他知道他们的军队在他跟杜姆奈克斯作战时也受到过打击的国家。他当然毫不怀疑，他们鉴于新近的灾难，会显得更加恭顺，但如果让他们有了喘息的机会和时间，他们也会重被杜姆奈克斯的号召鼓动起来。在这次重新收复这些国家的行动上，费庇乌斯真是异乎寻常地幸运和迅速。就连虽然常遭失利、却从未提出讲和过的卡尔弩德斯人，也交纳人质投降了。其余处在高卢最最边远地界、邻近大洋的一些国家，即通常称为阿莫列克诸邦的，也因受到卡尔弩德斯人的影响，在费庇乌斯带着军团一到时，马上就毫不迟疑地接受了他的命令。杜姆奈克斯被自己的国家驱逐出去，被迫一个人偷偷地到处漂泊，到高卢最最僻远的地方去找安身之处。

三二、但特拉丕斯和路克戴留斯一听到坎宁纽斯和军团已在附近时，考虑到如果有一支军队跟在背后，要进入行省边境就难免不遭到一定损失，而且这时已经没有自由自在地出入和剽劫的机会，就在卡尔杜契人境内停驻下来。原先路克戴留斯在他的全盛时代，曾在那边他自己的同胞中间拥有极大的势力，而且作为一个发难起义的首领，在蛮族中间通常都有很大的影响。他带着自己的和特拉丕斯的部队，占领了一个叫做乌克萨洛登纳姆的市镇，这个市镇本来是他的领地，地理形势特别险要，他把镇上的居民加到自己的队伍中去。

三三、该犹斯·坎宁纽斯也以极快的速度赶向那边。他看到这个市镇的各部分都由最陡峭的岩壁掩护着，即使没有人防守，武装了的部队也很难爬上去。同时他发现，镇上人有大量的辎重，如果他们想带着偷偷溜走，不但绝逃不出骑兵之手，甚至也逃不出军团之手。因而，他把他的部队分成三支，在很高的地方扎下三个营，从那边开始，尽部队的力量所能及，逐步建筑一道围绕全市镇的壁垒。

三四、镇上人看到这个情况，非常着急，他们还记得阿来西亚遭到的惨祸，深恐这次围困也会造成同样的后果，特别是路克戴留斯，他是经历过那次苦难的，警告他们要注意粮食供应。在一致同意下，两个领袖决定把他们的部队一部分留在那边，另外带一支轻装部队出去搬运粮食。这个计划得到赞同后，特拉丕斯和路克戴留斯在第二夜留两千人在镇上，带着其余的人离镇出发。经过不几天的时间，这批人从卡杜尔契人的领土内收集起大宗粮食——有些人热情地把粮食支援他们，有些人则是想阻止他们拿走，却没有办法。他们几次夜间出来行动，攻击我们的堡垒。所以该犹

斯·坎宁纽斯只能把围绕全镇的封锁工事暂时先搁置下来，免得当它们完工以后，不能防守，或者被迫只能以过分单薄的部队布置在分散的据点中充任守卫。

三五、收集起大宗粮食时，特拉丕斯和路克戴留斯在离镇不到十罗里的地方停驻下来，企图就从那边逐渐把粮食运到镇上去。首领们彼此分了工，特拉丕斯带一部分队伍留在那边守卫营寨，路克戴留斯领着牲口队到镇上去。因而他在那边一些地方分几处布置下若干接应部队之后，在晚上第十刻时开始，经由林中狭路，把粮食运到镇上去。我军营寨的岗哨注意到了嘈杂声，派出去的侦察人员回来报告了这种情况。坎宁纽斯带着就近堡垒中的处于戒备状态的几个营赶了去，在破晓以前攻击这支粮食运输队伍。在突然攻击之下，他们惊慌失措，四散奔逃到他们的接应部队那边去。我军一看到这些武装部队，马上格外骁勇地向他们杀去，连捉一个活的都不愿意。路克戴留斯带了少数随从从那边逃走，没有回到营里。

三六、在胜利之后，坎宁纽斯从俘虏们口中得知，还有一部分军队跟特拉丕斯一起在不到十二罗里以外的营寨中。他从好几个人口中证实了这报告，认为一个领袖的溃败，一定使其余的人也都惊恐万状，不难把他们一举击败。他还感到，最幸运的是在这次大歼灭中，没有一个敌人能把他们遭到的惨运回去报告给特拉丕斯的。不过，他虽然知道这次出击绝没有危险，但仍旧把所有的骑兵和部队中最敏捷的日耳曼步兵，全都派出去走在最前面，向敌人的营寨出动，他自己在把一个军团分配到三个营寨去作为留守之后，带着另外一个军团，轻装前进。当他走到靠近敌人营寨时，他从他

派在前面的侦察人员口中得知，按照蛮族一向的习惯，他们把营寨安扎在靠河岸的地方，高地却没占领。同时，日耳曼人和骑兵已经在他们毫无防备的情况下扑向他们，正在战斗着。接到这些报告，他把全副武装着并按战斗的阵形排列着的军团带上前去，随着一声号令，突然把那高地包围占领。这事情一发生，日耳曼人和骑兵就已经可以望到队伍的标志，马上以最热烈的情绪搏斗起来。军团也立刻从四面同时发动攻击，几乎所有的敌人不是被杀就是被俘，我军获得了大量战利品，特拉丕斯本人也在这次战斗中被俘。

三七、在这场几乎没有一个士兵受伤的光辉胜利之后，坎宁纽斯回过头去围攻那些市镇里的人。原来就是因为害怕外围的敌人，所以他才不敢把队伍分散开，也不敢建筑围困镇上敌人的壕堑。这时外围的敌人已告消灭，他命令把四周的包围工事都建筑起来。次日，该犹斯·费庇乌斯也带着部队，来到他这里，分担一部分围困市镇的工程。

三八、同时，凯撒让军中财务官马古斯·安东尼带领十五个营留在俾洛瓦几人境内，使比尔及人不再有酝酿任何新阴谋的机会。他本人分别访问了其余许多邦，索取了许多人质，并用鼓励的话安抚了所有的人，使大家的恐惧之心安定下来。当他到卡尔努德斯人邦内时，正如凯撒在他的《战记》前一章中所指出的那样，这是战事的发源地，他注意到由于他们自己感到有罪，特别觉得害怕。为了使这个邦的忧虑可以更快地消释，他提出了惩处这次犯罪的领袖和战争的煽动者古德鲁亚都斯[①]，虽然这个人吓得连把自己的

① 见卷七第三节。——译者

性命托付给本国同胞都不敢，但由于所有的人都积极起来参加搜索，迅速把他找了出来，交到大营。凯撒在蜂拥而来的兵士们——他们把这次战争的一切危险和损失，都看成是古德鲁亚斯的煽动促成的——的催逼下，不得不违反自己的本愿，把他枭首处决。

三九、在这里，凯撒从坎宁纽斯不断的来信中得知跟特拉丕斯和路克戴留斯作战的经过，以及镇上居民顽抗到底的打算。虽然他并不重视这一小撮人，但他却肯定必须要对他们的顽抗给以严厉的惩罚，深恐否则全高卢人都会认为自己要反抗罗马人，不是缺乏力量，而是缺乏决心，其余各国也可能纷纷起来学他们的榜样，凭借险阻的地形，争取自由。他还了解，全高卢人都知道他的任期之中，已经只剩下一个夏季[①]，如果他们能够支撑过去，便再没什么可怕的危险。因而，在把军团交给副将奎因都斯·卡伦纳斯带着，以普通的行军速度跟上来以后，他自己率领全部骑兵，以全速赶去跟坎宁纽斯相会。

四〇、凯撒出乎大家意外地到达乌克萨洛登纳姆。他注意到这个镇已经被围困工程包围，敌人再没机会能逃出这场围攻。他还从逃亡者口中得知镇上人的粮食供应很充裕，他就想办法切断他们的水源。乌克萨洛登纳姆所处的这座山，四周都是陡峭的山壁，有一道峡谷把它团团围住，这条峡谷的底端，又有一条河流贯穿着。但当地的地形不允许他把这条河里的水决到别的地方去，因为它的河床已经在山底的最低处，无论多少深的泄水渠也不可

① 凯撒的任期应该在公元前 49 年 3 月 1 日届满，这里指的是公元前 50 年的夏季。——译者

能再把它引到别的低地去。但镇上的人到河边去却要经过一段很陡急的下坡路，因此我军可以很容易地阻止他们走到河边或退回到那条陡峭的上坡路上去，不用担心自己会发生伤亡。凯撒注意到他们的这种困难，就在那边布置下弓弩手和投石手，进一步又在一些最易于下山的所在的对面，安放一些弩机，不让镇上人得到河水。

四一、从而，大批担水的人都集中到紧靠着城墙脚下的一个有一大股泉水涌出来的地方去。环绕着市镇的那条河流，也就是在这一面中断了，留下一段约三百罗尺长的缺口。所有罗马人都希望把镇上人和这股泉水隔断，只有凯撒一个人才看出应该怎样着手。面对着那地方，他开始把盾车朝着山推过去，在极大的努力之下，在每天不断的战斗之中，筑起一道壁垒。镇上人居高临下的冲击和毫无风险的远距离掷射，伤害了许多顽强地逐步推进那工事的人。尽管这样，我军还是毫不畏缩，以极艰苦的工作克服地形上的困难，推着盾车前进。就在这时，他们在盾车的掩护下，逐渐挖掘地道向前，抵达那泉水的源头所在。这种工程不会有任何危险，可以在敌人毫不怀疑的情况下进行。壁垒造得有六十罗尺高，上面安放着一个十层高的木塔，当然这还不能达到城墙那么高，任何攻城的器具都不可能高得那样，只是高出于泉头而已。当我军的机械开始从塔上向通向泉水的那条路上发射弩矢时，镇上取水的人就不得不冒历危险了。这时，不仅家畜和运输的牲口，就连敌人的人员中间也有大批人濒于渴死。

四二、面临着这种危险的威胁，镇上人把桶装着油脂、松香和木柴，点着火后，投向我军的工事，一面又激烈地开展搏斗，希望以

战斗的危险牵制住罗马人，使他们无法分身救火。工事上立刻燃起大火，因为他们从悬崖上掷下来的东西全被盾车和壁垒挡住落在那边，就也把火引向所有碰到东西上去。另一方面，虽然这场战斗的方式很危险，位置又很不利，但我军仍旧以极坚强的精神忍受着种种困难，由于这场战斗是在极高、而且我军都看得到的地方进行的，所以双方都发出大声呼噪。每个人因此也都竭尽全力，同样奋不顾身地面向着敌人的矢石和火焰，以求自己的英勇被大家所知道和证实。

四三、看到自己有不少人受伤，凯撒命令一些营从市镇的四面攀登上去，假作攻城，到处发出一片喊声。这一行动惊动了镇上人，当他们还猜不透别的地方发生了什么事故时，他们就把在工事上冒险攻击的人都召了回去，把他们布置在城上。我军在战斗停止时，很快把工事上的火扑灭，或者把工事着火的地方切断一部分。虽然镇上人继续奋勇抵抗，甚至因为缺水使他们损失了大部分人时，还是抱定决心，百折不回。直到最后，由于利用地道，泉水的通道被切断了，水源改变了方向，一下子就使那汩汩不息的泉水突然干涸，镇上人绝望之余，竟把这当做不是人力所为，而是神灵的意志，因此出于无奈，被迫投降。

四四、凯撒知道自己的仁慈是众所共知的，绝不怕给了他们严厉的处分之后，人家会疑心这是由于他的本性残暴。他还考虑到，如果再有一些别的地方，继续以同样的方式试行叛乱，他的计划就永无完成的一天，因而必须以一次示范性的处罚来禁止其他人效尤。他命令把所有拿起武器作战过的人的手都砍掉，然后饶了他们的性命，作为作恶必受惩罚的铁证。前面提到

过的被坎宁纽斯俘获的特拉丕斯，不知是由于对自己的被拘囚感到耻辱和悲愤，还是害怕更加残酷的处罚，绝食了几天便死去。同时，正如我所说，在战斗中逃出去的路克戴留斯，觉得自己一定是凯撒恨如切骨的敌人，感到在一个地方耽搁得太久难免要出危险，便时刻调换住址，把自己信托给许多人的荣誉，但也终于落入一个叫厄巴司奈克都斯的阿浮尔尼人手中。这时，这个罗马人最亲密的友人阿浮尔尼人厄巴司奈克都斯毫不迟疑地把他锁起来，送交凯撒。

四五、这时，在德来维里邦中，拉频弩斯作了一次成功的骑兵战斗，杀死不少德来维里人和从不拒绝帮助任何国家对抗罗马人的日耳曼人。他还活捉了他们的一些首领，其中有爱杜依人苏勒斯，这是一个无论就勇悍说还是就家世说，同样都出类拔萃的人，而且是到这时为止，爱杜依人中唯一还没放下武器的人。

四六、得到这报告，凯撒看到高卢各地的情况，都进展得很顺利，他深信经过去夏的战争，高卢已经被完全击败和征服了。但阿奎丹尼的部分地区，虽经布勃留斯·克拉苏斯的作战，已经被征服，但他自己却从未去访问过。于是他带着两个军团，向高卢的这一部分出发，准备把夏天的最后一段时间花在那边。正跟所有别的时候一样，他迅速而又成功地完成了这个工作，因为所有阿奎丹尼各邦都派来了使者，交来了人质。这些事情完成后，他带一支骑兵卫队出发到东波去，军团则交由副将们领着进入冬令营。他把四个军团交给马古斯·安东尼、该犹斯·德来朋纽斯和布勃留斯·瓦金纽斯带着驻在比尔及。鉴于爱杜依人的威望是全高卢独一无二的，就派另外的两个军团进驻他们的领域。他又把两个军

团安置在都龙耐斯人中间，靠近卡尔努德斯人的领域，以控制濒临大洋的整个地区。余下的两个军团安置在距阿浮尔尼不远的雷穆维契人境内，使全高卢没有一个地区没有罗马军队。他自己在行省耽搁了不多几天，就很迅速地周历了各地的巡回审判会，听取了公务上的纠纷，并把奖赏颁给了应得的人，因为这次高卢普遍的大叛乱，给了他一个了解每个人对共和国态度的绝好机会，正是依靠了那个行省的忠诚和支持，他才对付得了这次叛乱的。他回到驻在比尔及的军团，在纳梅托钦那过了冬。

四七、他在那边知道那阿德来巴得斯人康缪斯曾经跟罗马骑兵发生过遭遇战。当安东尼进入驻地时，阿德来巴得斯邦是忠顺的，但康缪斯经过我前述的那次受伤事件后，就随时毫不疑迟地参加一切牵涉他本国人的起事，总之只要他们有心作战，就不会少他这样一个发动和领导的人。这时他的国家投降了罗马人，他就依靠自己的骑兵，以匪盗行为养活自己本人和他的追随者，在拦路抢劫中截取送给养到罗马营地去的一些运输队。

四八、跟安东尼在一起过冬的该犹斯·沃卢森纳斯·夸特拉德斯，是附在他部下的骑兵指挥官。安东尼派他去追逐敌人的骑兵。沃卢森纳斯在自己本人的非凡勇敢之上，还加上有对康缪斯的无比愤恨，因而更加乐意去完成这个任务。在布置下几处埋伏之后，他不时对康缪斯的骑兵展开攻击，获得胜利。最后，在一次比平常更加激烈的战斗中，沃卢森纳斯企图截获康缪斯本人，带着少数部下追逐得过于热心了些，康缪斯在疯狂似的逃窜中，把沃卢森纳斯引得比平常更远。出于对罗马人的痛恨，他突然向所有在一起的人的忠诚呼吁，请求他们帮助，万勿让别人背信弃义给他受的伤，白白地流血，得不到报复。于是，他转过马来，丢下其余的人，拼命向罗马的指挥官冲去，所有骑兵也同样转过身来跟着他，追逐我军这一小支部队。康缪斯催着他的马，驰到沃卢森纳斯的马近旁，举起矛用尽全力一下把他的大腿中部刺穿。我军看到他们的指挥官受伤，马上毫不犹豫地站住，转过马来驱逐敌人。这一来，有些敌人受到我军的猛烈冲击，受伤溃退，有些在奔驰逃走中被踏死，又有些被我军俘获。他们的领袖却倚恃马的速度逃出这种厄运。虽说打了胜仗，我们的指挥官却受了严重的伤，看来似乎生命都有危险，被带回营寨。康缪斯不知是认为已经报了仇，怨恨消释了呢，还是因为大部分部下已经丧失，也派使者来见安东尼，愿意交纳人质，保证安东尼要他到什么地方去，他就到什么地方去，安东尼的所有命令也都执行，只要求照顾到他的恐惧之心，给他这样一点让步，即不要强迫他到任何罗马人面前来。安东尼认为他的要求是出于一种不无理由的恐惧，因此曲徇其请，接受了他的人质。

我知道，凯撒是分别把每一年写作一卷《战记》的，但我认为自己没有这样做的必要，因为在次年，即卢契乌斯·保卢斯和该犹斯·迈开路斯任执政官的一年[①]，高卢并没有什么特别重大的事迹可记。但为了免得有人不了解他和他的军队在这段时间中所处的地位，我决定略缀数语在这卷《战记》之末。

① 即公元前50年。——译者

四九、凯撒在比尔及过冬时,他抱有一个具体的目的,即保持跟各国的友好,不让任何国家起战争的念头和有战争的借口。实际上他最最不希望的事情就是在他即将离开行省的前夕,被迫纠缠到战争中去,这样便会在他一旦要带着军队离开时,在自己背后留下一场战争,高卢人会认为反正目前再没什么危险要担心,都高高兴兴地参加进去。因此,他用种种方法——以殷勤有礼的语言接待他们的国家、馈送丰厚的礼物给他们的首领、不增加他们新的负担等等——顺利地使多次失败后筋疲力尽的高卢,在更加驯服的情况下保持着和平。

五〇、冬季过去时,他一反往常惯例,以尽可能快的速度赶到意大利,向各自治城镇和殖民地[①]发出呼吁,把他的军中财务官马古斯·安东尼作为乌卜祭司[②]的竞选人推荐给他们,不久以前他已遣安东尼动身去进行竞选,一方面,他很乐意以自己的威信来帮助最最亲密的友人竞选,但另一方面,他之所以热心这样做,还在于抵制那少数人结成的有力帮派,他们企图借击败马古斯·安东尼来损毁即将离任的凯撒的人望。虽然他在路上听到说,在他到意大利以前,安东尼已经当选上乌卜祭司,但他觉得还是同样应该去访问这些自治城市和殖民地,一则谢谢他们热心赞助,以这样多

① 自治城镇(municipium)——指居民享有罗马公民权的城镇或地区,它们的内政是自主的。殖民地(colonia)——指为移居罗马公民(如退伍老兵、城市游民)而建立起来的城镇,有时带有驻防性质。在凯撒时代,两者实际上已无很大区别,只从其起源而论,前者的公民权是被集体授予的,后者的公民权是带了来的。

② 乌卜祭司(augur)——罗马的一种国家祭司,在政治上颇有影响力量,最初仅三人,后来逐渐增加至十六人,逢有军国大事时,往往先由他们占卜凶吉,占卜的方法主要依靠观察天气、观察天空过往的鸟只或自己饲养的小鸡。——译者

的人去参加选举，支持安东尼，同时也把自己作为来年的执政官竞选者推荐给他们[①]。因为他的对方傲慢地吹嘘说，卢契乌斯·伦都路斯和该犹斯·迈开路斯已经被选为执政官，他们将会把凯撒所有的官职和荣誉都剥夺掉；还说，这执政官的位置是从塞维乌斯·盖尔巴手里硬夺下来的，为的是盖尔巴跟凯撒有密切的关系——除私人友谊外，还担任着他的副将，虽然无论就人望还是就选票来说，盖尔巴都远超过对方。

五一、所有的自治市和殖民地都以难于想象的荣誉和热爱来欢迎凯撒，因为这是他对全高卢联合作战取得胜利之后第一次到来。一切可以用来装饰城门、道路和凯撒经过的每一个地方的手段，都尽量用上了。所有的人都带着孩子跑来欢迎他，到处都献奉牺牲，市场上和神庙中也无处不陈设着祭席，似乎在提前举行一次渴望了很久很久的凯旋庆祝似的。有钱人的豪奢和穷人的热情都表现得淋漓尽致。

五二、在很快通过长袍高卢的各个地区后，凯撒以全速赶回纳梅托钦那的军中，把各个军团都从冬令营中召到德来维里邦来，自己也赶到那边，检阅了军队。他把整个长袍高卢托付给季度斯·拉频努斯，希望能争取到这些地区，使自己在竞选执政官时得到更有力的支持。他自己一面也行军到尽可能远的地方，直到他认为新的环境已经足够增进军队的健康为止。他在行军途中虽然常常听到有人说，拉频努斯正在受到他的敌人的引诱；还有人向他保证说，正有少数人在策划，企图让元老院通过一条

① 凯撒希望竞选的是公元前48年的执政官。——译者

议案,夺走他的一部分军队。但他毫不相信关于拉频努斯的事情[①],也不可能被刺激得采取任何反对元老院决议的行动。他断定,只要元老院还能够自由表决,他的要求就不难达到,因为已经有一位人民保民官该犹斯·居里阿[②]起来捍卫凯撒的事业和地位,他几次向元老院提出:如果有人因为害怕凯撒的武力,心中惴惴不安,那么,庞培的权力和武装,在公众中引起的恐惧,正也相仿。他建议双方都放下兵权、解散部队,这样,国家才能自由自主。他不仅光这样提议,还设法让元老院就这个问题分班表决通过它,但被执政官和庞培的党徒插进来阻止,用拖延的方法取消了这个尝试。

五三、这是一个很重要的证据,可以说明元老院的齐心一致,而且是和他们以前的行动完全相符的。去年,迈开路斯在向凯撒发动攻击时,违反了庞培和克拉苏斯建议通过的一条法律[③],即在限期没到以前就向元老院提出有关凯撒行省问题的建议。大家表示了意见,迈开路斯竭力煽动对凯撒的仇恨,借此来博取自己的威信。但在进行分班表决时,整个元老院都站到反对方面去。只是,这些挫折并没有使凯撒的敌人气馁,只提醒他们去进一步找寻更有力的论点,迫使元老院不得不同意他们私下已经商定了的事情。

① 就在次年,拉频努斯果然抛弃凯撒,投奔庞培。——译者

② 该犹斯·史克里朋纽斯·居里阿——公元前50年的人民保民官,原是凯撒政治上的死敌,这时得到凯撒的巨额贿赂(凯撒代他还清了六千万塞斯退司债务),成为凯撒在元老院的代理人。——译者

③ 指凯撒、庞培和克拉苏斯三人在路加会议后,由庞培和克拉苏斯在元老院提出的“凯撒的行省法案”(Lex Liciniae Pompeiae de provincia Caesaris),规定凯撒的任期得延长五年,至公元前49年3月1日为止,在公元前50年3月1日前,不得讨论其继任人选问题。——译者

五四、于是，元老院作出一个决议说，为了安息的战事[①]，克耐犹斯·庞培必须派去一个军团，该犹斯·凯撒也得派一个去。显然，这两个军团是要从一个人手里抽出来的，因为庞培派到凯撒那边去的第一军团[②]，虽然原来是从凯撒的行省里征集人员组成的，庞培却当作自己的交了出来。至于凯撒，尽管对方的意图已经昭然若揭，他却仍把那个军团遣送回去给了庞培，而且作为自己的名分，又把他留在内高卢的第十五军团，按照元老院的决议交了出去[③]。一面，他把第十三军团派到意大利去作为替代，守卫第十五军团抽走后留下来的防地。他自己替军队分配了冬令营：派该犹斯·德来朋纽斯带四个军团驻在比尔及，又派该犹斯·费庇乌斯带着同样数目的军团进入爱杜依邦内，因为他认为保持高卢安全最好的办法，莫过于以军队控制住一个最骁勇善战的比尔及，一个威信最著的爱杜依。他自己出发向意大利去。

五五、当他到那边时，他得知自己交回去的两个军团，根据元老院的决议，原该是出发去参加安息之战的，但却被执政官该犹斯·迈开路斯交给了克耐犹斯·庞培，留在意大利。这种行为，已经使任何人不会再怀疑他们在准备怎样对付凯撒。虽则如此，他

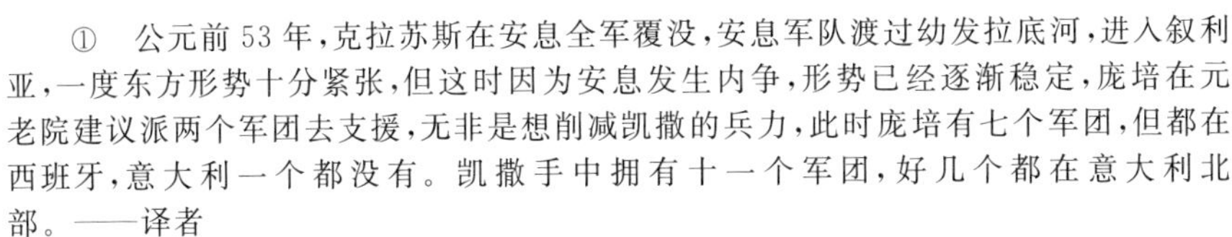

① 公元前53年，克拉苏斯在安息全军覆没，安息军队渡过幼发拉底河，进入叙利亚，一度东方形势十分紧张，但这时因为安息发生内争，形势已经逐渐稳定，庞培在元老院建议派两个军团去支援，无非是想削减凯撒的兵力，此时庞培有七个军团，但都在西班牙，意大利一个都没有。凯撒手中拥有十一个军团，好几个都在意大利北部。——译者

② 见卷六第一节。——译者

③ 凯撒打发这两个军团动身时，慷慨地给了士兵们大量奖金，作为他们跟他服役多年的酬劳。他们一到意大利，就被元老院用来作为守卫意大利、对抗凯撒的主力部队。——译者

还是准备忍受一切，只要事情有合法解决的希望，哪怕只是一线希望，就不必诉诸武力。他敦促……（原文下缺）[①]

① 所有传世的抄本都只到这里，下面大约残缺了两三行，大意说：凯撒去信给元老院，敦促他们允许他可以不必亲身参加执政官竞选，就有资格当选；他又答应，只要庞培肯放下兵权，他也可以这样做，否则，他就不得不为共和国和他自己的安全着想。这样就和《内战记》衔接起来，因为《内战记》一开始就是“当凯撒的信送交执政官时，经过保民官们的激烈斗争，才十分困难地使他们答应在元老院宣读它……”——译者

人名索引

（人名后罗马数字是卷数，阿拉伯数字是节数）

六　画

七　画

八　画

九　画

十　画

十 一 画

十 二 画

十 三 画

十 四 画

十 五 画

邦和部落名索引

(有些原名后注明约在现在何地附近,现代地名大都根据辛华编的《世界地名译名手册》。括号后的数字,罗马字是卷数,阿拉伯字是节数。)

六　画

七　画

附　　注

凯撒征服时代的高卢部落名,往往演变为法国今天的一个城镇名字,如今天的巴黎市原为巴里西人的重要城镇卢德几亚,但在巴黎这个名字上已不见卢德几亚这个城镇名字的踪影,却仍保留了巴里西这个部落名的痕迹。这种情况很普遍,人们可以据之来推断一个城镇是在凯撒以前还是凯撒以后被罗马人征服和同化的。因为凯撒征服以前罗马人在高卢南部和东南部奈波行省内外占有的城镇,留到今天的,一般都仍旧保存着这个城镇的原名,例如当时的奈波(Narbo)即现在的纳尔榜(Narbonne)、当时的马西里亚(Massilia)即现在的马赛(Marseille)、当时的维松几阿(Vesontio)即现在的贝桑松(Besançon)、当时的卡加索(Carcaso)即现在的卡尔卡松(Carcassonne)、当时的托洛萨(Tolosa)即现在的图卢兹(Toulouse)、当时的维恩那(Vienna)即现在的维埃纳(Vienne)等。

另一方面,在后来凯撒征服的长发高卢地区,当时他记录下来的主要城镇名称,却没有变成现代的城镇名称,变成今天的城镇名称的,反而是凯撒记录的当时部落的名字如:

部　落　名	他们的城镇	现代城市
Parisii(巴里西人)	Lutetia(卢德几亚)	Paris(巴黎)
Ambiani(阿姆比安尼人)	Samarobriva(萨马洛布里瓦)	Amiens(亚眠)
Atrebates(阿德来巴得斯人)	Nemetocenna(纳梅托钦那)	Arras(阿拉斯)
Remi(雷米人)	Durocortorum(杜洛科多勒姆)	Reims(兰斯)
Senones(森农内斯人)	Agedincum(阿及定古姆)	Sens(桑)
Bituriges(别都里及斯人)	Avaricum(阿凡历古姆)	Bourges(布尔日)
Suessiones(苏威西翁内斯人)	Noviodunum(诺维奥洞纳姆)	Soissons(苏瓦松)

同样,还有许多部落,他们的名称也保留在今天的城镇名称中,只是凯撒没提到他们的重要市镇名字。如:

部　落　名	现　代　城　市
Redones(雷东内斯人)	Rennes(雷恩)
Veneti(文内儿人)	Vannes(瓦恩)
Eburovices(厄布洛维契人)	Evreux(埃夫勒)
Treviri(德来维里人)	Tréves(Triev)(特里夫斯)
Lingones(林恭内斯人)	Langres(朗格勒)
Carnutes(卡尔努德斯人)	Chartres(夏尔特尔)
Lemovices(雷穆维契斯人)	Limoges(利摩日)
Namnetes(南姆内德斯人)	Nantes(南特)
Mediomatrici(梅狄阿麦特里契斯)	Metz(梅斯)
Tourones(都龙耐斯人)	Tours(图尔)

等等。

地 名 索 引

（有些地名原名后并附有现代名称。罗马数字是卷数，阿拉伯数字是节数。）

七 画

八 画

九 画

十 画

十 一 画

十 二 画

十 三 画

十 四 画

图书在版编目(CIP)数据

高卢战记/(古罗马)凯撒著;任炳湘译.—北京:商务印书馆,2017
(汉译世界学术名著丛书:120年纪念版:珍藏本)
ISBN 978-7-100-14215-1

Ⅰ.①高… Ⅱ.①凯… ②任… Ⅲ.①高卢战争 Ⅳ.①K126

中国版本图书馆CIP数据核字(2017)第137901号

汉译世界学术名著丛书
(120年纪念版·珍藏本)
高 卢 战 记
〔古罗马〕凯撒 著
任炳湘 译

商 务 印 书 馆 出 版
(北京王府井大街36号 邮政编码100710)
商 务 印 书 馆 发 行
北京通州皇家印刷厂印刷
ISBN 978-7-100-14215-1

2017年12月第1版 开本710×1000 1/16
2017年12月北京第1次印刷 印张17 插页8
定价:85.00元